译文经典

如果种子不死

Si le grain ne meurt

André Gide

〔法〕纪德 著

罗国林 译

上海译文出版社

纪德在阿尔萨斯学校求学期间，1887 年，第二排左一为纪德

上 卷

一

我生于一八六九年十一月二十二日。那时我父母住在美第奇街，一套位于四层或五层楼的公寓，几年后搬走了，故此我没留下什么记忆。不过，我还记得那个阳台，或者不如说站在阳台上所看见的东西：笔直望过去的广场和广场上水池的喷泉。抑或更确切地说，我还记得我们站在阳台上，把父亲剪的纸龙扔出去，纸龙被风刮着，飘过广场上喷水池上空，一直飞进卢森堡公园，被高高的栗树枝挂住。

我还记得一张相当大的桌子，大概就是餐厅的餐桌吧，所铺的桌布垂得很低。我常常和门房的儿子钻到底下去；门房的儿子是个年龄与我相仿的孩子，有时来找我。

“你们在底下搞什么鬼？”保姆喊道。

“没搞什么。我们玩儿。”

我们把玩具摇得蛮响。那些玩具是为了装样子带到桌子底下的。实际上我们另有玩法：一个贴近另一个，而不是一个与另一个。我们的所作所为，后来我才知道叫做“不良习惯”。

这种不良习惯，我们两个是谁教给谁的？是谁头一个养成的？我说不清。不过应该承认，这种不良习惯小孩子有时是能够再创造的。我吗，既无法说是什么人教我的，也无法说自己是怎样发现那快乐的，而是我的记忆力回溯多远，那快乐就已存在了多久。

我深知，讲述这件事以及后来发生的事，对我自己会有所伤害，我预感到有人会利用这些来诽谤我。但是，我的叙述唯有真实才站得住脚。权当我写这些是一种忏悔吧。

人当童年，心灵应该完全透明，充满情爱，纯洁无瑕。可是，记忆中我童年时代的心灵却阴暗、丑恶、忧郁。

家人常常领我去卢森堡公园，但我不肯与其他孩子一块儿玩，总是郁郁寡欢地待在一边，站在保姆身边观看其他孩子做游戏。他们用小桶将沙子堆成一排排漂亮的小沙堆……当保姆扭头看别的东西时，我冷不防冲上去，将所有沙堆踩倒。

我要讲的另一件事更加古怪。大概正因为其古怪，我不那么为之感到羞愧。母亲后来常常对我提起这件事，所以我记得很清楚。

事儿发生在于泽斯。我们每年去那里一趟，看望我父亲的母亲和其他几个亲戚，包括佛罗家几个堂兄弟。他们在市中心有一座带花园的老房子。事儿就发生在佛罗家这座房子里。我的堂姐长得很美，也知道自己很美。她一头秀发黑黝黝的，从中间分开，紧贴两鬓，侧影俨然一座玉石浮雕（我后来见过她的照片），皮肤光彩照人。那皮肤的光泽我记忆犹新，因为我被介绍给她那天，她穿着连衣裙，领口开得特别低。

“快去亲亲你堂姐。”一进客厅，母亲就对我说（我当时只有四岁，也许五岁）。我走过去。佛罗堂姐弯下腰，把我拉到她身前，这样她的肩膀就袒露了。看到如此娇艳的肌肤，我顿时头晕目眩，不去亲堂姐伸给我的面颊，却被她美丽动人的肩膀迷住，照准上面狠狠啃了一口。堂姐疼得大叫一声，我则吓得大叫一声，随即厌恶地吐口唾沫。我很快被拉开了，在场的人大概都惊得傻了眼，忘了惩罚我。

我找到那时的一张照片，我穿件滑稽可笑的方格罩衫，蜷缩在母亲的裙子里，一副病态、顽皮的样子，目光斜视。

我六岁上我们家搬离了美第奇街。我家的新公寓套房在土尔隆街二号三层，刚好处在圣絮彼斯街拐角。父亲书房的窗子就临这条街，我的卧室窗外是个大院子。我记得特别清楚的是套间的门厅，因为凡是不上学的时候，我通常在门厅里玩儿或是待在卧室里。妈妈见我总围着她转，烦，就叫我去跟“我的朋友彼埃尔”玩，即叫我独自去玩。门厅的彩色地毯上有大幅的几何图案，在这些图案上与大名鼎鼎的“朋友彼埃尔”玩弹子，再开心不过了。

一个小网兜装着我所拥有的最漂亮的弹子，一颗颗全都是别人送我的，从来不与普通的弹子混在一起。每次拿出来玩，看到它们那样漂亮，总是有一番新鲜的开心感。尤其有一颗小小的玛瑙弹子，上面呈现一条赤道，还有几条白色回归线哩。另一颗光玉髓弹子，呈浅玳瑁色，是我用来压阵之物。此外有一个大布兜，装了许多灰色弹子，常常赢回来，又常常输掉，后来真正有了玩弹子的伙伴时，便拿作赌注。

另一件令我着迷的玩具，是一个叫做万花筒的新奇玩意儿。它像一种小型望远镜，在与眼睛所贴的这一端相反的那一端，呈现出变化无穷的圆形花饰。那是由一些活动的彩色玻璃片构成的，嵌在两块半透明的玻璃之间。这小望远镜的内壁贴着镜子，整个玩具稍微动一下，两块半透明的玻璃之间的彩绘玻璃片，就会匀称地变幻出魔幻般的画面。不断变幻的圆形花饰使我欣喜莫名。现在我仿佛还真切看见那些彩绘玻璃片的颜色和形状，最大的那块是浅色的尖晶石，呈三角形，在自身重量的带动下，在所有彩绘玻璃片上首先转动，挤得其他玻璃片也转动起来。彩绘玻璃片之中有一片是颜色很深的石榴石，几乎呈圆形，一片镰刀形的翡翠，一片我已不记得颜色的黄玉，一片蓝宝石和三小片褐色碎晶体。它们绝不会一齐呈现在画面上，一些完全隐藏、一些半隐藏在滑槽的镜子背后，只有那块尖晶石，因为太大，总是不会彻底隐去。

我的表姐妹们和我一样喜欢这玩意儿，但都缺乏耐心，每回总不停地摇那圆筒，想一下子看到全部变化。我不那样做，而是眼睛总贴在镜头上，慢慢地、慢慢地转动万花筒，欣赏图案慢慢地变化。有时一块玻璃片难以觉察地挪动一下，会造成连续不断的转动。我既好奇又着迷，很快就想迫使这万花筒向我公开它的秘密。我把它的底撬开，将一块块玻璃片卸下来，又从纸板套子里取出三块镜子。然后重新安装上，但多放进去三四颗彩绘玻璃珠子。整个组合其实没有任何高明之处，种种变化再也不会引起惊奇，每个环节都已了如指掌，乐趣的缘由已弄得一清二楚。

后来我又想把小玻璃片换成各种稀奇古怪的东西，例如一根羽毛尖，一个苍蝇翅，一段小草，等等。这些东西都不透明，没有任何奇妙效果可言。但由于镜子的反射作用和对几何的某种兴趣……总之，我成小时、成天玩这个游戏。我想如今的孩子们都不知道这游戏了，所以花了如许笔墨加以介绍。

童年时代的其他游戏，如拼七巧板、移印花样、搭积木等，都是孤单一人玩的游戏。我没有任何同伴……不，我眼前浮现出一个，但，唉！不是玩的同伴。每次玛丽领我去卢森堡公园，我总在那里见到一个年龄与我相仿的孩子。他娇嫩、温和、安静，苍白的脸被一副大眼镜遮住一半，眼镜片颜色很深，后面什么也看不清。我不记得他叫什么名字了，也许根本就不知道。我叫他小绵羊，因为他穿件白色翻羊毛小大衣。

“小绵羊，您为什么戴眼镜？”（记得我不用“你”称呼他。）

“我眼睛有毛病。”

“让我看看。”

他抬起那副可怕的眼镜，两只眼睛可怜地眨巴着，目光犹疑不定，痛苦地透进我的心里。

我俩在一起时不玩儿，记得只是手拉着手，默默地散步，其他什么也不做。

平生头一回结下的这个友谊，持续时间很短。小绵羊不久就不再来了。唉！卢森堡公园这时在我的感觉中那样空荡荡！但我真正开始感到绝望，是在知道小绵羊变成了瞎子的时候。玛丽在小区里遇到那孩子的保姆，回来向母亲学她与那保姆的交谈。为了不让我听见，她声音压得很低，但我还是听见了这样一句话："连嘴巴都找不到啦！"这句话显然荒唐，嘴巴吗，没有视力无疑也找得到。我立刻这样想，但心里挺难受，跑到自己房间里去哭泣，接连几天，练习久久地闭上眼睛，走路也不睁开，竭力体验小绵羊可能的感受。

父亲一心扑在法学院的备课上，对我甚少关心。每天大部分时间，他都关在他那间宽大、略显阴暗的书房里。那间书房，他不叫我进去，我是不能进去的。我是从一张照片上重新见父亲的模样，胡子呈方形，相当长的黑发鬈曲着。没有这张照片，我只记得他脾气非常温和。母亲后来告诉我，父亲的同事们都叫他"温顺男人"；我听父亲的一个同事说，大家经常请他出主意。

对父亲我向来怀着敬畏，书房这地方那样肃穆，更增加了我的敬畏。每次进入书房，我感觉仿佛是进到教堂里，半明半暗中，耸立着圣体龛般的书柜，厚厚的地毯，色调富丽而深暗，走在上面没有一点声音。两个窗户，一个旁边摆了一张斜面经桌；房间中央一张宽大的桌子，上面放满了书和文件。父亲找出一本厚书来，题目大概是《勃艮第或诺曼底习俗》，一本沉甸甸的对开本书，打开搁在沙发扶手上，与我一块儿一页一页地翻看，一直翻到蠹虫老是啃啮的地方。这位法学家查阅了一篇古文，欣赏着私下的小收藏品，想道："瞧！这准会让儿子开心。"这果然让我很开心，但也是由于他自己显得开心的缘故。

我对这间书房的回忆，尤其是与父亲让我在那里面阅读的书紧密相连的。父亲在这方面想法独特，母亲不愿苟同。我常常听见他们一块儿争论，应该给幼儿的头脑提供什么食粮。有时，类似的争论围绕着顺从这个问题展开。母亲始终持这样的意见：孩子应该顺从，而不需要明白为什么；父亲则始终倾向于无论什么事，都要向我解释清楚。我清楚地记得，母亲当时把我这样的孩子比作希伯来民族，必须先绳之以法，而后方能宽恕。现在我认为，母亲所言乃真知灼见，但当时我与她处于对立状态，经常软磨硬抗，不断顶嘴。可是对于父亲呢，只要他一句话，叫我干啥就干啥。我觉得父亲更多的是顺从自己心灵的需要，而谈不上是遵循什么方法，因为他推荐让我开心或欣赏的东西，无一不是他自己喜欢和赞赏的东西。那时的法国儿童文学所提供的东西，荒谬而愚蠢，像后来人们塞到我手里的塞居尔夫人的某本书，父亲如果见了，我想他一定会难过。然而我承认，我这一代几乎所有孩子，都对这类书产生了相当强烈而又愚蠢的兴趣。所幸者，只是这种兴趣不如我当初听父亲朗读作品时那么强烈。父亲给我朗读的作品诸如莫里哀的戏剧故事、《奥德赛》中的段落、《帕特林闹剧》[①]、辛巴德冒险故事或阿里巴巴冒险故事[②]，还有意大利喜剧中的一些滑稽片断，如莫里斯·桑在《面具》一书里所介绍的。在这本书里，我也欣赏到阿尔钦、柯农比娜、驼背丑角和男丑角等形象，因为我听过他们通过父亲的声音对话。

这些朗诵非常成功，父亲信心倍增，有一天竟打算朗诵

① 法国闹剧，又名《彼埃尔师傅的闹剧》，作者不详。
② 阿拉伯民间故事集《一千零一夜》中的著名篇章。

《约伯记》[①]的开头部分。这次尝试母亲也想听，所以没有在书房或其他房间里进行，而是在小客厅里，给人的感觉仿佛是为母亲设的专场。当然我不能肯定，我从一开始就领会了这本圣书里的全部美，但是可以肯定，这次朗读给我留下了最深刻的印象，无论是故事的庄严，还是父亲声音的严肃，抑或母亲面部的表情。母亲时而将双眼闭上，以表示或保护她虔诚的默祷，时而将双眼睁开，那仅仅是为了向我投来充满母爱、疑问和希望的一瞥。

夏天某些宜人的晚上，晚饭吃得不太迟，父亲又没有太多工作时，他就问道：

“我的小朋友愿意和我去散散步吗？”

他从来都叫我他的小朋友。

“你们会适可而止，不会回来太晚，不是吗？”母亲说道。

我喜欢与父亲一块外出。由于他甚少关心我，所以这罕有的机会带有不寻常的、重大的和些许神秘的色彩，令我着迷。

我们一边玩猜谜语和同音异义词游戏，一边沿着土尔隆街往上走，然后穿过卢森堡公园，顺着紧贴公园的圣米歇尔街那段路，一直走到离天文台不远的第二个公园。当时医药学校对面那块地还没有盖房子，这个学校本身也还不存在。那里根本没有六层的楼房，只有一些临时板棚、旧货摊、转手或出租脚踏车的档口。这第二个卢森堡公园边缘一带，铺了沥青或碎石

① 基督教《圣经 · 旧约》中的一章。

什么的，给脚踏车爱好者当跑道。这些爱好者骑着后来被自行车所取代的那种离奇古怪的交通工具，七拐八扭，一掠而过，消失在暮色中。我们赞叹他们的大胆和英姿。只还依稀看得见车架和小小的后轮以及安装在后轮上的天线平衡装置。轻巧的前轮晃动着，骑在上面的人像个怪物。

夜色降临了，稍远处一家咖啡音乐厅的灯光显得更加强烈。音乐吸引着我们。一个个汽灯泡本身看不见，只看见树篱那边栗树上射出的奇特灯光。我们走拢去。板壁镶得不严实，有些地方可以把眼睛贴在两块木板之间往里看。我的目光越过乱哄哄的观众，看见奇妙的舞台上，一位女歌手登台后说了许多庸俗乏味的话。

有时，在回家途中，我们还有时间穿过大卢森堡公园。不一会儿，咚咚的鼓声宣布公园要关门了。最后的散步者不情愿地向出口走去，后面跟着看门人。他们身后宽宽的林荫路，空寂无人，笼罩在神秘之中。凡是这样的夜晚，我总像喝醉了酒，沉入暗影憧憧，奇幻谲诡的梦乡。

打我五岁起，父母就让我去芙乐尔小姐家和拉克博埃夫人家上幼儿课。

芙乐尔小姐家住塞纳街。包括我在内的小班的孩子，都埋头学习认字和写字，而大班的孩子，更确切地讲大班的女孩子（因为来芙乐尔小姐家上课的大孩子都是女的，小孩子都是男的）则为排练一次演出忙得不亦乐乎。家长们都要来观看这次演出。她们准备演出的是《爱打官司的人》里面的一场戏。那些大女孩儿都试着粘假胡子，我羡慕她们穿化装服，那肯定比什么都开心。

在拉克博埃夫人家，我记得只有一台“拉姆斯登牌机器”，一架老式的电唱机，令我惊奇不已。它有一个玻璃圆盘，上面贴着一些小金属片，还有一个转动圆盘的曲柄。这台机器不准触摸，“明文规定违者处死”——正如一些电线杆的木牌子上所写的。一天，女老师打算开动机器，孩子们围成一大圈，但离得远远的，因为都挺害怕。大家预料女老师会受到电击；她食指弯曲，将一个钢球移近唱机顶端时，的确有点瑟瑟发抖，但并不见迸出半点火花……啊！大家这才松了口气。

我七岁上，母亲考虑，除了让我上芙乐尔小姐和拉克博埃夫人的课之外，还应该增加戈克琳小姐的钢琴课。这位纯朴的小姐给人感觉到她对艺术的兴趣少于谋生的需要。她身体瘦弱，面色苍白，一副马上要病倒的样子。我想她可能吃不饱肚皮。

戈克琳小姐见我乖乖听话，便从一个小袖笼里抽出一张图片送给我。那张图片本身，在我看来乃寻常之物，我几乎会嗤之以鼻，但它很香，非常香——大概是为了让人记住那个小袖笼吧。这张图片我几乎不看，只是闻，闻过之后，把它贴在一本画册里其他图片旁边。那画册是大商店赠送给顾客的孩子们的，但里面的图片没有丝毫香味。前不久我还打开过这本画册，逗一位幼侄开心哩。戈克琳小姐送的那张图片还散发着香味，甚至使整本画册散发着香味。

我练完音阶和琶音，又做了点儿视唱练耳，重弹几遍《钢琴家优秀传统曲目》里的一首曲子，便把位置让给母亲，让她在戈克琳小姐身边坐下。我想妈妈是出于谦虚，从来不单独一人弹钢琴，在四手联弹时，她弹得多么自如！母亲通常弹奏的，是海顿的一首交响曲的一部分，尤其喜欢弹奏终曲，觉得终曲动作快，不要求那么强的表现力——接近结尾时她弹奏得更快。她弹奏时，自始至终大声数着拍子。

等我长大点儿了，戈克琳小姐不再登门，而由我去她家上课。她住着一个小小的套间，与她一个姐姐一块儿生活。那个姐姐是个残疾人而且有点傻，由她负担。头一个房间应该是餐厅，里面有个大鸟笼子，养了许多梅花雀。第二个房间里放着钢琴。这架钢琴的高音区琴键音调很不准，我们四手联弹练习时，我不太愿意弹高音。戈克琳小姐很容易明白我为什么有这种反感，像悄悄地对一个精灵下一道命令，以抱怨的口气泛泛地说："该去叫一位调音师来！"但精灵不愿意跑腿。

我父母习惯去卡尔瓦多斯省拉洛克·拜尼亚尔度暑假。这个庄园在我外婆龙多氏去世后，就归我母亲所有了。元旦假期我们去鲁昂我母亲的娘家度过，复活节假期则去于泽斯我祖母身边。

这两个家族截然不同，这两个法兰西省份也截然不同，它们全都对我施加着相互矛盾的影响。我常常以为，我会被迫从事艺术创作，因为只有通过艺术创作，才能使这些极不相同的因素协调起来：这些因素在我心里即使不相互打架，至少是相互对话。或许只有被遗传冲动推向单一方向的人，相反，那些杂交的品种，由于种种相互对立的要求在他们身上相互中和的同时，得以共处和壮大，所以我相信仲裁人和艺术家都来自他们之中。如果具体事例不能证明我言之有理，那我就弄错了。

但是，我模糊看到并指出的这种规律，似乎至今没有引起历史学家们的兴趣。我现在在居韦维尔写到这一点时，手头的任何传记、任何辞典，甚至共有五十二卷的巨著《世界名人传记》之中，无论查阅哪个名字，都找不到有关任何名人、任何英雄母系方面血统的介绍。这一点后面我还要再谈到。

我的曾外祖父龙多·德·蒙布莱和他的父亲一样，在财政部任参事——该部漂亮的官邸至今还存在于圣母院广场大教堂对面——一七八九年出任鲁昂市长。一七九三年，他与德·埃布维尔先生一块儿被关进圣雍监狱，由被认为更进步的德·丰特奈取代了他的职位。出狱之后，他隐居于卢维埃，我想他是在那里再婚的。[①]他与头一个妻子生有两个孩子。直到那时为止，整个龙多一家都信奉天主教。但龙多·德·蒙布莱二婚娶了一位新教徒杜佛尔小姐，她为他生了三个孩子，其中一个就是我外祖父爱德华。这些孩子都是按天主教的习俗洗礼和抚养的。可是，我外祖父也娶了一位新教徒，即朱莉·普歇。这回他们生了五个孩子，其中最小的是我母亲，五个孩子全是按新

① 这些情况及后面一些情况，我是从亨利·龙多舅妈那里获悉的，于她上次在居韦维尔小住时在她口授下记下的。作为这本书的附录，我提供了我表兄莫里斯·德马勒斯特的一封信，它挑出了我叙述中的一些谬误。

教习俗抚养的了。

然而在叙述这些事情的时候，即在我的回忆进入高潮时，我父母的家庭重新变得信奉天主教了，比过去任何时候都更信奉天主教，而且深具正统观念。我舅舅亨利·龙多在外婆去世后，与舅妈及他们的两个孩子住在我父母家，他在很年轻的时候，甚至在考虑娶虔诚信奉天主教的吕茜尔·K之前，就改宗皈依了天主教。

这个家位于克罗斯纳街和封特内尔街拐角处。马车出入的大门朝克罗斯纳街，大部分窗户则临封特内尔街。我觉得这座房子很大，它的确很大。底层除了看门人的住房、厨房、马厩和仓库之外，还有一间商店，专卖鲁昂花布，是那家离鲁昂几公里，位于乌尔蒙的工厂生产的。布店旁边，更确切地讲存货房旁边，有一间小小的办公室。这间办公室也不准孩子们进去。再说仅仅因为它那弥漫的雪茄烟味，和它那阴森森令人讨厌的外表，就没有谁愿意进去。比较之下，整座住宅多么可爱！

一到大门口，柔和而庄重的门铃声，就仿佛是对你表示欢迎。门廊左边，看门人在他那高出地面三级台阶的小屋里向你微笑。迎面是院子，紧里的墙根，一排排摆放着盆栽的绿色观赏植物，让它们在这里换换新鲜空气，然后再搬回乌尔蒙暖房。它们来自暖房，又回到暖房里去茁壮成长。在搬进室内作摆设之后，它们轮流在这里得到歇息。啊！这座房子里面多么温暖，湿润，安静，虽略显朴实无华，但舒适宜人，又充满情趣。楼梯间底下通过门廊采光，顶上则通过玻璃天窗采光。每层楼梯的平台，都放有包绿天鹅绒的长凳，趴在上面看书煞是舒服。不过，干脆坐在第三层和顶层之间的梯级上看书，还要舒服得多。梯级上铺着地毯，带黑白相间的条纹和宽宽的红边。屋顶的玻璃天窗，洒下柔和的、静静的光线。我把自己所坐的那级台阶上面那一级当做课桌，双肘支在上面，台阶的边缘渐渐嵌进我的两肋……

我写自己的回忆录，信笔所至，并不着意安排，顶多以一些地点和人物为中心加以汇集。对于地点，我的记忆力不常弄错，但却经常把日期搞混。如果强迫自己按编年的方式来写，那就完蛋了。我回顾往事，就像有人目测距离，搞不准确。有时，研究认定近得多的事情，会被我弄到非常遥远的过去。过去很长时间，我确信自己记得普鲁士人进入鲁昂的情况，就是一个例子。

那是夜里，大家听到军号声。队伍从克罗斯纳街上经过，从阳台上看见树脂火炬忽强忽弱的火光在墙壁上晃动。

后来我向母亲提起这件事。母亲让我相信，首先当时我年纪太小，不可能保留任何回忆；其次，任何鲁昂人，至少我们家任何人，都绝不可能站到阳台上观看俾斯麦抑或普鲁士国王本人经过。德国人倒是组织了一些游行，但游行队伍经过之处，家家的护窗板都关得严严的。我确实记得一些“火炬游行”，在德国人撤离这座城市很久以后，每逢星期六晚上，火炬游行队伍依然在克罗斯纳街进进出出。

“我们让你从阳台上观看的就是这种游行，记得吧，还一边对你唱：

兹姆来啦，兹姆来啦
雄赳赳的军人。”

我突然也记起了这首歌。一切恢复了本来的位置和范围。但是我有点若有所失，仿佛当初我更接近于真实，在我的全新感觉面前具有如此重要性的事，一定堪称历史事件。因此渴望把事件推到非常遥远的过去，让时间的距离赋予它伟大的色彩。

同样还有克罗斯纳街那次舞会，我的记忆力长期固执地把它置于外婆在世的时候。其实外婆辞世于一八七三年，而我那时还不到四岁。那次舞会显然是三年后的事，是舅舅亨利和舅妈为庆祝他们的闺女成年而举行的：

我已经睡下，但是一阵奇怪的嘈杂声、整座住宅从上到下的颤抖和一阵阵悦耳的歌声，赶走了我的睡意。也许白天我就注意到了在做准备工作，也许有人告诉过我这天晚上会有舞会。可是，我知道什么叫舞会吗？我没把这件事放在心上，像平常的晚上一样睡了。可是，现在这种嘈杂声……我倾听着，努力捕捉某种更清晰的声音，弄明白正在发生什么事。我竖起耳朵倾听，但终于按捺不住了，从床上爬起来，赤着双脚，摸索着出了卧室，走到黑乎乎的走廊里，然后来到灯光明亮的楼梯上。我的卧室位于四层，声浪是从二层传来的。应该去二层看看。我沿着楼梯一级一级走近时，这才分辨出说话声、衣裙窸窣声、窃窃私语和笑声。一切看来都非同寻常，我仿佛突然就要领略到另一种十分神秘、非同现实、更加辉煌、更加动人的生活，一种只在孩子们睡了之后才开始的生活。三层的走廊里黑乎乎的，阒无一人，晚会在下面举行。我还往前走吗？会让人看见的，会因为不睡觉跑出来偷看而受到惩罚的。我将头从铁栏杆间探出去。刚好有客人到来： 一位身着戎装的军人、一位全身绫罗绸缎、珠光宝气、手持一把扇子的夫人。仆人即我的朋友维克多穿着短裤和白色长袜，开始我都没认出来，他站在头一间客厅门口给客人们引路。突然有个人向我冲过来。是我的保姆玛丽。她躲在下面一点楼梯的头一个拐角处，像我一样探头探脑地观看。起初我以为她会把我送回卧室，反锁在里面。然而她没有这样做，却带我到她躲藏的地方去观看。现在我完全听得清音乐了。随着我看不见的乐器奏出的曲子，一些先生和一些珠光宝气的夫人一块旋转着。夫人们个个比白天漂亮得多。音乐停止，舞伴们也停下来，说话声代替了乐曲声。保姆正打算领我回卧室，一位靠在门边扇扇子的漂亮夫人瞥见了我，便走过来亲我，因为我认不出她而哈哈大笑。这显然是母亲的那位朋友，恰恰我上午还见过的那位。不过我不敢百分之百肯定是她，千真万确是她。当我回到床上重新躺下时，思想全给搞混了，在沉入梦乡之前模模糊糊地想，有现实，有梦境，此外还有第二现实。

好多年间，我一直朦朦胧胧、莫名其妙地相信，在现实之外，在日常生活之外，在公认的生活之外，存在着自己也说不清的另外什么东西。直到现在我依然不能肯定，我思想上是否还残存着这类想法。这类想法与童话故事、鬼怪故事、神话故事毫无共同之处，甚至与霍夫曼[①]和安徒生[②]的故事也毫无共同之处。再说，这两个人我当时还不知道。不，我想这包含着一种笨拙的欲望，即使生活变得味道更浓的欲望；对这种欲望，后来宗教倒是善于满足的。我想这里也包含着把一切设想得很神秘的癖好。正因为这样，在父亲过世后，我虽然已经是老大不小的孩子了，却居然不相信父亲真的死了，或者至少——怎样表达这种想法呢——只是在我们公开的、白昼的生活中他死了，到了夜里我睡着之后，他就偷偷地来找母亲。白天我还只是将信将疑，到了夜里临入睡之前那一刻，这种怀疑就变得明确肯定了。我并不试图窥透个中秘密，觉得自己想要窥伺的这种事情，自己完全可以阻止它发生。不过我毕竟年纪还小，在太多的时候、太多的事情上，母亲总回答我说："以后你就明白了。"有些晚上，在就要坠入梦乡之际，我真的觉得自己什么也不想弄明白了……

还是回到克罗斯纳街吧。

三层所有卧室门前那条走廊尽头是图书室，它比二层的大客厅更舒适，气氛也更亲密，所以母亲经常待在这里，也喜欢让我待在这里。一个大立柜充当书柜，占据紧里的整面墙，两个窗户都临院子，其中一个是双层的，两层窗框之间，一溜托

---

① 霍夫曼（Hoffmann，1776—1822），德国作家及作曲家，作品带有神秘主义的怪诞色彩，描写"不可思议的黑暗势力"以嘲讽当时的社会，是德国浪漫主义的重要作家。

② 安徒生（Andersen，1805—1875），丹麦作家，童话大师，共创作有童话168篇。

盘摆着一溜花瓶，里面鲜花盛开，有藏红花、刺果藤、郁金香、杜陀簕。壁炉两边各摆放一张大扶手椅，坐垫是母亲和姨妈们编织的。母亲坐在一张扶手椅里。夏克尔顿小姐坐在桌子旁边套石榴红绫纹布套的椅子上，埋头绣网格花边。那是她的一种消遣，将小块的网格绷在一个金属绷子上刺绣。一块蛛网般的网状物，她透过网飞针走线，不时看一眼样品。样品的图案是蓝底白线构成的。母亲朝窗台望一眼说道：

“藏红花开了，会有好天气。”

夏克尔顿小姐接过她的话细声细气地说道：

“朱丽叶特，你总是这样说。其实是天气好，藏红花才开的。你知道，藏红花不会赶在好天气之前开。”

安娜·夏克尔顿！我眼前浮现出你安详的面容、光洁的前额，略显严厉的嘴，还有你那双笑盈盈的眼睛，给我的童年播撒了那么多善意。我渴望发明更热情洋溢、更充满敬意、更亲切动人的词语，来谈论你。我会在将来有一天讲述你谦卑的一生吗？我希望在我的叙述中，你的谦卑会光彩照人；当权势者遭到贬抑，卑贱者受到颂扬之时，你的谦卑会在上帝面前大放异彩。我觉得，我从来没有多大兴趣为这世上的踌躇满志者和自命不凡者画像，倒是颇有兴趣为把真正的荣誉隐藏不露的人画像。不知道是什么挫折，促使夏克尔顿家的孩子们从苏格兰内地流落到大陆。罗伯蒂牧师本人娶了一个苏格兰女子，我想他是了解这个家族的，大概就是他把这个家族的长女推荐给了我外婆。我打算在这里复述的全部情况，不消说是很久以后，我从母亲本人或比我年长的表兄们那里了解到的。

确切地讲，夏克尔顿小姐是作为我母亲的家庭教师进入我们家的。母亲很快就要到结婚年龄了。不少人认为，夏克尔顿小姐本人还很年轻，而且非常漂亮，恐怕不会善待她的学生。另一方面应当承认，年轻的朱丽叶特·龙多，是一个有点令人泄气的人。她不仅总是深居闺房，该抛头露面的事总是回避，而且不放过任何机会把安娜小姐推到前面；对安娜小姐，她几乎立刻就产生了强烈的友谊。朱丽叶特不能忍受自己穿得最讲究，凡是表明她的身份和财富的东西，都令她反感。优先权问题使她与她母亲和大姐克莱尔之间，不断发生争论。

外婆肯定不是一个冷酷的人。不过，她虽然一点也不顽固，却抱着强烈的等级意识不放。她女儿克莱尔也有这种意识，但缺乏她那种和善，甚至除了等级意识，再也没有多少别的意识。在妹妹身上找不到这种意识，她就十分恼火。她发现在朱丽叶特身上，取代这种意识的，如果不是一种明确的反抗意识，至少是一种不顺从的意识。而这种不顺从的意识，在朱丽叶特身上并非一直存在，似乎是借助她对安娜的友谊而产生的。克莱尔因为妹妹对安娜抱着这种友谊，而难以原谅安娜。她认为友谊应有不同的程度和区别，让夏克尔顿小姐不再意识到自己的家庭教师身份，是不合适的。

“怎么！”母亲想道，“我比别人究竟是更漂亮，更聪明，还是人更好？人家更看中的究竟是我的财富，还是我的姓氏？”

“朱丽叶特，”安娜说，“你结婚那天给我一件茶色真丝连衣裙，我就心满意足了。”

很长时间，鲁昂上流社会那些最引人注目的对象，朱丽叶特·龙多全都不屑一顾。最后大家惊愕不已地发现，她接受了一个年轻的法学教员。此人来自南方的内地，穷兮兮的，根本没有胆量向她求婚，只是在善良的罗伯蒂牧师促使下才这样做的。罗伯蒂了解我母亲的想法，介绍了他。六年后我出生时，安娜·夏克尔顿收了我为养子，一如她一个个收了我的大表兄们为养子一样。美貌、优雅、善良、思想和品德，都无法让世人忘记一个人贫穷。安娜可能只领略到爱情一点遥远的光辉，除了寄于我父母篱下，根本没有家庭。

在我的记忆中，她的面部轮廓因为年龄关系已不那么柔和，一张嘴稍显严厉，只有目光里洋溢着微笑，那微笑会因为一点小事而变成真正的笑，笑得那样爽朗，那样纯真，令人感到无论是愁烦还是挫折，都不能减弱心灵从生活中自然汲取的极大快乐。我父亲也这样笑。有时，夏克尔顿小姐和他会像孩子似的乐不可支。可是，我不记得什么时候母亲和他们一块乐过。

安娜，除了我父亲总叫她安娜小姐，我们全都直呼她的名字，我出于孩子的习惯，甚至叫她“娜娜”。这个习惯一直保持到看见左拉一本书的广告用《娜娜》作为书名。安娜·夏克尔顿戴顶里面镶黑花边的帽子，两根头带垂在面颊两边，仿佛给她的脸镶了两条相当古怪的边。我不知道她何时开始戴这样一顶帽子，不过每每回忆起她，她总是戴着这样一顶帽子浮现在我眼前，不管是回忆多么遥远的往事。在我保留的她的几张照片上，她也是这副模样。她的面部表情，她的举止，乃至她的一生，都是那样和谐安详。她从来没有闲的时候，把没完没了的刺绣活儿留到与别人待在一块的时候做，单独一人时就搞翻译，因为她的英语、德语和法语一样好，意大利语也不错。

我保留着她的几篇译文，全都是手稿，写在厚厚的学生作业本里，直到最后一行，密密的都是工整、娟秀的字。安娜·夏克尔顿所译的全部作品，大概都另结集为译作出版了，但我始终下不了决心扔掉这些本子，那里边凝结了那么多耐心、爱心和诚意。其中有一篇对我来讲弥足珍贵，那就是歌德的《列那狐》。安娜给我念过一些段落。她译完这本书之后，我表兄莫里斯·德马勒斯特将古老的韵文故事里出现的各种动物的小石膏头像送给她，安娜把它们挂在她卧室里壁炉上方镜子的四周，这给我带来了很大乐趣。

安娜也画素描和水彩画。她所画的拉洛克风景，画得认真、和谐、严谨，现在还装饰着居韦维尔我妻子的卧室。她也画过拉密瓦的风景画。那是我外婆的住宅，位于鲁昂上面的塞纳河右岸，外婆去世后就卖掉了。每次去诺曼底旅行，坐火车经过圣亚德里安山附近，驶到仁祐教堂下面快过桥时，是否看得见那幢房子，现在我都记得不很清楚了。水彩画上面画了这幢住宅路易十六式的正面漂亮的栏杆。新房主匆匆拆除了那些栏杆，而改成了一个笨重的三角楣。

但是安娜主要爱好的、最热心研究的东西，是植物学。在巴黎，她兢兢业业去听博物院布罗先生的课。春天她参加采集草药，这活动是由布罗先生的助手普瓦松先生组织的。安娜经常提起的这些人的名字，我绝不会忘记，他们在我思想上享有崇高的威望。母亲觉得这是让我接受锻炼的好机会，便允许我参加这些周日的郊游。而对我来讲，这类活动具有科学考察的吸引力。那群植物学家几乎全是老姑娘和可爱的怪人。大家集合坐火车出发，每人挎一个漆成绿色的金属盒子，用来装准备拿回来研究或晒干的植物。有些人还另外带了剪枝的剪刀，另一些人带了捕蝴蝶的网。我属于后一种人，因为我对植物的兴趣远远不如对昆虫的兴趣强烈。我尤其喜欢鞘翅目昆虫，早已开始收集，口袋里总装满盒子和玻璃管子，将捕获物闷死在苯雾或钾氰化物之中。不过，我也采集植物。我比其他爱好者灵活，总跑在前头，离开小路，到树林子和田野里东寻西找，发现了一种植物就大喊大叫。因为自己头一个发现了一个稀有品种，所以得意扬扬，引得整个一小群人都跑过来欣赏。如果所采集的标本是唯一的，有些人看到我得意非凡地带回去给安娜，免不了会感到扫兴哩。

我以安娜为榜样，在她帮助下做了一个植物标本集，但主要是帮助补充她的标本集。安娜的标本集里，植物数量可观，整理得非常好。她不仅耐心地收集每个品种之中最好看的样品，而且在每个标本旁边写一个精彩的说明，用细细的胶带固定胚茎，仔细地保持植物的形态，让人可以在花蕾旁边，欣赏到绽开的花朵和种子。标签是按书法写的。有时，标签上标明是一个不能确定的品种，有待进一步研究和仔细鉴定。安娜俯首在那个固定在架子上的放大镜上，手里拿着镊子和小小的手术刀，小心翼翼地将花切开，把各部分都摊开放在放大镜下，叫我注意雄蕊的某些特点，或者注意她那本《植物志》里没有提及，但布罗先生早就提醒过的某些特点。

每年夏天，安娜陪我们去拉洛克。正是在那里，她的植物研究活动显得特别活跃，她的植物标本不断增加。无论是她还是我，外出时总要带上那个绿色箱子（因为我也有一个）和一把弯成弧形的镘刀，一把能够将植物连根刨出来的铲刀。有时我们对一株植物守护好几天，等待它完全开花；有时最后一天发现那株植物被毛毛虫吃掉了一半，或者一阵雷雨迫使我们待在屋里不能外出，那真是令人绝望。

在拉洛克，植物标本集比什么都重要，凡是与之有关的事情，我们做起来都充满热忱，郑重其事，像完成一种礼拜仪式一样。天气晴朗时，我们把贴着标本的灰色纸摊在窗台、桌子和洒满阳光的地板上，把植物晾晒干。柔弱的、多纤维的植物，用几张纸就够了；肉质的、多汁的植物，要用厚厚一叠干燥、吸水的纸夹住挤压，而且每天要更换。这一切做起来需要很多时间，还需要很宽的地方——这在巴黎安娜无法找到。

安娜住在玛达姆街和阿萨街之间的沃吉拉尔街一套小小的公寓里，一共四个窄小的房间，十分低矮，几乎一伸手就可以够着天花板。不过，这套房子的位置不错，对面是一个什么科研机构的花园或院子，我们可以观看那里进行最早的太阳能锅炉的试验。那些古怪的设备，形状像巨大的花朵，花冠用镜子做成，花蕊是阳光的聚集点，里面盛着准备烧沸的水。那水大概真能烧沸，因为有一天，那些设备中的一座突然爆炸，把周围的居民全吓丢了魂，安娜家临街的客厅和卧室的玻璃全给震碎了。她家的餐厅和工作室则朝向另一个院子。她大部分时间待在工作室里，甚至在这里而不是在客厅里接待来看望他的亲密朋友。已不记得是在什么情况下，妈妈有时把我交给她这位朋友代管几天。安娜便为我在她的客厅里搭张折叠床，这使我非常高兴；如果不是这样，对她那间客厅我也许毫无印象了。

我进阿尔萨斯学校那年，父母大概认为我在芙乐尔小姐和拉克博埃小姐家接受的教育已经不够了，他们商定让我每周去安娜家吃顿中饭。记得是每星期四做过体操之后。当时的阿尔萨斯学校还没有后来那种规模，没有专门的体育活动室，而是把学生们带到帕斯柯体育馆进行活动。这个体育馆位于沃吉拉尔街，距安娜家只有几步路。我每次到达她家时总是汗流浃背，又脏又乱，衣服上沾满木屑，两手沾满黏糊糊的树脂。这些午餐为何具有如此的诱惑力？我想主要是因为安娜不厌其烦地注意听我愚不可及的饶舌，我在她身边受到重视，感到自己负有期待，受到尊重和疼爱。那个套间充满了对我的关怀和微笑，在这里中饭吃得比平常好。作为回报，我希望还记得自己某个幼稚的亲切表示，充满爱意的一句话或一个动作……可是，唉！什么也记不起来了，唯一记得起来的，是一句荒唐的话，一句只有我这种迟钝的孩子说得出的话，一句在这里对诸位重复都会令我脸红的话。但是，我这里所写的不是一本小说，我决心在这本回忆录里，绝不为求得自我安慰，而增添一些开心的事情，减去一些难受的事情。

这天中午我吃饭胃口特别好。安娜以她微薄的收入，显然竭尽所能了。

“哎，娜娜，这样我会把你吃穷的！”我大声说道（这句话还在我耳边回响）……我立刻感到，至少一个心灵敏感点的人不会说出这种话。安娜显得难过，我的话的确有点伤害了她。我相信这是我的意识的第一道闪光，一道稍纵即逝、尚十分朦胧的闪光，不足以穿透我所滞留的幼稚状态的浓重黑暗。

二

母亲头一回离开克罗斯纳街舒适的环境，陪同父亲去于泽斯时那种不习惯的情状，可以想见。于泽斯这座小城似乎被时代的进步遗忘了，它地处一隅而又无所觉察。铁路只通到尼姆，至多通到雷穆林，从那里换乘破汽车，一路颠簸抵达小城。从尼姆出发，距离明显长一些，但路好走得多。公路经圣尼古拉桥越过加东河。这里无异于巴勒斯坦，朱迪亚[①]。一丛丛白色和紫色岩蔷薇，点缀着乱蓬蓬的咖里哥宇群落[②]，飘溢着薰衣草的芳香。群落上空，呼呼刮着干燥的风，把公路刮得干干净净，而使公路两旁的一切覆盖着尘土。我们的车子惊起许多大蚱蜢，它们猛地展开蓝色、红色或灰色的翅膀，蝴蝶般轻盈地飞舞，然后黑压压落在稍远处，混杂于灌木丛和乱石中，难以辨认。

加东河畔生长有阿福花，而在几乎完全干枯的河床里，则生长着差不多像热带一样的植物……这里暂且抛开那辆破车子吧。有些往事我要趁便抓住谈一谈，否则不知道该放到什么地方去叙述。正如我前面已提到过，对我来讲，确定这些往事发生的时间，比确定它们发生的空间难。例如，安娜是什么时候到于泽斯来找我们的，我就记不清了。大概是母亲希望让她看看于泽斯吧。但下面这件事我记得很清楚：我们从尼古拉桥出发，徒步走到距加东河不远的某个村庄，在那里重登汽车。

火红的悬崖反射着阳光，在它下面狭窄的地方，植物非常茂密，难以通过。安娜遇到新的植物品种，认出一些她从没见过的处于野生状态——我想说处于自由状态的植物，就惊喜不已。例如那些神气的曼陀罗，即人们所称的耶利哥喇叭花，它们与欧洲夹竹桃相比，显得那样高贵，那样奇特，给我留下了深刻印象。我们小心翼翼地前进，因为有蛇，不过大部分都是不伤人的，我见到过好几条，都溜走了。父亲到处闲逛，对什么都感兴趣。母亲时间观念强，总是徒劳地催我们回去。当我们终于爬上河岸，往往已经天黑了。我们距村子挺远，只隐约听得见晚祷的钟声。回村子，需要沿着灌木丛中时隐时现，蜿蜒曲折的小径……读到我这本书的人也许会怀疑，所有这些是否我现在加上去的。啊，不，那晚祷钟声现在还震响在我耳畔；那条迷人的小径和玫瑰色的夕阳，还有当我们从加东河床爬上岸时，那在我们身后扩散的暮色，现在还浮现在我眼前。起初，我开心地欣赏着我们自己的巨大影子，渐渐地，一切融进了灰蒙蒙的薄暮之中。父亲和安娜，完全陶醉在眼前的晚景之中，慢吞吞地溜达着，根本不把天色已晚放在心上。记得他们还吟诵诗歌哩。母亲觉得“这不是吟诗的时候”，嚷道：

---

① 朱迪亚（La Judée），古巴勒斯坦南部地区，包括今巴勒斯坦南部地区和约旦西南部地区。

② 咖里哥宇群落即地中海地区的常绿矮灌木丛。

"保尔，你等我们到了家再朗诵吧！"

奶奶家的套间所有房间都是相通的，因此父母要去自己的卧室，不得不穿过餐厅、客厅和另一间更小的支了我的床的客厅。这样转了一圈之后，见到一个小小的洗手间，然后是奶奶的卧室。奶奶的卧室也可以经过叔叔的卧室从另一边进去。叔叔的卧室临楼梯口平台，厨房和餐厅也一样。两间客厅和父母的卧室窗外是一片空地；其他房间的窗户都朝向套间中间的狭小院子，只有叔叔卧室的窗子开在套间另一面，临一条阴暗的巷子，瞥得见巷子尽头市场的一角。他卧室的窗台上，养了一些奇特的植物：在一些神秘的短颈大口瓶里，直挺挺的植物茎周围凝结着盐。叔叔告诉我那是锌盐、铜盐或其他金属盐。他还告诉我，这些不屈不挠生长的植物，按金属的名称分别命名为萨杜恩树和朱庇特[①]树，等等。那时，叔叔还不搞政治经济学。自那时起我就知道，吸引他的尤其是天文学，他对数字的兴趣、他默默地观察的爱好和他对个人的否定态度，还有他的心理状态，也都促使他喜欢天文学。他的心理状态很快使他成为我所认识的人之中，最漠视自己也漠视他人的人。那时（我是想说我幼年时），叔叔是一个个子高高的小伙子，长长的黑发有一绺贴在耳朵背后，眼睛有点近视，人有点古怪，沉默寡言，样子吓人。母亲总想方设法让他活跃起来，这令他很生气。母亲愿望良好，但做法不够灵活。叔叔不懂得也不愿意

① 萨杜恩（Saturne）和朱庇特（Jupiter）分别为罗马神话中的农神和主神。

透过别人的行为去理解别人的用心，注定要受到玩弄手腕的人迷惑。父亲似乎把整个家庭所应具有的和蔼礼貌的素质都集中到了自己身上，因此没有办法能缓和家庭其他成员互相顶牛闹别扭的个性。

我出生时祖父已去世相当长时间。不过母亲见过祖父，因为我是在她结婚六年后才生的。母亲对我谈起祖父，把他描绘成一个严肃、耿直的胡格诺教徒，个子高大，非常健壮，性情执拗，过分认真，宁折不弯，视信奉上帝为崇高。他曾担任过于泽斯法院院长，几乎只关心业余学校学生的良好品行和道德、宗教教育。

除了我父亲保尔和我叔叔夏尔，唐凯德 · 纪德还有几个孩子，但都夭折了：一个是一个东西掉在头上被砸死的，另一个是因日光暴晒而死，还有一个是患感冒得不到治疗而一命呜呼。祖父本人似乎是同样的病得不到治疗，即自己不肯治疗而过世的。他倒是很少生病，一旦病倒，就声称他只求助于祈祷，认为医生介入不合时宜，甚至亵渎宗教，所以至死都没同意请医生。

有些人也许会感到奇怪，人类这些落后甚至古老的行为，会保留得如此长久。不过小城于泽斯亦保留得完好无损，像我爷爷的这类极端行为，无疑不会给它留下任何污点。相反，在这里一切都是相宜的，都可以解释得通，都可以找到理由，受到鼓励，像是天经地义的。再说，我想在整个塞文地区，人们会发现情况都差不多一样，它长期受残酷的宗教纠纷折磨，至今仍未摆脱。那次奇特的遭遇使我相信，必须立刻把它讲出来，尽管这是我十八（?）岁的事了：

我应堂兄纪尧姆·格朗尼埃的邀请，早上从于泽斯出发，在他身边度过了一天。他在昂杜兹附近当牧师，在让我离开之前，对我进行了训诫，与我一块为我祈祷，为我祝福，至少是祈求上帝降福于我……不过，并非为此我开始讲这个故事——我应该乘火车返回于泽斯吃晚饭。我在火车上阅读《邦斯舅舅》。在巴尔扎克的那么多杰作之中，也许这是我比较喜欢的一本书，总而言之是我最经常拿出来重新阅读的。然而这天我发现了这本书，真是惊喜万分，心醉神迷，陶醉其中而忘了一切……

夜幕降临，终于迫使我停止阅读。我咒骂车厢里没有灯光，过了一会儿才知道，原来火车出了故障，列车工作人员以为车厢里已没有人，将火车停放到了一条停车线上。

“你难道不知道要换车吗？”他们对我说，“我们可是喊了很长时间，你大概睡着了吧。现在你可以再睡啦，因为这里再也没有火车开出，要等到明天啦！”

在这黑乎乎的车厢里过夜，实在没有诱人之处，再说我还没吃晚饭哩。车站离村子挺远，冒险比住店对我更有吸引力，况且我身上没有几个子儿。我沿着公路信步走去，看见一座农舍，相当大，看上去也还干净、舒适，便决心趋前敲门。给我开门的是一位农妇。我对她说我迷了路，身上没有钱，但已饿得不行了，或许她心肠好，能给我吃的喝的。我吃喝饱了，就会返回停放不开的火车上，耐心地等到第二天再出发。

那个给我开门的农妇，赶忙在已摆好餐具的桌子上增添一副餐具。她丈夫不在家。她年迈的公公坐在火炉边角落里——这个房间也是厨房——俯身向火，一言不发。他的沉默像是不欢迎我，令我尴尬。突然我注意到一个书架似的架子上，摆着一本厚厚的《圣经》，明白自己是在新教徒家里，便告诉他们我刚看望过的那位新教徒的姓名。老头立刻直起腰来。他认识我那位牧师堂兄，甚至我祖父他也记忆犹新。他对我谈起我祖父的方式使我明白，无论在我祖父还是这位农民本人身上，最粗糙的外壳，可以包容多么崇高的克己精神和善良的品质。我觉得眼前这个农民与我祖父相像，体格非常健壮，嗓门洪亮而不柔和，目光直勾勾的毫无亲切感。

这时孩子们收工回来了，一个个儿高高的闺女、三个儿子。与祖父比较起来，他们显得机灵，娇嫩，漂亮，但已经表情严肃，甚至皱起眉头。主妇端了一盆热气腾腾的汤，放在餐桌上，见我还在说话，便做了个不为人注意的手势，让我不再往下说。老头儿开始念餐前祝福经。

吃饭的时候他对我谈起我祖父，语言形象又准确，遗憾的是我没有记录下来。怎么！我心里想，这哪里是个乡巴佬！与我们诺曼底笨嘴拙舌的种田人比较起来，他的语言多么优雅，多么生动，多么庄重！吃完饭，我表示要走，但主人们不同意。女主人已经起身，安排大儿子与他一个兄弟睡，把他的房间和床铺让给我，换上干干净净的粗布被单；那被单散发着一股诱人的薰衣草味。这个家庭不习惯于晚睡，但习惯于早起。不过，我愿意的话还可以看会儿书再睡。

"不过，"老头儿说，"请允许我们不打破自己的习惯。这你不会觉得奇怪吧，既然你是唐凯德的孙子。”

说罢他拿来我见过的那本厚厚的《圣经》，搁在已撤掉碗盘的餐桌上。他儿媳和几个孙子在餐桌旁他身边重新坐下，个个自然地现出虔诚的样子。老头儿翻开那本圣书，庄重地朗诵了福音书中的一章，又朗诵了一首圣诗。然后，每个人都在自己的椅子前跪下，只有老头儿没有跪。只见他站在那里，双目微闭，两手放在已合上的圣书上，念了一段短短的行为和感恩祷词，念得很虔诚、很纯朴，没有祈求什么——我记得他只感谢上帝给我指引了他的家门，语调是那样恳切，致使我的整个心灵都伴随着他的话在祷告。最后他念道：“吾主。”接下来一阵静默，过一会儿他几个孙子才站起来。一切显得那样高尚、那样平静，他印在每个孩子额头上祝福平安的吻，充满了上天的赐福，我不由得也走近他，把额头伸过去。

我祖父那一代人，对他们的先辈所遭受的迫害，或者至少对某种反抗的传统，记忆犹新。由于人们曾经想压服他们，所以他们内心里还保持着一种非常强硬的态度。他们每个人都听见基督对自己和他们这一小群受苦受难的羔羊说：“你们是大地的盐，然而如果你们失去了咸味，那么靠什么让大地恢复咸味呢？”

应该承认，于泽斯小教堂的新教祭仪，在我的童年时代，还呈现出一种特别饶有趣味的场面。是的，我还见到与上帝特别亲昵的这一代人的最后代表参加这种祭仪，他们头戴大毡帽，在整个虔诚的仪式期间一直不脱，听到牧师提到上帝的名字时，才把帽子抬一抬，最后听到念“吾主”才脱下来。外人也许觉得这是对宗教不敬而感到气愤，因为他们不知道，这些老胡格诺派教徒举行祭仪时戴着帽子，是为了纪念过去赤日炎炎之下在灌木丛深处秘密举行祭仪。那样的秘密活动是按照他们的信仰事奉上帝，如果被发现，会有砍头的危险。

后来，这些老古董一个接一个去世了。在他们身后，他们的遗孀还活了一段时间。她们礼拜天才走出家门，目的地是教堂，说穿了，她们是去那里相互见见面。其中有我奶奶、她的女友阿博兹，乃桑太太以及两个老头儿——他们的名字我记不起来了。在祭仪快要开始时，一些几乎与这些女主人一样老的女仆，把这些老太太的脚炉送进来放在她们的凳子前面。老太太们个个双眼半瞎，在进教堂之前相互都认不出来，直到在凳子上坐定了，才知道谁是谁。见了面她们都挺高兴，像合唱似的齐声表达异常热烈的感情，一边相互祝贺，问长问短。可是她们都耳背得厉害，同伴们说些什么话一句也听不清。她们的声音混成一片，一时间完全盖过了可怜的牧师的声音。有些人对此十分生气，只是想起了这些寡妇的丈夫，才原谅了她们；另一些人不那么苛刻，倒觉得挺有趣。孩子们则哈哈大笑；我呢，感到有点尴尬，要求不再坐在祖母身边。这种微不足道的喜剧，每个礼拜天都要重新上演。你绝对想象不出比这更滑稽、更动人的事情。

我从来说不清祖母有多老。回想起来，打最早见到她的时候起，从她身上就根本看不出，也想象不出她从前是什么样子。似乎她从来就没年轻过，也不可能年轻过。她有着铁打般的身体，不仅比她丈夫活得长，而且在她大儿子即我父亲死后还活着，还活了很长时间。每年复活节假期我和母亲去看她，年复一年她总是老样子，只是耳更背了点，至于那张脸，早已皱巴巴，不可能增添更多的皱纹了。

亲爱的老太太当然是千方百计招待我们。但正因为这样，我不能肯定我们的到来令她很愉快。不过问题不在这里。从我母亲方面来讲，主要不是给什么人带来愉快，而是履行一种义务、一种礼节。正如每逢新年，她总强迫我给祖母写那封郑重其事的信，弄得我节都过不好。起初我试图逃避，争辩道：

“你想吧，我的好奶奶收不收到我的信，对她有什么意义呢？”

“问题不在这里。”母亲说，“你现在生活中没有多少义务，你必须履行这种义务。”

我于是哭起来。

“得啦，小宝贝，”母亲又说道，“你要懂道理。想一想吧，这位可怜的老奶奶只有你这一个孩子呀。”

“可是，你要我给她写什么呢？”我一边哭一边嚷道。

“写什么都行。对她谈谈你的表姐妹们，谈谈雅迪尼埃家你那些小朋友。”

“可是，奶奶并不认识他们。”

“告诉她你在做什么。”

“你知道，讲这些不会使她开心。”

“总之，孩子，事情很简单：这封信你不写，就休想出这个房间（即克罗斯纳街家里的学习室）。”

“可是……”

“行啦，孩子，我不想再和你费口舌了。”

母亲说罢，不再吭声。我又犹豫了一段时间，最后开始俯在白纸上绞尽脑汁。

事实上，似乎任何事情都再也不能引起祖母的兴趣。每次我们在于泽斯小住，母亲大概为了表示亲切，手里拿块绒绣或一本书，坐在她身边。祖母都在费力气地回忆，老半天才终于想起诺曼底我们一位表亲的名字，问道：

“维德梅兄弟呢，他们怎样了？”

母亲非常耐心地给她介绍维德梅兄弟的情况，介绍完了又看自己的书。十来分钟过后，祖母又问道：

“莫里斯·德马勒斯特呢，他一直没结婚？”

“结啦，妈。还没结婚的是阿尔贝。莫里斯已是三个孩子的父亲啦——是三个闺女。”

“哦！告诉我，朱丽叶特……”

这个感叹词没有任何问话的意思，仅仅是适于一切情形的一种感叹。祖母通过这种感叹表示惊讶、同意、赞赏，等等。因此，你可以把它当作她对你所说的任何话的反应。这句话说过之后，祖母待在那里，一副沉思的样子，又是摇头，又是点头。只见她像在反复考虑所听到的什么消息，嘴里并没有东西而仿佛在咀嚼，松弛的、皱巴的面颊随着吞咽一鼓一鼓的。一切吞咽完了之后，好一段时间她不再问什么，拿起搁在膝头的毛线活儿。

祖母织长统袜，这是我所知道的她唯一的操劳。她一天到晚织个不停，像只蜘蛛。但她经常起身去厨房里看罗丝在做什么，而把正织的袜子遗忘在每件家具上。我想谁也没见到她织完过一只袜子。所有抽屉里都放着刚开了个头的袜子，是罗丝每天早上打扫房间时放进去的。至于编织针，祖母耳朵背后总是晃动着一把，插在带飘带的绢网小帽和拢住灰黄色头发的薄头带之间。

我婶婶安娜，即祖母的新儿媳，完全不像妈妈，对祖母丝毫不抱有亲切和尊敬的宽容态度。凡是她不赞同的事情，凡是我叔叔令她生气的事情，她统统归咎到婆婆身上。记得我和母亲只见她去过于泽斯一次，却立刻发现她把那些袜子搜刮一空。

“八只，我一共找到八只。”她得意忘形，又高兴又恼火地对母亲说。晚上，她禁不住问祖母，为什么她从来没有织完过一只袜子，一次也没有？

可怜的老太太起初还是尽量露出微笑，不一会儿不安地转向我母亲问道：

“朱丽叶特，她想干什么，这个安娜？”

但母亲采取不介入态度，婶婶更大声说：

“婆婆，我问你为什么没有一次织完过一只袜子，许多只都仅仅开了个头？”

老太太有点生气了，紧闭着嘴，随后突然回击道：

“织完，织完……哼！你说得轻松，安娜！得有时间！”

祖母时时担心我们没吃饱。她自己几乎什么都不吃。母亲很难让她相信，每顿饭四个菜就够我们吃的了。祖母通常什么话也听不进去，常常躲开母亲，神秘地与罗丝商谈。母亲等祖母一离开厨房，就立即跑进去，趁罗丝还没去菜市场，和她一块修改菜单，取消四分之三的菜。

“喂，罗丝！那盘松鸡呢？”午餐时祖母大声问道。

“妈，咱们今天中饭有排骨，松鸡嘛，我叫罗丝留了明天吃。”

可怜的老太太一副绝望的神色。

“排骨，排骨！”祖母嘟囔着，一边强露笑容，“这些小羊排，一口能吃六块……”

为了表示抗议，她终于站起来，去餐厅里端找来一个神秘的罐头。那是她专为我们的到来预备的，避免菜不够吃而扫兴。通常是一罐配茭白的猪肉丸子，用鲜美的油脂腌渍。我们管它叫“猪油浸肉丸”。母亲自然拒绝。

“啊！孩子肯定爱吃。”

“妈，我向你保证，这类东西他吃够啦。”

“可是，你总不至于让他饿死吧。”

（在祖母看来，任何孩子不撑死就会饿死。后来，有人问她觉得她的孙子们即我的堂兄弟们怎么样，她总是嘴一撇说：“太瘦啦！”）

有一个好办法可逃避我母亲的检查，就是去贝夏尔饭店订一份橄榄牛里脊，或去法布雷加糕点店订一份“风中舞”肉丸子、一份絮状奶油烙鳕鱼片，或者一份传统的猪油酥皮包。即使这样母亲也不放弃斗争，往往以卫生原则为借口，反对祖母的爱好，尤其当祖母切“风中舞”把最里面的一块留给自己时。

“可是，妈，你挑的恰恰是最肥的那块！”

“哎！”祖母对卫生原则嗤之以鼻，“是里面那块皮。”

“还是让我来服侍你吧。”

可怜的老太太顺从地垂下眼睛，只见她最喜欢的那一块从她盘子里给夹走了。

法布雷加店也送来一些值得称赞但花色不多的甜食。说实话，做来做去总是苏丹色拉之类，我们谁也不特别爱吃。苏丹色拉形状像座金字塔，有时为了美观，上面用什么白色的东西做个小天使，那是不能吃的。金字塔由拌奶油的小片白菜做成，白菜上缘有一层很有韧性的焦糖，将一片片白菜粘在一起，所以匙子只能将金字塔挖开，而不能把一片片白菜分开。整个金字塔外面裹一层雾状焦糖，虽然好看，但不怎么馋人，而且把一切弄得黏糊糊的。

祖母着意让我们感觉到，她只是没有更好的办法，才给我们订一份苏丹色拉。

她撇一撇嘴说：

“咳！法布雷加！法布雷加！它的花色品种太少啦。”

或者说：

“它不注意保持自己的声誉。”

我总是急不可耐地想出去玩，觉得这些午餐持续的时间太长。我非常喜欢于泽斯附近的田野、瓯泉峡谷，尤其喜欢咖里哥宇群落。头几年，我出去漫步总有保姆玛丽陪同。我带着她爬上“萨波内山”，那其实是一座石灰岩小丘，就在小城边上。那里挺有趣的事情，是在液汁呈白色的高大的大戟上面，可以找到天蛾的幼虫。它们像一条条散开的头帕，屁股上有一个角状物；或者是在松树荫蔽的茴香上面，找到另一类幼虫，即金凤蝶和鸢尾蝶幼虫。这类幼虫，只要触一下它们，颈子上就会伸出一个非常香、颜色出乎意料的分叉喇叭。绕过萨波内继续往前走，就到了瓯泉流经的绿色草地，最潮湿的地方，每到春季，绿草之上便点缀了诗人们笔下那种美丽洁白的纳喀索斯①，当地人称为库巴多纳。这种花，没有任何于泽斯人去采摘，也没有任何于泽斯人去观赏，所以在僻静的草地上开得很多，在周围的地方都可以闻得到它们的清香。有些俯向水面，就像我在神话里读到的那样，我不愿意采摘它们；另一些半隐藏在茂密的草丛里，但通常高高地亭立于深绿色的草丛之上。每朵水仙花都像一颗璀璨的星星。玛丽是一个地道的瑞士女人，喜欢鲜花，我们常常一把一把地带回家。

瓯泉即那条奔流不息的河。罗马人曾通过著名的加尔渡槽，把它的水一直引到尼姆。流淌这条河的山谷，半隐蔽在桤木林中，延伸到于泽斯附近变得窄窄的。啊，小城于泽斯！你像是位于翁布里亚②地区，旅游者纷纷从巴黎跑来一睹你的芳颜。你坐落在一块岩石边缘，这块突然滚落下来的岩石，部分被伯爵领地花木成荫的花园所占住，脚下参天的树木交错缠绕

① 纳喀索斯为希腊神话中的美少年，他对自己水中的倒影产生爱情，结果憔悴而死，死后变成水仙花。这里即指水仙花。

② 意大利一个以风景秀丽著称的地区。

的根部，藏有许多河虾。伫立于漫步台地或公园里，透过伯爵领地高大的朴树望去，只见狭窄的河谷对岸，另有一块更陡峭的岩石，上面布满裂缝、岩洞、拱顶、石笋，还有类似海边的悬崖峭壁，顶上是乱蓬蓬的灌木丛，被烈日烤晒得干枯了。

沿着被人踩得光溜溜的岩石边缘走一段，踏着石壁上开凿的石级下到河边，在 Fon di Biau（这几个词不知我写得对不对，在南方方言里意为“牛饮泉”）涉水过河。傍晚时分，洗衣妇们洗完衣服正要上岸，一双双赤足提起又插进水里，身子挺得笔直，按古老的方式，把洗得洁白的衣服顶在头上，袅袅婷婷，真个好美！瓯泉是这条河的名字，因此我不能肯定，Fon di Biau 是否正好是一个泉名。我眼前又浮现出一座水磨，一栋细户房舍，全都荫蔽在高大的梧桐树下；在自由流淌的水和推动水磨的水之间，有一个小岛，上面有鸭子嬉戏。我常常走到小岛后头，栖在一棵老柳树上胡思乱想或看书，一边注意鸭子冒险的嬉戏。水磨发出轰鸣，轮子转动，水哗啦啦响，流动的河水像千百个人在窃窃私语，鸭子的鸣叫听起来不那么响了，还满悦耳哩！稍远处，还有洗衣妇在洗衣服，捣衣杵有节奏地捶着。

通常我总是一刻不停地涉过牛饮泉，向灌木丛跑去。对人迹罕至的荒野的奇特爱好，驱使我向那里跑去；这种爱好，使我在很长时间喜欢沙漠甚于喜欢绿洲。干燥的大风、光秃秃的岩石反射的阳光，像酒一样醉人。攀登岩石，捕捉螳螂，多么让我开心。螳螂这种昆虫，当地人叫做“跪凳”。它们呈胶囊状的卵，一团团挂在细枝上。还有哩，掀开卵石，往往会发现蝎子、千足虫和蜈蚣！这一切令我惊奇不已。

下雨天我就待在家里打蚊子，或者把祖母家的几座钟全部拆开。这些钟我们上次来祖母家小住时就都坏了。拆钟的工作挺细致，比什么事情都更要求我全神贯注。这些钟终于又走起来了，我说不出有多自豪。祖母又看见钟点了，嚷道：

“啊！朱丽叶特，你看这小家伙……”

下雨天在顶楼里度过的时光是最惬意的。罗丝把顶楼的钥匙借给我（后来我在那里阅读了《斯泰诺》[①]）。站在顶楼的窗前，可以俯瞰邻近的屋顶；窗户旁边有一个大木笼子，上面盖个口袋，祖母在里面喂养着几只小鸡，以备做餐桌佳肴。对小鸡我并不很感兴趣。但只要静静地待一会儿，就会看到罗丝喂养的几只小猫，从横七竖八的箱子、叫不上名称的废物品、尘封的破烂和柴火垛及枯枝后面探出头来。这些小猫还太小，不可能像它们的母亲，不肯待在它们出生地，即这堆放杂物的顶楼，而更喜欢跑到厨房里去。那里温暖舒适，有罗丝抚摩，还有炉膛和在炉火上转动的烤肉的香味。

你要是没见到我祖母，多半会想世界上是否还有比罗丝更年老的人。罗丝还能帮佣，真可谓奇迹。不过，祖母也不要求她做多少事，我们在这里小住时，家务活儿有玛丽帮着做。后来罗丝终于告老回家去了。在祖母不得不同意去蒙彼利埃夏尔叔叔家生活之前，我们在她家里见到的几个女佣，都是令人伤脑筋的典型。一个骗钱，另一个酗酒，第三个放荡。这第三个

① 《斯泰诺》（Stello）是法国诗人、小说家、剧作家阿尔弗雷德 · 德 · 维尼于1832年出版的小说，描写三种不同政治制度下诗人的厄运。

我还记得，是救世军成员。说实话，我们对她本来开始感到满意了。可是有天夜里，祖母睡不着，便想去客厅里找她永远织不完的那只袜子。她穿着内衣内裤，大概觉察到气氛有点异常，轻手轻脚将客厅门推开一点，发现客厅里灯火通明。那个救世军成员每周两次在这里“接待客人”。在祖母家里的这类感化人的聚会颇受欢迎，因为在唱完《雅歌》之后，救世军成员还请客人们喝茶。你可以想见，祖母穿着内衣闯进这样的场合该多么尴尬。就在这之后不久，她永远离开了于泽斯。

在随祖母一道离开于泽斯之前，我还想谈谈餐厅里端那间贮藏室的门。在这扇厚厚的门上，有一个所谓的树疙瘩，或者更确切地说，我想是长在边材里的一根小树枝的下端。树枝的下端掉了，门扉上便现出一个小指般大小的圆洞，从上到下向里延伸，紧里面隐约看得见一个灰色、光滑的东西，引起我极大的好奇。

“你想知道那是什么东西吗？”罗丝在餐桌上摆餐具时，见我全神贯注把小指头伸进洞里，想摸到那东西，便说道，“那是你爸爸在你这样大时塞进去的一颗弹子，塞进去就永远掏不出来啦。”

这个说明既满足了但也更刺激了我的好奇心。我不断把小指头伸进洞里，想把弹子抠出来，却只能碰得它在里面自身转动，指甲在弹子光溜溜的表面滑动，发出气人的轻微哧溜声……

翌年再到于泽斯，我马上去抠那颗弹子。我不顾妈妈和玛丽的嘲笑，把小指头的指甲留得长长的，所以我一下子就把指甲伸到了弹子下面，弹子猛地一抖，就弹射到了我的手心里。

我的头一个行动，就是跑到厨房里去吹嘘自己的胜利。我立刻想到罗丝一定会对我表示祝贺，因而给我带来快乐，但又一想这种快乐其实微乎其微，所以停住了脚步。我在门口停了片刻，打量着手心里灰色的弹子。现在它与所有弹子一样了，从它不再在那个洞里的一刹那起，它就没有任何吸引人之处了。居然还想拿这玩意儿去大吹大擂，真是笨蛋，自找没趣……我脸一红，将弹子放回那个小洞里（它可能至今仍在里面），剪掉了指甲，没对任何人提及自己这次愚蠢的行动。

大约十年前，我途经瑞士，去看望了可怜的老玛丽。她生活在一个叫洛茨维的小村子里，但并不打算死在那里。她对我谈起于泽斯和祖母，唤起了一些本来已淡漠的回忆。

“每当你吃一个鸡蛋，”玛丽说道，“不管是荷包蛋还是带壳煮溏心蛋，你那位好心的老奶奶都少不了嚷道：‘把蛋白留下，小家伙，只有蛋黄有营养价值。’”

玛丽这个好心的瑞士女人补充说：

“好像仁慈的上帝创造的蛋白不是让人吃的。”

我没有什么构思，而是回忆到哪里写到哪里，现在就从祖母讲到了玛丽。

我清楚地记得，有一天我突然觉察到玛丽也算得上漂亮。那是夏季的一天（离现在好久了），在拉洛克我与她一块儿出门，到花园前面平展的草地上去采摘鲜花。我走在她前面，越过小溪回头一看：玛丽还在一根树干搭的小桥上，恰好在荫蔽这段小溪的栎树阴影里。她再向前走几步，突然全身沐浴在阳光里，手里拿一束绒线菊，被宽檐草帽遮住的脸，似乎整个儿荡漾着微笑。我大声问道：

“你笑什么？”

她答道：

“没什么。天气很好啊。”

整个峡谷明显地立刻充满了爱和幸福。

我家对用人一向管得很严。母亲自然认为，对她所关心的每个人，她都承担着一份道德责任，所以对于凡是不为婚姻所认可的私情，都不能容忍。大概因为这个缘故吧，我除了意外地发现玛丽对我们的厨娘德尔菲娜的情意，就没有发现她有任何其他私情。玛丽对德尔菲娜的情意，母亲当然毫无觉察。不消说，我自己当时也没有明确意识到，只是很久以后才明白某些夜里的激情是怎么回事。但不知在什么样的本能支配下，我竟然克制住没对母亲讲。

前头说过了，我的卧室朝向土尔隆街一个僻静的院子。它相当宽敞，而且像整个套间的所有房间一样，空间挺高。由于有这样的空间，在我的卧室旁边和连接它与整个套间的走廊尽头，还有地方隔出一个小房间作为浴室，后来我就在那里面做化学试验。浴室上面就是玛丽的卧室，有一架内部小梯子通向她的房间，梯子脚下就在我的卧室里，它是在我的床后面隔着一层板壁升上去的。另外，浴室和玛丽的卧室都有一道门通向一架侧梯。描写一个地方比什么都难，比什么都无聊。不过对这个地方的描写，对于了解后面发生的事情，也许是必不可少的……还应该说明的是，我们家那个名叫德尔菲娜的厨娘，刚刚与我们乡间邻居家的车夫订了婚，就要永远离开我们家了。然而就在离去前头天晚上，我半夜里被一种非常奇怪的声音惊醒了，正想喊玛丽，猛地意识到这声音就是从她房间里传来的，再说这声音只是奇怪、神秘，而并不怎么吓人。仿佛有两个声音在同时哀诉什么，现在我可以喻之为垂柳的絮语，但当时觉得什么都不像，只觉得像一种哀婉动人的旋律，被阵阵呜咽、笑声和冲动痉挛般打断。我半支起身子，在黑暗里倾听了很长时间，莫名其妙地觉得，这声音意味着某种事情，某种超越了体面、搅乱了睡眠和静夜的事情。不过说实在的，在我这种年龄，多少事情都莫名其妙！我一走神就又睡着了。用人们普遍行为极不检点，我刚刚获得了一个例证，第二天由这件事情牵强地联想到德马勒斯特舅舅去世时的情景。

当时举家哀丧，舅妈默默无言，神情木然，人明显憔悴了，大家围在她身边，都忍住不哭。而这时，德马勒斯特夫妇的女用人埃内斯蒂娜，却坐在隔壁房间一张沙发里大放悲声，趁喘息的间歇大声哭诉：

"啊！我的好主人！啊！我亲爱的主人！啊！我尊敬的主人！"她捶胸顿足，呼天抢地，显得那样哀恸。起初我还以为埃内斯蒂娜承受了舅妈的全部悲痛，以为舅妈把自己的全部悲痛卸到了埃内斯蒂娜头上，就像卸一个包袱似的。

在那种年龄（当时我十岁），我不可能明白埃内斯蒂娜是故意哭给大家听的，而玛丽提高嗓门哭，是因为她觉得没人听见她哭。当时我没起任何疑心，再说对于肉欲方面的事，我全然无知，甚至没有丝毫好奇心。

玛丽有时领我去卢森堡公园博物馆，但在我的想象中，最初是父母带我去的，他们想唤起我对色彩和线条的兴趣。老实说，在这个博物馆里吸引我的，远非轶闻画，尽管玛丽热情地向我解说（或许正是她的解说使我对这些画失去了兴趣），而是裸体画，尤其是雕像。玛丽大为生气，向母亲告了我一状。我站在墨丘利·迪德拉克的雕像（如果我没记错的话）前面，欣赏得直发呆，玛丽好不容易才让我清醒过来。不过，这些雕像并不诱人追求快感，快感也不会使人联想到这些雕像。这些雕像和快感之间没有任何联系。性刺激的主题在别的方面：通常是丰富的色彩或异常尖又异常悦耳的声音；有时也可能是迫不及待的意念，即我该采取，人家也指望、企盼我采取，而我却没有采取，没有实施，仅仅停留于想象的某个行动；还有非常相近的，即把什么东西弄坏的想法，具体讲如我正在弄坏一个心爱的玩具。总之，就是不涉及任何真正的欲望，不涉及任何接触的企图。对此一点不理解的人，才会大惊小怪。没有规范，没有目标，快感会导致什么结果？它会轻易使人向往挥金如土的放纵生活，向往愚蠢的奢华和荒唐的挥霍……为了说明本能会使一个孩子放任到何种地步，我想更明确地讲一讲两个追求享乐的故事。一个是乔治·桑在她那篇有趣的故事《傻瓜》中天真无邪地向我提供的：一天，大雨滂沱，傻瓜跳进河里，但并不是为了避雨，即像他的几个兄弟试图让他相信的那样，而是为了躲避那几个嘲笑他的兄弟。傻瓜在河里奋力游了一段时间，然后就松懈下来不游了，从松懈下来不游那一刻起，他就顺水漂流，感到自己变得很小，很轻，很古怪，变成了植物，浑身长出叶子。不久，河水把我们的傻瓜朋友变成的嫩橡树枝冲到岸上。“荒唐！”有人会说。但恰恰因为这个故事荒唐我才讲述。我说的是真话，而绝非给我带来光彩的事情。诺安那位老奶奶也许根本没有想写一篇诱人堕落的故事。但是我可以作证，《阿佛洛狄忒》[①]里没有任何一页像小傻瓜变成植物这个故事一样，使像我这个小无知一样的任何小学生思想变得混乱。

德·塞居尔夫人一个愚蠢的小剧本《尤斯蒂娜小姐的晚餐》里也有一段，描写仆人们趁主人不在家，大摆筵席，把所有橱柜里的东西统统找出来，大吃大喝。吃完之后，尤斯蒂娜弯腰端起一摞碗盘送回碗橱。正在这时，车夫冷不防往她腰间拧了一把，拧得她怪痒的，整摞碗盘从她手中滑落，啪嗒一声，所有碗盘摔得粉碎。那损失令我惊呆了。

这时，母亲家来了一个小缝衣女工，我也见到她在德马勒斯特舅妈家干活儿。小缝衣女工姓康斯坦斯，是个矮小的早产儿，皮肤发红，一双眼睛滴溜溜乱转，走起路来有点瘸，有一双很巧的手，当着我母亲的面说话小心谨慎，等母亲一转背就十分放肆。为了方便起见，康斯坦斯被安排在我房间里干活儿，因为这里光线充足。她每天在我房间里待半天，我在她身边待好几个钟头。母亲一向谨慎小心，事事留意，对我充满担忧的关怀，甚

---

① 阿佛洛狄忒为希腊神话中的性爱和美貌女神。

至很快让我不堪忍受。怎么这会儿她竟然麻痹大意了呢?

康斯坦斯言语很不正派，我却愚不可及，连意思都听不出来，有时甚至引得玛丽拿手帕掩住口笑，我都见怪不怪。可是，康斯坦斯说话远不如唱歌多。她有一副好嗓子，较之于她那小小的个子，显得特别洪亮。她为此感到骄傲，尤其因为她只有这一点值得骄傲。她一天到晚唱歌，声称只有边唱歌衣服才缝得好，所以不停地唱。唱的都是些什么歌啊，天哪！康斯坦斯可以申辩说，她没有任何不道德的地方。的确没有。玷污我的头脑的，是这些歌曲的无聊。怎么，这些歌曲我居然没有忘记！唉！最优美、最宝贵的东西都从我的记忆里溜走了，这些毫无价值的陈词滥调，我仿佛还像当初那样听得清楚真切。怎么！卢梭到了晚年，每每回忆起婶婶冈斯拉在他童年时经常为他重复的那些催眠曲，还抑制不住感情的激动。莫非我直到死，都要听康斯坦斯那沉浊的嗓音唱一首华尔兹舞曲?

妈妈，告诉我
我们认识这小伙子吗
他样子那样温存
像一个橡皮球

“对一首无害的副歌，这未免大惊小怪了！”

“不错！但我大惊小怪的不是这支歌，而是从中获得的娱乐。我看到它已经唤起对下流、无聊和低级庸俗一种不体面的兴趣。”

我绝不想背什么罪名，而是立即想说明，我身上哪些尚未觉察的因素应归于道德。可是，我的思想一直令人绝望地处于封闭状态。我力求透过过去的生活，从我这个迟钝的孩子身上，捕捉哪怕一点点闪光的东西，但是徒劳。我的周围和我内心里，全都一团漆黑。我已经讲过我如何迟钝，连安娜对我的关怀都意识不到。同一时期的另一件往事，能更生动说明我迟迟未脱离不成熟状态。

父母把我送进了阿尔萨斯学校。当时我八岁。我没有上十年级，即最小的孩子们所读的年级，由格利斯埃先生给他们灌输启蒙知识。我直接上九年级，即韦戴尔先生所教的那个年级。他是一个诚实的南方人，个子矮胖，前额上一绺黝黑的头发向前翘起来，显示出一种浪漫气质，与他整个人其他部分不起眼的文静气质，形成奇特的对照。在我准备讲述的情况发生几周或几天之前，家父带我去见校长。当时已经开学，我来迟了。我们经过时，院子里的学生都闪到两边给我们让路，只听见他们窃窃私语："啊！一个新来的！一个新来的！"我挺激动，紧贴着父亲。后来，我就在其他人之中占据了一个位子。这些人不久我就都见不着了，原因吗后面要读到。这天韦戴尔先生向学生们讲解的是：在各种语言里，有时好几个词可以不加区别地表示同一个事物，这些词叫做同义词。他举例说："coudrier"这个词和"noisetier"这个词就是这样，都表示同一种小灌木[①]。为了活跃课堂气氛，韦戴尔先生习惯于讲解和提

---

① 即榛树。

问穿插进行，他请纪德同学复述他刚所说过的话……

我不吭声，不知道如何复述。但韦戴尔先生为人和善，以真正的老师那种耐心，重复一遍他的讲解，而且又举了原来那个例子。可是，当他第二次叫我复述 coudrier 一词的同义词是什么词时，我仍然哑口无言。他看上去有点恼火，叫我到院子里去，连续重复二十遍 coudrier 的同义词是 noisetier，然后回到教室里向他复述。

我的木讷令全班幸灾乐祸。如果我想迎合大家，那是很容易的：受罚之后回到教室里，当韦戴尔先生第三次叫我说出 coudrier 的同义词时，我只需说 chou-fleur（花椰菜）或 citrouille（西葫芦）就成了。然而不，我不想迎合大家，不想让人家笑话。我只是呆头呆脑；或许我头脑里也有不肯屈服的想法——不，甚至连这种想法也没有。实际上，我是弄不明白老师的意图，弄不明白老师指望我做什么。

学校没有规定惩罚学生做额外的作业，韦戴尔先生仅仅给我的表现打了个“零”分。这种惩罚从精神方面来讲是严厉的，可是对我并没有什么触动。每个星期不是行为举止得零分，就是整洁得零分，或者两项都得零分。这都在意料之中。不消说，我是班上的末等生。我再说一遍：我还处于沉睡状态，仿佛还没有出世。

没多久学校就让我退了学，原因嘛不止一端，下面我就鼓起勇气来谈一谈。

三

我的退学显然不是暂时的。低年级主任布鲁尼先生给我三个月时间，改正我的“不良习惯”。我这些不良习惯韦戴尔先生很容易就发现了，因为我并没怎么设法掩饰，根本没有意识到它们严重到应受责罚的地步。我一直生活在（如果这称得上生活的话）前面已描述过的半沉睡和愚拙状态。

前天晚上父母举行晚宴，吃餐后点心时，我往口袋里塞满了糖果。这天上午，韦戴尔先生在认真地讲课，我却在座位上津津有味地吃糖衣杏仁。

突然我听到叫我：

“纪德！你好像满脸通红了？上来给我说两个词。”

我脸红得更厉害了，踏着四级台阶走向讲台，同学们都在冷笑。

我并不试图否认。听到韦戴尔先生俯身低声向我提的第一个问题，我肯定地点了点头。我半死不活地回到座位上，但脑子里丝毫没有考虑这次回答问题会有什么后果。韦戴尔先生在向我提问题之前，不是许诺什么也不会讲吗？

尽管这样，当天晚上家父收到级主任的一封信，请我父亲在三个月之内再也不要送我去上学。

品行端正，习惯良好，是阿尔萨斯中学特有的校风，也是这所学校声名所在。布鲁尼先生做出这个决定丝毫不出人意外。不过后来母亲告诉我，父亲对那封信及其粗暴的处理还是感到愤怒。在我面前，父亲自然掩盖了愤怒，而流露出担忧。他和母亲经过严肃的讨论，决定带我去看医生。

那时我父母的医生不是别人，而是布鲁阿代尔大夫，他很快将作为法医享有很高的权威。我想母亲对这次带我就医所抱的希望，除了医生的一些忠告以外，还有某种精神上的效果。布鲁阿代尔与母亲单独谈了一会儿，在母亲退出来的时候叫我进他的诊室。

"我知道是怎么回事，"他提高声音说道，"今天吗，孩子，我既不需要对你进行检查，也不需要对你进行盘问。但是，过一段时间如果你母亲觉得必须再带你来，就是说你没有幡然改过，那么（说到这里他的声音变得很可怕），我们就不得不动用这些器械。这些是专门用来给你这样的小男孩做手术的！"他说着伸手指一指他的座位后面一套图阿雷格式的铁尖刀，紧蹙的浓眉下转来转去的一双眼睛一直盯住我。

这意图太明显，我不可能把这种威胁当真。但是母亲的忧心忡忡和她的呵斥，还有父亲默默的犯愁，使本来受到那张退学通知书相当大震动的我，终于从浑浑噩噩的状态得以振拔。母亲要我做出保证，安娜则想方设法让我开心。万国博览会即将开幕，我们常常去栅栏外观看准备工作。

三个月后，我重新出现在学校的课堂里。我已经改过，至少力所能及的事都大致做到了。可是，不久我得了麻疹，把身体搞得相当虚弱。于是，父母决定让我第二年留一级，因为我无甚长进。不等假期开始，他们就把我带到拉洛克。

一九〇〇年我不得不卖掉拉洛克时，把遗憾深藏心底，凭的是胆气，是对未来的信心，这种信心是靠对过去无济于事的憎恶支撑的，其中勉强掺和了一些理论，用如今的话来说即未来主义。老实讲，我的遗憾当时还不如后来那样强烈。这倒不是因为这地方的回忆显得更美了，我曾有机会重新见到这地方，而是因为旅行多了，能够更好地欣赏那条小峡谷外在的魅力；在充满过多欲望的年龄，我更多的是感到它逼仄。

过分高大的树木上面那过分狭窄的天空

詹姆斯在一首于此地创作的哀歌中这样写道。

我在《背德者》里面所描写的就是这条山谷和我们那座房子。这个地方不仅仅给我提供了一个背景。在那本书里，我从头至尾追求的是深刻的逼真，但现在要谈的不是这个。

那座房子是我祖父母买的。门上一块黑色大理石牌子上有这样一段铭文：

由高贵的庄园主弗朗西斯科·拉贝·德·洛克建于一五七七年

被骚乱的群众毁于一七九二年

由建造者的后嗣高贵的庄园主彼埃尔·埃利·马利亚重建于一八〇三年

这段拉丁文我完全照抄，意思理解得丝毫不走样。

尽管如此，但主体住宅楼的建筑显而易见新得多，不过除了覆外墙的紫藤，别无吸引人之处。相反，做厨房的那座楼及其暗道，虽然规模小得多，却十分别致，按照当时的风格，砖墙和石块带层相互交错，十分美观。整个建筑由相当宽和相当深的护城河环绕，水是由河里引来的，因此是活水。引水溪两边生长着开花的勿忘草，溪床的落差则形成瀑布。安娜的卧室位于瀑布旁边，所以她称之为“我的瀑布”。一切东西都属于懂得享受其乐趣的人。

瀑布的响声、河水的絮语，与一泓小小清泉不歇的汩汩声，相互交融。那泓小小的清泉从小岛外侧涌出，被引到暗道对面。用人们汲取泉水做饭，那泉水凛冽，夏天盛在玻璃瓶里，瓶子外面会凝结一层水汽。

住宅四周不断有许多燕子飞来飞去。它们的泥巢筑在屋檐下，有的筑在窗洞里，因此可以观察它们孵卵。我每每想起拉洛克，便仿佛首先听见燕子的呢喃，看见飞翔的燕子划破蓝天。我经常在别的地方看到燕子，但从没听到过拉洛克这样的呢喃燕语。有时它们飞得很高，你目送着它们，不免感到头晕目眩。这是天气晴好时的情景。天气变坏，气压降低时，它们就飞得很低。安娜告诉我，小昆虫也像燕子一样，随着气压的不同而飞得或高或低。有时燕子会低低贴近水面飞，它们的翅膀会猛地剪开水面。

“要来暴风雨了。”每当这时母亲和安娜总是说。

突然，小溪、清泉和瀑布潮润的声音里增添了雨声；雨点落在护城河的水面，发出银色的噗噜声。我双肘支在窗台上，观看千万个小圆圈没完没了地形成、扩大、叠合、消失，有时中间冒出一个大水泡，但转瞬破裂。

当外祖父母来到这座庄园时，那时需要穿过草地、树林子和佃户们的院子，才能到达里面。外祖父和他的邻居纪佐先生组织修了一条公路。这条公路起自拉布瓦西埃，在利西瓯与通向冈城的公路相接，先通到国务大臣退隐的黎歇谷，然后通到拉洛克。当公路把拉洛克与世界其余部分连结起来，我家开始住在这里时，外祖父又用砖头在护城河上建了一座桥，取代原来的小吊桥。那座小吊桥维修起来很费钱，而且再也没有谁把它吊起来。

对一个孩子来讲，住在一个岛上，一个小小的岛上，是挺开心的，而且他只要愿意，还可以随时溜出小岛。一道类似女墙的砖墙环绕整个小岛，刚好把每座建筑物的两头连接起来。厚厚的围墙里面覆盖着常春藤，墙顶相当宽，小心点可在上面踱步，但想在上面垂钓，鱼儿看得太清楚，便只好俯身墙头垂钓。探身看墙外侧，上面点缀着墙草，如败酱草、草莓、虎耳草，有的地方甚至有小灌木。妈妈讨厌那些灌木，因为它们损坏围墙，但安娜说服她不要把它们砍掉，因为灌木上栖息着一只山雀。

住宅前面，在暗道与厨房之间有个院子，这样目光可以越过护城河边的女墙和外边的花园，眺望整个峡谷。两边的山如果更高些，峡谷会显得更狭窄。右边山坡上有一条公路，通向康布勒梅和雷奥帕蒂，然后通到海边。这地区的草地边缘，都有延伸不断的篱笆。一道这样的篱笆会把公路几乎完全挡住，在下面看不见，而在公路上只能通过偶尔的缺口如木栅，才能望见拉洛克。木栅隔断绵延的篱笆，是草地的通道。绿草如茵的缓坡一直伸展到河边。草地上散布着蓊郁的树丛，为安静啮草的牛群提供荫凉，路边或河边也有一棵孤立的树。整条峡谷看去像公园一样可爱宜人。

岛内的空间我称为院子，因为找不到别的名称。这里那里散布着一些砾石。在餐厅和客厅前面有一定距离的地方，有老鹳草、倒挂金钟和矮蔷薇形成的花坛。房后有一小片三角形的草地，中间耸立着一棵洋槐，比楼房高出许多。夏季晴好的日子，我们通常聚在这棵岛内唯一的树下。

只有朝下游，即朝房子前面的方向才望得远。只有这个方向，在两条小河交汇处，峡谷才豁然开朗。两条小河，一条穿过森林来自黎歇谷，另一条穿过草地来自两公里外的拉洛克村。护城河另一侧黎歇谷方向，在相当陡的山坡上有块草地，我们称为“鲁洛”。父亲过世几年之后，母亲让这片草地与花园连成一片，又叫人在草地上种了几丛树，并且经过长时间的研究，又在草地上开了两条小径。两条小径呈巧妙的弧形，蜿蜒而上，直通到进入树林的小木栅。迈进小木栅，就立刻进入了一个神秘莫测的地方，我感到自己都有点心跳。树林子俯临小山，伸展得相当宽广，与黎歇谷林子毗连。父亲在世时，树林里罕有小径，很难进去，那时我觉得它更加广阔。有一天母亲准许我冒险进入树林的时候，拿出土地册，指给我看我们的树林到什么地方为止，再过去又是草地和庄稼地了，这令我感到十分遗憾。在这之前我想象树林子那边是什么，现在不大记得了，也许我压根儿就没有想象。如果我想象过，我倒是希望在我的想象中是别的什么东西。知道树林子有多宽，知道了它的界限，它在我心目中的吸引力也就减弱了。因为在我那种年龄，感兴趣的是冒险而不是把事物弄明白，希望到处遇到的都是未知事物。

当然，我在拉洛克做的主要事情，不是探险，而是钓鱼。唔，钓鱼这种体育运动，被不公正地贬低了。只有对钓鱼一窍不通之辈或者笨蛋，才轻视钓鱼。因为对钓鱼产生了非常浓厚的兴趣，后来打猎对我就没有多少吸引力了。打猎吗，至少在我们这地方，不需要多么灵巧，大概只要善于瞄准就够了。而钓鳟鱼却需要那样灵巧，那样机智！我家老看林人的侄儿泰奥多尔，在我很小的时候就教会了我如何组装钓竿，如何挂诱饵。在所有鱼当中，鳟鱼最贪吃，但也最多疑。自然，我钓鱼时既不用浮子，也不用沉子，根本不把这些愚蠢的玩意儿放在眼里，它们只会把鱼吓跑。相反，我使用佛罗伦萨钓鱼丝，那是蚕吐出的丝抽成的，呈淡淡的蓝色，其优点是放在水里几乎看不见，而且坚韧性很突出，护城河里与三文鱼一样重的鳟鱼，根本拉不断它。我更喜欢到河里去垂钓。河里的鳟鱼肉质更细，尤其是更野性，就是说钓起来更好玩。母亲觉得这种娱乐体育锻炼的成分太少，看到我兴趣如此强烈，心里不无遗憾。所以我对人们给钓鱼背上呆板体育运动的名声表示抗议。钓鱼通常需要完全静止。在大河里或死水里钓那些潜伏不动的鱼，的确如此。但是，像我这样在小河里钓鳟鱼，必须准确地去它们经常游弋、很少离开的地方下钓。鳟鱼一发现诱饵，就会贪婪地猛扑上来。如果它不马上扑上来，那就意味着除鱼饵之外，它还看见了别的什么东西，一段钓丝、一片诱饵碎渣、一段马尾丝、钓鱼者的影子，等等，或者听到了钓鱼者走近的声音。这时就没有必要等待下去，越等待，越糟糕，不如过一会儿再来，比刚才更加小心翼翼，以爬行的方式悄悄地溜过去，身子蜷缩在草丛里，尽可能远地将钓钩甩过去，只要不被灌木枝、榛树枝和柳树枝挂住就成。这类树河边几乎无处不有，只有生长着高大的柳叶菜和圣安托瓦月桂树的河岸边，才没有这类树。万一钓丝或鱼钩倒霉地给挂住了，那就要个把钟头才解得开，更不消说鱼儿吓得无影无踪了。

在拉洛克有许多客房，但总空着，原因是父亲与鲁昂社交界交往甚少，而他巴黎的同事们各自都有家庭和生活习惯……关于客人，我记得的只有格鲁尔先生。我想他头一回来拉洛克，是我被退学后的翌年夏天。家父过世之后，他还来过两三次。我怀疑，母亲既已守寡，还继续接待他，是否觉得是做一件相当大胆的事，尽管每次时间相当短。我家的社会地位是十足的资产阶级，而格鲁尔先生完全称得上波希米亚人，但终归算个艺术家。就是说，他根本不属于“我们这个界别”，而是一位音乐家，作曲家，是其他更著名的音乐家的朋友，例如他经常去巴黎看望古诺和斯蒂芬·埃勒。格鲁尔先生住在鲁昂，而且在圣伍昂教堂掌管刚刚由卡瓦耶·柯尔提供的大管风琴。他很拥护教权主义，受到教权的保护，在最优裕、最具正统观念的家庭里拥有一些学生，尤其在我家享有很高的威望，如果不是得到完全尊重的话。他的侧影刚毅有力，容貌相当英俊，头发又黑又浓，鬈曲得厉害，胡子修剪得呈方形，沉思的目光会突然流出狂热，嗓音悦耳圆润但并不真正柔和，手势温文尔雅但又专横霸道。他的一切言论和行为都显示出难以言状的自私和盛气凌人。他的一双手特别漂亮，既柔软又有力。他一在钢琴前坐下来，就有一种无与伦比的活力，使他仿佛换了一个人。他弹奏钢琴，像一位管风琴演奏者，而不像钢琴演奏者，有时显得缺乏灵感，但弹行板，尤其是莫扎特的乐曲，弹得出神入化。他公开表示非常热爱莫扎特，常常笑着说：

“快板我不敢说，不过慢节奏的演奏，我赶得上鲁宾斯坦①。”

他说这话时口气那样天真，大家都不觉得他在吹牛。鲁宾斯坦我记得清楚。事实上，我想无论是鲁宾斯坦，还是世界上其他什么人，演奏莫扎特的C小调幻想曲或贝多芬一首舒缓的协奏曲之类，都不可能演奏得更加悲怆而高雅，更加热烈，更富诗意，更加雄壮，更加庄严。后来有许多理由使我对他感到恼火：他指责巴赫的赋格曲平淡无奇拖沓冗长；他喜欢高雅音乐，却对庸俗音乐没有足够的厌恶；他与他的朋友古诺一

① 鲁宾斯坦（Anten Rubinstein，1829—1894），俄国作曲家、钢琴家，彼得堡音乐学院的创立者。

样，对塞扎尔·弗兰克[①]抱着固执、可怕的轻视态度，等等，不一而足。在我开始涉足音乐界的时候，塞扎尔·弗兰克在我心目中，不啻是了不起的大师、先知、魔法师。每天晚饭后，他都演奏奏鸣曲、歌剧、交响曲，令我心醉神迷。平时在作息时间问题上，妈妈没有商量的余地，总是到点就催促我去睡觉，这时却允许我打破作息时间，迟去睡觉。

我不敢奢谈自己早熟，我对这些音乐会的强烈兴趣，主要而且几乎仅仅是在家父过世两三年后，格鲁尔先生最后几次来访期间才产生的。在此期间，母亲遵照格鲁尔先生的意见，带我参加了许多音乐会，而我为了表示自己受益匪浅，成天哼或吹一些交响曲片断。于是，格鲁尔先生着手对我进行教育，教我弹钢琴。他对自己所教的每首曲子，都要编造出一套连贯的情节，以衬托、解释这首曲子，使之变得生动。这样便一切成了对话或故事。这种方法虽然有点造作，但对一个年幼的孩子来讲，我想并不坏，当然如果所编出的故事不太愚蠢或者不太离谱的话。应该考虑到我当时还不满十二岁。

中午过后，格鲁尔先生作曲。安娜受过记录口授曲谱的训练，有时给他当秘书。他求助于安娜，一方面是为了保护他开始减弱的视力，另一方面，按照母亲的说法，是出于表现专横的需要。安娜倒是乐意为他效劳，上午陪他出去散步，当他感到热时就帮他拿大衣，撑开一把小伞擎在他面前，以防阳光刺

① 塞扎尔·弗兰克（César Franck，1822—1890），法籍比利时作曲家，使法国音乐具有新的严肃性和坚实技巧的主要人物。

激他的眼睛。母亲对这种殷勤表示抗议，对格鲁尔先生毫无顾忌挺生气，声称要使他为这种诱惑付出代价。可是，她自己也免不了受这种诱惑，为此她说了许多不痛不痒的讽刺挖苦的话，企图伤害他，然而不够尖刻，击不中要害，反而使格鲁尔感到开心。在格鲁尔几乎双目失明之后，很长时间，母亲像许多人一样，还怀疑他是否真的越来越瞎，说格鲁尔至少是装瞎，实际上瞎得“并不那么厉害”。她认为格鲁尔溜须拍马，投机钻营，诡计多端，唯利是图，冷酷无情。这些格鲁尔都有一点吧，但他是一位音乐家。有时在餐桌上，他那眼镜片后面半模糊不清的目光，会突然变得涣散，一双有力的手像按琴键似的，在桌面上动来动去，直到有人对他说话，他才猛地清醒过来，说：

“哦，对不起！我在琢磨 E 音。”

我的表兄阿尔贝·德马勒斯特——对他我已经抱有非常强烈的好感，虽然他比我大二十岁——与他关系特别密切，称他格鲁尔老爹。阿尔贝是家里唯一的艺术家，酷爱音乐，本人钢琴也弹得挺好听。音乐是他们唯一的共同点，在其他方面他们都是对立的。格鲁尔的每一个特点，在阿尔贝的性格中都可以找到一个相反的突出特点。后者非常正直、坦诚，前者则非常奸诈、虚伪；后者非常慷慨，前者则非常贪婪……其他所有方面都是这样。不过，阿尔贝因为心眼好和不守纪律，不会为人处事。他很少关心自己的利益，所做的事情往往会变得对自己不利，在家里谁也不真正把他当回事。格鲁尔先生总叫他“这个大个子贝”，语气中带有保护者的宽容，同时流露出些许怜悯。阿尔贝欣赏格鲁尔的才华，对其人则充满蔑视。后来他告诉我，有一次他撞见格鲁尔拥抱安娜。当时他出于对安娜的尊重，装作什么也没看见，等到单独与格鲁尔在一起时，便质问他：

“刚才你色胆包天干什么来着？”

这事儿发生在克罗斯纳街客厅里。阿尔贝身体高大又很强壮，把大师推得紧贴墙壁。大师结结巴巴说道：

“这大个子贝真蠢！你知道我是开玩笑。”

“混蛋！”阿尔贝嚷道，“我也用这种方式来和你开开玩笑，我……”

“我当时气得要命，”他补充说，“他要是再多说一句话，我肯定掐死他。”

大概是在我被退学那年暑期归来后，阿尔贝·德马勒斯特开始注意我了。他在我身上觉察出什么引起他好感的东西呢？这我不得而知。但我对他的这种注意大概怀有感激之心，尤其因为我觉得自己恰恰不值得注意。我立刻努力使自己稍许相称点儿。好感能唤醒人身上许多沉睡的优点。我常常让自己相信，最卑劣的坏蛋，是当初没有得到亲切微笑的人。仅仅父母的微笑还不够。这大概令人奇怪，但事实是，我立刻变得对阿尔贝的赞成或反对态度比对父母的赞成或反对态度敏感多了。

我清楚记得，那年秋天的一个晚上，晚饭后他把我拉到一旁，走到父亲书房的一个角落里。当时父母正与德马勒斯特舅妈和安娜在打牌。他开始悄声对我说，他看不出我在生活中除关心自己还关心别的什么东西；这是自私者的特点，我给他的整个印象就是一个自私的人。

阿尔贝绝不是一个好批评别人的人。表面上看，这是一个放肆、任性、非常幽默、非常快乐的人。他的批评不含任何敌意，相反我觉得正是出于好感，他的批评才那样激烈。从来没有谁对我这样说话。阿尔贝的话句句钻进了我心里，钻得那样深，他显然也没想到，我自己也是后来才探测到的。平时令我不喜欢这位朋友的问题，是宽容问题：阿尔贝不宽容。你待在他身边，必要时可以找到攻击他的弹药，我不自觉地寻求这种弹药。

父母让我九年级重读一年，因为这一年我几乎一直缺课。这使我不费力气就能获得好名次，因而突然使我对学习产生了兴趣。

这年冬季严寒，而且持续时间很长。母亲产生了一个美好的想法：让我学滑冰。父亲一位同事的两个儿子朱尔和于连·雅迪尼埃与我一块儿学。这兄弟俩之中小的是我的同班同学。我们三个人你追我赶，相当快成了一支不可小觑的力量。我非常喜欢这项运动。我们起初在卢森堡公园的滑冰场上滑，后来就去莫东林子里的维勒邦湖上，或者去凡尔赛的大运河上滑。地上积了厚厚的雪，雪上结了厚厚的冰。记得我从土尔隆去阿尔萨斯学校上学，根本不要脱掉滑冰鞋。阿尔萨斯学校位于阿萨街，即卢森堡公园另一边尽头。在偌大一个公园的小径两旁高高的雪堆之间，一个人静悄悄地滑，那真是好玩，真是异乎寻常。从那之后，再也没见过这样的冬天。

对雅迪尼埃兄弟俩任何一个，我都没有真正的友谊。朱尔年龄太大，于连笨得出奇。但我们双方的父母出于友谊，像某些在婚姻问题上抱着门当户对观念的家庭一样，不放过任何能让我们待在一起的机会。于连吗，我每天已经在课堂上见到他，散步、滑冰时还见到他。同样的学习，同样的苦恼，同样的快乐，我们的相同之处仅此而已。对我们而言，这暂时足够了。诚然，九年级有几个同学，我与他们更意气相投，可是他们的父母不是法学院的老师。

每逢星期二，下午两点至五点钟，阿尔萨斯学校总组织学生（至少是低年级学生）外出散步，由一位老师监督。这位老师领着我们参观圣礼拜堂、圣母院、先贤祠、艺术和工艺博物馆。在艺术和工艺博物馆的一间黑乎乎的小厅里，有一面小镜子，巧妙地通过折射作用，把街上经过的一切缩小反射在镜子里，形成一幅小小的画面，里面的人物是活动的，仿佛特尼尔斯[①]画中的人物活起来了似的。博物馆里其他东西都索然无味。老师还领我们参观荣军院、卢浮宫，还有一个非同寻常的地方，位于梦苏里公园后面，叫做“世界地理图”。那是一个小小的花园，业主——一个穿羊驼毛衣的印度水手，把它布置得像一幅地图，山岳是石头堆成的，湖泊尽管抹了水泥，里面却干涸无水；地中海里游弋着几尾金鱼，那仿佛是为了突出意

① 特尼尔斯（David Teniers，1610—1690），即小特尼尔斯，佛兰德巴洛克艺术时期的多产画家，其作品题材多样，但以农民生活和风俗为主，其中许多在十八世纪被用作挂毯图样。

大利半岛的狭窄。老师让我们指出喀尔巴阡山脉给他看，而印度水手拿根长长的小棒，指给我们看一条条国界，告诉我们一座座城市的名字，披露许多模糊不清，离奇古怪的巧妙构思，颂扬他的杰作，强调他搞好这一切所耗费的时间。离开时，老师称赞他有耐心，他则用教训的口气答道：

"仅有耐心没有思想也办不成事。"

我真想知道，这一切如今是否还存在？

有时，级主任布鲁尼先生来到我们中间取代韦戴尔先生，韦戴尔连忙毕恭毕敬地退走。布鲁尼先生必定带我们去植物园，在阴暗的动物标本陈列室里（新博物馆当时还不存在），他必定让我们在棱壳龟前面停下来。那只龟放在一旁的玻璃橱窗里，占据着显眼的位置。他让我们环绕龟站成一圈说道：

"喂！孩子们，看一看，这只龟有多少颗牙齿？（应该说那只肚子里塞满填料的龟，仍保持着自然的表情，总半张着嘴，仿佛在呼唤着生命。）数清楚了，别着急。大家数清楚没有？"

不可能再制作出这样一只龟，他这只龟我们很熟悉。尽管如此，我们还是一边笑，一边假装寻找龟的牙齿。为了看得更清楚，大家有点拥挤。杜布雷坚持只看见两颗牙齿，不过他本来就是一个爱开玩笑的人。大个子文淡两眼盯住龟的头部，不停地大声数着，直到数过了六十，布鲁尼才让他停下来。布鲁尼先生哈哈笑着，不折不扣一个善于使自己显得智力与孩子们差不多的人。他引用一句拉封丹的诗：

“‘你们还差得远哩！’你们越是数，离那数目就越远，我只好让你们停下来。我要让你们大吃一惊：你们看成牙齿的，只不过是突起的小软骨。龟根本没有牙齿，龟像鸟一样，只有一个喙。”

大家听了，出于礼貌都“哦”一声。

这种滑稽场面我观看了三次。

我们的父母，即于连的父母和我的父母，在我们外出的日子，给我们每人两个苏。他们一块商议过。妈妈不愿意给我的钱比雅迪尼埃太太给于连的多。雅迪尼埃家比我们家更拮据，所以给我们多少钱标准由雅迪尼埃太太定。

“你想吧，给孩子们五十生丁能管什么用？”雅迪尼埃太太嚷道。母亲同意给两个苏“就足够了”。

这两个苏一般是花在克雷芒老爹的铺子里。这家小铺子位于卢森堡公园里面，几乎紧贴着入口的铁栅栏门，离学校很近，其实是一间刷成绿色的板棚屋，那颜色与公园里的凳子完全一样。克雷芒老爹系着蓝色围裙，活像过去中学的看门人。他卖弹子、鳃角金龟、陀螺、椰子、薄荷、苹果或樱桃棒棒糖、像手表里的弹簧一样卷曲的甘草丝、装满白色和玫瑰色茴香籽的玻璃管。那管子两端用粉红色棉花和塞子堵住，茴香子没啥了不起，但玻璃管倒空之后可以作吹管。还有小酒瓶，瓶子上贴着标签：黑茶藨子酒、茴香酒、柑香酒。买这种小酒瓶几乎都是为了玩儿，到手之后，就让酒瓶像吸盘和蚂蟥一样吸在嘴唇上。平常，于连和我买了东西都是共同分享，所以不征求对方的意见就什么也不会买。

翌年，雅迪尼埃太太和我母亲认为，可以把她们的慷慨提高到每星期给五十生丁——这种慷慨使我终于能够养蚕了。养蚕的花费也就花在桑叶上。这是蚕的食物，我每周不得不去圣絮彼斯一家药铺两趟。于连对养蚕不感兴趣，宣称以后他爱买什么买什么，根本不跟我商量了。我们之间的关系变得非常冷淡。逢星期二外出散步，要求两个两个结伴而行，我们都分别找另一个同学。

其中有一个同学真让我迷恋上了。他是俄罗斯人，他的姓名我要去学校的花名册上查一查才搞得清楚。谁能告诉我他现在怎样了呢？他体质娇弱，脸色非常苍白，相当长的头发黄黄的，一对眼睛蓝莹莹的，嗓音悦耳，加上有点口音，说起话来像唱歌似的。他整个人透露出一种诗意，我想那是因为他感觉到自己的娇弱，渴望别人爱他的缘故。同学们都不怎么尊重他，他也很少跟同学们一块游戏。我呢，只要他注视着我，就不好意思去跟别的同学玩。记得有几次在课间休息的时候，我突然发觉他在注视我，便立即放弃正在进行的游戏，走到他身边，因而受到其他人嘲笑。我希望有人向他进攻，我好保护他。图画课堂上悄悄说几句话无妨，我俩的座位紧挨着，他告诉我他父亲是一位很著名的学者。我没敢问关于他母亲的情况，也没敢问他为什么来到了巴黎。有一天，他突然不来上学了。没有人能告诉我他是生病了，还是回了俄国。至少是一种害羞或胆怯心理，阻止我去向老师们打听；老师们也许能告诉我一些情况的。我一生中最初的也最强烈的忧伤，就这样暗暗藏在心里。

母亲为我花钱总是小心翼翼，不让我觉察出，我们家的经济条件明显比雅迪尼埃家优越。我穿的衣服与于连穿的完全一样，而且都是“雅迪尼埃美人”店里买来的。我对穿着非常敏感，为自己总是穿得不伦不类而心里很不好受。如果能穿上水手服，戴上贝雷帽，或者穿上灯芯绒套装，我该多么高兴！可是水手衫和灯芯绒之类，雅迪尼埃太太都不感兴趣。这样我穿的上衣又窄又小，裤子太短，紧绷在膝盖处，袜子带条纹也太短，缩成一堆，更窝囊的是老缩到鞋子里去。最可怕的是上浆的衬衣，且留到最后去说吧。直到将近成年，我才穿上前身不上浆的衬衫。这是习惯，时尚，毫无办法。我之所以还是得到了满足，老实讲那是因为时尚变了。请想象一下吧，一个可怜的孩子一年到头，不论是玩还是上学，天天外衣里面掩藏着一件白色护胸甲似的衬衣——这世人谁也不会注意到，而这件衬衣最后变得与枷锁无异，因为洗衣女工大概以同样的价格，把领子周围也上了浆。上浆的领子再衬上假领子，而假领子只要稍许宽一点或窄一点，就无法刚好与衣领相配（十之八九是这种情况），而形成不堪忍受的褶，稍许出一点汗，这硬邦邦的领子就让人活受罪了。你穿上这样的衬衣，去参加体育锻炼试试看！整个装束最后再加上一顶小小的圆顶礼帽……咳！如今的孩子们，真是身在福中不知福！

然而我喜欢跑步，班上除了亚德里安·莫诺，我是冠军。体操方面爬竿和攀绳，我甚至比莫诺还强；吊环、单杠和双杠我也很行。不过荡秋千我完全不行，一荡就头晕。夏季天气晴好的黄昏，我与几个同学常去卢森堡公园一条宽阔的路上打球，就是尽头有克雷芒小店那条路。可惜还算不上是踢足球。球是一样的球，但规则简单，而且与足球相反，禁止用脚踢。即使这样，这项运动仍令我着迷。

穿着问题我还没说完哩。每年四旬斋节第三个星期的星期四，帕斯柯体育馆为平时到馆里来活动的孩子们举行一次舞会。这是一次化装舞会。一看到母亲可能让我去参加，想到自己有机会去参加这次舞会，而且要化装，我脑子里就翻腾起来。我力图弄清楚自己为什么这样兴奋。怎么！掩盖住自己的面目已经会产生如此强烈的快乐？小小年纪就如此？不可能。这快乐多半是因为自己将穿艳丽服装，因为自己将引人注目，因为自己将化装得怪模怪样，将不以自己的面目出现参加游戏……听雅迪尼埃太太讲，她将把于连化装成糕点商，我心里更高兴得什么似的。

“对孩子们来说，”雅迪尼埃太太对母亲说，“重要的是能化装，不是吗？穿什么衣服他们会无所谓的。”母亲立刻表示赞同。

从此刻起，我就知道等待我的是什么了。两个大人查阅了“雅迪尼埃美人”店的商品目录，发现“糕点师”化装服排在整个服装系列的最后边，最前面的是“小侯爵服”，后面档次逐渐降低，其中有“胸甲骑兵服”、“小丑服”、“土耳其骑兵服”、“乞丐服”等。“糕点师服装嘛，”我说，“的确算不了什么。”

我系上白平纹布围裙，套上白平纹布手套，戴上白平纹布无边扁平软帽，模样儿活像一块手帕。妈妈见我闷闷不乐，便答应借给我一口平底炊锅，一口真正的铜炊锅，又在我腰带里别一把调味汁匙，想靠这几样附加物品，使我这身毫无特色的化装服引起人家注意。此外，她往我围裙兜里塞满小脆饼，"这让你去送人，"她说。

一进入舞厅，我就发现化装成小糕点师的有二十来人。简直像个寄宿学校。炊锅太大，碍手碍脚的，弄得我狼狈不堪。最让我不知所措的是，我突然爱上了，对，确确实实爱上了一个年龄比我稍大的小男孩。他细长的身材，优雅的举止，流利的谈吐，记忆中令我神魂颠倒。

他化装成小魔鬼也可以说小丑，一件缀满金属闪光片的黑色运动衫，紧紧裹住他纤细优美的身材。大家拥挤着都想看看他。他蹦蹦跳跳，翻着跟斗，左旋右转，仿佛迷醉在成功和快乐之中，像空气中一个精灵。我无法将目光从他身上移开。我想吸引他的注目，又因为自己可笑的服装而害怕被他看见，觉得自己形容丑陋，可怜兮兮。他在原地旋转两圈，走到可能是他母亲的一位夫人身边，要了块手帕，擦了把汗，因为他已汗流浃背。接着，他摘下小小的头箍，那头箍在他的前额上扎出两个山羊角。我走到他身边，笨手笨脚地掏出几块小脆饼给他。他说声"谢谢"，漫不经心地拿了一块饼，立刻转背走了。我片刻之后就离开了舞会，心如死灰，回到家里，失落感使我歇斯底里大发作。母亲不得不向我许诺，来年让我化装成"小乞丐"。的确，一套小乞丐服至少会对我比较适合，可能会讨小丑的喜欢。……翌年舞会，我化装成小乞丐，可是小丑没再露面。

我再也不想弄明白，母亲出于什么原因，在我开始上八年级的时候让我寄宿。阿尔萨斯学校反对中学搞寄宿，所以它没有集体宿舍，但它鼓励每个教员收少量的寄宿生。我寄宿在韦戴尔先生家里，尽管我已不再是他班上的学生。韦戴尔先生住的是圣勃夫住过的房子。房子门厅小走廊尽头的圣勃夫半身雕像，令我十分好奇。出乎意料的是，这尊引人好奇的圣像，竟然雕刻成了一位慈祥的老先生。韦戴尔先生曾经明确地告诉我们，圣勃夫是"一位伟大的批评家"，但一个孩子的轻信度是有限的。

我们一共五六个寄宿生，住两三个房间。与我同住一个房间的，是个大个子，此人神态冷漠，面色苍白，与世无争，名字叫罗佐。其他同学，我都不大记得了……不，美国人巴内特我还有点印象，他入校第二天，坐在教室里的凳子上，用墨水画了一口胡子。我十分欣赏他。他穿着宽大的水手衫，又肥又短的裤子，一张脸瘦长，但非常开朗，总浮着笑，整个人显得快乐，健康，不过内心躁动不安，总想采取一点富有冒险性的古怪行为。这倒使他在我心目中充满了令人赞叹的魅力，确实令我迷恋。他总爱在他乱蓬蓬的头发上擦他的笔。饭后我们常坐在房后的小花园里休息。他头一天来到韦戴尔家，就大大咧咧地往花园中间一站，身子后仰，当着我们所有人的面，朝天撒起尿来。他的厚颜无耻使我们全都目瞪口呆。

这个小花园里还发生过一次打架。我平常挺文静，毋宁说太过温和，讨厌打架，大概因为我相信自己永远会占下风。有一次痛苦的遭遇我还记忆犹新，在这里该说一说：一天放学回家穿过卢森堡公园，一反往常的习惯，我从小花园对面的栅栏门进入公园，这样少绕些路。我碰到一群学生，大概是市镇小学的。在他们眼里，阿尔萨斯学校的学生不啻是令人憎恶的贵族。他们都与我年龄相仿，但明显个个比我粗壮。交错而过的时候，我注意到他们之中有人冷笑，有人投过来讥讽或敌视的目光，但我继续走我的路，尽量保持不卑不亢的态度。可是，最结实的一个家伙离开了他那一群，朝我走过来。我浑身血都凉了，见他往我面前一站，便嗫嚅道：

“干什么……你要干什么？”

他不答话，而是闪到左边跟着我走。

我两眼盯住地面走着，感觉到他的目光一直盯住我，其他人的目光也在后面盯住我。我真想坐下来不走了。突然，那家伙喊一声：

“喂！这就是我想干的！”他声音未落，就朝我眼睛上猛击一拳。

我眼前直冒金星，人摔倒在一棵栗树下，刚好倒在树蔸四周专门浇水的圆坑里。我从坑里爬出来，满身泥巴，不知所措，青肿的眼睛疼痛难当。那时我还不知道眼睛是有弹性的，以为被打瞎了。眼泪哗哗地往外涌，我想：“没错，眼球都给打出来了。”

但是更令我痛苦的，是其他人幸灾乐祸的大笑，他们为袭击我的那个家伙欢呼。

其实，我不愿意挨揍，同样不愿揍别人。然而，在韦戴尔的寄宿生中，有一个可恶的棕色头发的大个子，其姓名幸好从我的记忆中消失了。此人有点过分地利用了我的温和性格。他两三次嘲笑我，我都忍受了。可是有一次，神圣的怒火自我心底猛然迸发，我扑过去，一把揪住他。这家伙个子比我高大一点，力气也比我大一点，但他没有防备，而我这时像换了一个人，满腔怒火使我力量倍增。我拳脚相加，连推带摔，立即将他摔倒在地上。看见他倒在地上，我为胜利兴奋得发狂，便以古典的方式，或者自以为以古典的方式拖他，拽住他的头发拖，结果把他的头发拽下了一把。这胜利甚至有点让我感到恶心，因为我手指上沾满了他那油乎乎的头发。我居然能打赢对手，自己也为之愕然。过去在我看来这根本是不可能，这回肯定是气昏了头，才有勇气孤注一掷。这次胜利，为我赢得了其他人的尊敬和长期的平静。由此我明白了，许多事情看上去做不到，那只是因为自己没有去试一试。

九月份的部分时间，我们是在尼姆郊区我叔叔夏尔·纪德的岳父庄园里度过的。夏尔叔叔刚结婚。父亲从那里回来后，身体感到不适，家里人故意归咎于吃了无花果。其实，不适是肠结核造成的。这一点我想母亲心里清楚，只不过那时结核病是一种大家希望治好而不肯承认的病。况且，父亲的病大概已非常严重，没有治愈的希望了。他于是年（一八八〇年）十月二十八日，相当平静地弃世而去。

父亲去世的情形我不记得了，倒是记得他去世之前不久的一天，在他再也没有离开的病榻上，一本厚厚的书摊开放在他面前，但是扣着的，所以只看见书脊。大概是在我进去时父亲那样放的。后来母亲告诉我，那是柏拉图的一本书。

我当时在韦戴尔家里，家里打发人来叫我，不记得是谁了，可能是安娜。在路上我知道了一切。然而，直到看见母亲身披重孝，我才抑制不住悲痛。母亲没有哭，在我面前克制着自己，但我感觉得出她流了很多泪。我扑在母亲怀里哭泣。她担心我神经受到太大震动，想让我喝杯茶。我坐在她膝头上，她一手端着茶杯，一手将一勺茶送到我嘴里。记得她强作笑颜对我说：

“瞧！看能不能把这一勺顺顺当当喝下去。”

我顿时感到慈母之爱包围了我。从此这慈母之爱始终庇荫着我。

至于父亲过世给我带来的损失，当时我怎能明白呢？后面我要谈及我的遗憾。可是当时，唉！我主要感受到的，是这次丧事给我在同学们中带来的某种声誉。请想象一下吧：同学们每人都给我写了信，就像我父亲荣获了勋章，他的同事们所做的那样！此外，我获悉我的表姐妹们都要来。母亲决定不让我参加葬礼；叔叔、婶婶们和妈妈去送殡时，爱玛妞和苏珊娜留在家里陪我。与两位表姐重逢的喜悦，几乎甚或完全压倒了丧父的悲伤。现在该来谈谈她们了。

四

爱玛妞仅大我两岁，苏珊娜也大不了多少，路易丝则是紧接着我出生的。至于爱德华和乔治，大家统称为“男孩子”，仿佛是为将两个人一下打发掉。他们几乎还可以忽略不计，因为他们刚刚离开摇篮。爱玛妞照我看太过文静。我们的游戏一旦变得“不诚实”，甚或变得吵闹时，她就退出，一个人捧本书去看，像开了小差，任怎么喊她也听不见，外部世界对她而言不再存在，她失去了地点的概念，甚至会突然从椅子上摔下来。她从来不与人争什么，她那一轮或她那个位置或她那一份让给别人，在她看来是再自然不过的事情，她总是心甘情愿、笑嘻嘻地相让。简直让人怀疑，她这样做，多半是因为兴趣问题，而并非因为人品好，不让给别人，反而意味着要强制自己去做某种事了。

苏珊娜性格泼辣，凡事说做就做，不假思索，任何游戏只要有她到场，立刻热火朝天。我最喜欢和她一起玩。我也喜欢和路易丝一起玩，在她不赌气的时候。与两个姐姐相比较，她性情上变化无常，焦躁不安。

是否有必要谈谈我们的游戏呢？我想，我们的游戏与同龄的其他孩子们的游戏没有多大区别，也许除了我们投入的那份热情吧。

舅舅和舅妈与他们的五个孩子住在乐卡街。那是一条阴暗的乡村街道，没有商店，没有一点热闹景象，没有特色，没有娱乐。它在通到景象更加凄凉的河堤之前，经过主宫医院前面。那家医院是福楼拜的父母曾经生活过的地方，福楼拜的弟弟阿希尔接替父亲也在这里行过医。

舅舅家的房子和整条街一样平淡无奇，毫无特色。这后面再谈。我与几位表姐妹更经常——毋宁说更喜欢在克罗斯纳街见面；在乡下见面就更高兴。每年夏天，我都与她们在乡下相处几个星期，不是她们来拉洛克，就是我们去舅舅的庄园居韦维尔。我们一块儿做功课，一块儿玩，一块儿培养我们的兴趣和性格；我们的生活交织在一起，我们的打算、愿望融汇在一起。每天结束的时候，父母将我们分开，领我们去睡觉。我幼稚地想，唉！行啊，现在我们还小，不过总有一天，夜里我们也不会再分开。

居韦维尔那个花园——这段文字就是在那里写的——没有多大变化。瞧，这是花园中心的圆形空地，四周是经过修剪的紫杉，我们曾在这儿的沙堆里嬉戏；在不远处那条“花径”上，我们开辟了自己的小花园；我们在一棵银椴树的树荫下做体操，爱玛妞挺害怕，苏珊娜相反很大胆。还有一个多荫的去处，即“黝黯的小径”。天气晴和的日子，晚饭后舅舅常躲在那里。其他晚上，他大声给我们念沃尔特·

司各特[①]一本没完没了的小说。

房子前面那棵雪松长得非常高大。我们在树枝上搭了窝棚，经常在上面一待就是几个钟头。每个人搭了一个房间，大家互相访问，还常常坐在树枝上面，用打活结的绳子挂上钩子钓鱼。我和苏珊娜经常爬得高高的，爬到树梢上，冲下面树枝上的人嚷道："我们看见海啦！我们看见海啦！"是的，天高云淡之时，的确能隐约望见十五公里外大海呈现的那条细细的白线。

是的，这一切都没有变化，我可以在自己心灵里毫不费力地重新找到昔日那个小男孩。但是，这里根本没有必要追溯得太远，在我父亲去世时，爱玛妞和苏珊娜到巴黎来与我重逢，幼时的玩耍已被其他游戏取代了。

母亲被家里人说服了，去鲁昂度过服丧的最初时期。她不愿意让我留在韦戴尔先生家里。这样，对我来讲就开始了一种既没有规律又没有约束的生活，我真正感兴趣的教育中断了。

因此，那个冬天我们是在克罗斯纳街那所房子里，即舅舅亨利·龙多家度过的。于贝尔老师每天来指导我学点东西，也给表妹路易丝上课。他用"空白地图"教我地理，我不得不重复并写下每个地名，画出每一条不引人注意的线。对孩子努力学习的要求大大放松了，结果孩子什么也没记住。我只记得于贝尔先生的手指在地图上移动；他的手指非常扁，非常宽，指尖呈方形，像把刮铲。

---

① 司各特（Walter Scott，1771—1832），英国小说家，被公认为历史小说首创者。

这年冬天，我收到的新年礼物是一台复印机。我已不记得这台简陋的机器是什么牌子，总之它是一个金属托盘，上面覆盖着一层胶质物质，先把写满字的一页纸贴在上面，然后把要感光的一摞纸放上去。办一份报纸的想法是产生于这个礼物，抑或相反，这个礼物是送给我去实现一项办报计划的？这并不重要。不过，一份供亲戚朋友们阅读的小报果真办起来了。所印出的几期我似乎都没有保留。我记得清楚的是，每期都刊载有我的表姐妹们的散文和诗歌；我协助做的工作，仅仅是复印出一些大作家的文章。我出于自己再也不想加以粉饰的谦虚态度，深信亲朋们阅读布封的《松鼠是一种可爱的小动物》和《布瓦洛书简片断》，肯定比阅读我自编的任何东西更有兴趣。因此复印大作家的文章是适宜的。

舅舅亨利 · 龙多管理一家鲁昂花布印染厂。这家工厂在乌尔蒙，离城四五公里。我们经常乘车去那里。紧挨着工厂原来有座四方形房子，又小又简陋，毫不起眼，在我脑子里没有留下任何印象。舅舅拆除了这座房子，即使谈不上在原址，至少在很近的地方，即在后来开辟成花园的那个地方对面，建了一座讲究、豪华的住宅，既像海滨浴场的小木屋，又像诺曼底的民居。

亨利舅舅是个优秀的男人，温柔，和蔼，殷勤得甚至有点做作，一张脸没有什么个性。前面我不是说过吗，大概十八岁上他成了天主教徒。外婆打开她这个儿子卧室的一个衣柜，立刻晕倒在地，因为里面是供奉圣母的一个祭坛。

亨利·龙多夫妇经常收到《圆棒报》。这是一份极其幽默的报纸，是为破坏朱尔·费利的声誉而创办的，刊载有许多淫秽下流的画，整个意图就是要使这个“东京[①]人”的鼻子变成喇叭。这使我表哥罗贝尔很开心。几期《圆棒报》和《十字架报》，随意扔在乌尔蒙客厅桌子上和台球桌上，挑衅似的摊开在那里，使那些对这个家庭的观点持异议的客人感到很不自在。德马勒斯特的父母和我母亲假装什么也没看见。阿尔贝暗暗生气。母亲虽然与她这位哥哥在政治上和宗教信仰上存在分歧，但她太随和，不可能不与他和睦相处，不过她更乐于与嫂子吕茜尔搞好关系。舅妈是修会中人，为人十分通达，心胸开阔，完完全全和她丈夫一样。但大家认为她胜过丈夫，因为男人在人品上与妻子一样，那么他一定要聪明得多，才不至于在妻子面前明显处于下风。在亨利舅舅去世后，即我的叙述所写到的那年的翌年，是舅妈而不是罗贝尔接过了工厂的管理权，而且后来当工人们起来罢工时，她对他们毫不妥协。

乌尔蒙印染厂当时是鲁昂最大的工厂之一，鲁昂花布还生意兴隆。这家工厂并不生产布，只是印染。但印染有许多辅助工序，要用许多工人。工厂旁边的草地上，有一座建在高处的晾布厂棚。透过栅栏吹进来的风，不断地拂动着布，发出神秘的窸窣声。一架呈之字形的梯子，颤悠悠地穿过许多小平台、走廊和跳板。顺着这些跳板走，你会迷失在一幅幅新晾的白布之间，这些布像无数垂直的网线，静静地晾在那里，轻轻地摆

① 昔时越南北部地区名。越南过去是法国的殖民地。

动着。紧靠河边有一座独立的小屋，门窗总是关闭着，里面秘密地制造各种颜料，散发出古怪的气味，久而久之我竟爱闻了。我真想成小时待在机器房，观看布通过闪闪发光的铜轮之下，印上生意盎然的彩色。但我们还是孩子，不允许单独进去。仓库我们不经过允许就可以进去，只要看见门开着。那是一座庞大的建筑，里面整齐地堆放着印好、卷好、准备发货的布匹。每层楼的三条铁轨上，来回奔跑着几辆翻斗车，它们沿着三条平行的过道，在空货架或放满货品的货架之间，从宽大的库房一头跑到另一头。苏珊娜、路易丝和我，每人爬进一辆翻斗车，进行激动人心的赛跑。爱玛妞不与我们一块进仓库，因为只有三辆翻斗车，她又不喜欢冒险，尤其是不能肯定这是否允许。

工厂旁边是整齐的农舍，其间有一个样板家禽饲养场和一间巨大的干草棚。表哥罗贝尔出于好玩，在里面养了一种特殊品种的兔子。一捆捆堆放的柴火代替兔穴。我经常离开几个表姐妹，跑到那里，坐在或躺在麦秸垛上，成小时地观看这些小动物嬉戏。

花园夹在路边和河畔的围墙之间，中央有个水池，面积狭小，池岸弯弯曲曲，敢情会让福楼拜充满遐想。水池上有金属桥，小得可怜，玩具似的。池底是水泥的，上面有许多石蛾幼虫，裹着奇形怪状的细枝般的外壳，缓慢地蠕动着，看上去像池底落满枯枝败叶。这种幼虫我在一个脸盆里养了一些，但还没看到它们变化，就离开了乌尔蒙。

后来书本、音乐和绘画是否像幼年时代所玩的这些活东西，给我带来过同样多、同样强烈的快乐，对此我表示怀疑。我成功地让苏珊娜分享我对昆虫学的爱好，至少她常常跟我一块儿去捕捉昆虫。即使与我一块儿拨开牛粪和腐烂的动物死尸，寻找食尸虫、粪金龟和隐翅虫，她也不很反感。应当相信，家里人终于把我这方面的热情当成一回事了。尽管我还是个孩子，家里却为了我而把已故的费利克斯·阿西迈德·普歇，即外婆的德国表兄的一整套昆虫标本拿了过来。这位固执的老学者和理论家，曾经反对巴斯德，支持自然繁殖或自发繁殖的冒险性论点，而在当时颇有名气。有阿西迈德这样一位表兄的人并不多见。我要是能认识他该多好！后面我要谈到我与他儿子、博物馆教授乔治的关系。

这份礼物包括二十四个软木底盒子，里面都整齐地放着鞘翅目昆虫，分了类，贴有标签。家里人认为我配得到这样一份礼物，这让我十分得意。但我不记得这份礼物给我带来过很大的快乐。我自己那套标本与这笔财宝相比，无疑显得太不体面。但那些昆虫都是我亲手捕捉的，亲手用别针钉上的，对我而言每一种都宝贵得多，况且我喜欢的不是收集，而是捕捉。

我向往法国每一个迷人的角落，那里都有长角甲虫和鹿角锹甲出没之处。它们是我们的气候条件下最大的鞘翅目昆虫，在拉洛克根本找不到。但是在黎歇谷锯木厂旁边一堆陈年锯木屑下面，我们找到了一窝“犀牛”，即鼻角土豚。这种漂亮的昆虫呈棕红色，有光泽，几乎像鹿角锹甲一样大，两眼之间有一个上翘的角，故名。头一回见到这种昆虫，我欣喜若狂。

把锯木屑扒开，也会发现它们的幼虫，是粗壮的白虫子，样子像金龟子的幼虫或腮角金龟的幼虫。还发现一串串或一团团奇特的卵，大似黄香李，呈灰白色，软软的，粘在一起，乍一发现，令我惊喜莫名。这些卵碰不破，严格地说没有外壳，只有一层软囊，羊皮纸般坚韧，撕都撕不开。正是从这软囊里，钻出一条小蛇般的幼虫，真叫人目瞪口呆！

我把许多土豚幼虫带回拉洛克，养在一个装满锯木屑的木箱里，但它们在还没变成蛹之前就全都死了。因此我想，它们必须钻到地里才能变成蛹。

廖内尔·德·R帮助我捕捉昆虫。我们恰好同岁。他是孤儿，和他妹妹住在黎歇谷他舅舅家。他舅舅是基佐[①]的女婿，他是基佐的外孙。每逢星期天我都去黎歇谷。如果表姐妹们来了，保姆们就领着我们一帮子人一块儿去。路上很好玩，我们穿着节日服装。可是，到人家家里做客却是件苦差事。廖内尔和我之间，不久就建立非常亲密的关系。但当时还没有，在我眼里，他只不过是一个爱吵闹，脾气坏，独断独行的小男孩。他两腿修长，头发像把刷子，一激动就流汗，满脸通红。他最喜欢的运动，就是抢去我崭新漂亮的巴拿马草帽，投进一个不准进入的大丽菊花坛里，或者唆使一条大纽芬兰犬“摩丝”向我们扑过来。有时，那里会来一些年龄比我们大的亲戚，气氛非常快乐，大家一起玩英国杠子。可是，每当吃完了点心，真正开始玩的时候，保姆们却叫住我们，说该回去了。有一回，归途给我留下的印象特别深刻。

① 基佐（Guizot，1787—1874），法国政治家、历史学家，路易·菲力普治下任大臣，是梯也尔的政敌。

一场可怕的暴风雨几乎突然而降。天空乌云密布，人们不安地预计将有雷暴、冰雹、狂风和灾难。我们加快脚步往家赶，但暴风雨比我们快。它仿佛在追赶我们，我们觉得自己是暴风雨追赶的目标。的确，我们直接受到威胁。于是照习惯，大家一块儿反省我们的行为，互相盘问，竭力想弄清楚，可怕的宙斯怨恨的是谁。但是，谁也没有发现自己最近有什么严重罪过。苏珊娜嚷起来：

“宙斯怨恨的是几个保姆！”

我们立刻向前猛跑，撂下那几个女罪犯去挨天火惩罚。

一八八一这年我十二岁。母亲对我学习一塌糊涂，成天无所事事有点担心，便请了一位家庭教师。我不大清楚是谁向她推荐的加林先生。这是一个非常年轻、穿着讲究的人，一个神学院学生，又近视又愚钝，我担心他讲的课会使我不胜其烦。而这并非言过其实。他倒是经常陪我们去树林子里，但并不掩饰他对乡间不感兴趣。行进中，每当有树枝弹掉他的夹鼻眼镜，我就幸灾乐祸。他常常伸长嘴巴做作地哼《柯纳维尔的钟楼》这支小调，反复哼唱这样两句话：

……
轻浮的爱情
我们不喜欢

他那种得意扬扬、矫揉造作的嗓音令我恼火，终于忍不住说，真不明白哼这种愚蠢的曲子有什么乐趣。

“你觉得这曲子愚蠢，是因为你还太小。”他自负地回答，“以后你会懂得，这些曲子其实挺优美哩。”

他还补充说，这是一出流行歌剧中一首倍受赞扬的曲子……一切让我蔑视。

令我惊讶不已的是，一种如此支离破碎的教育，居然在我身上取得了某些成功。翌年冬天，母亲带我去南方。这个决定可能是深思熟虑、反复商量后做出的。母亲做事总是三思而行。她是对我孱弱的体质感到担忧，抑或是在夏尔·纪德婶婶的斥责下做出的让步？夏尔婶婶对于凡是她认为可取的事情，都是固执己见，寸步不让。这些我都不得而知。长辈们行事的理由，都叫你摸不透。

那时，夏尔·纪德夫妇居住在卡斯特诺[①]公馆的三层和顶层。这座公馆位于蒙彼利埃沙勒·雷外克街死胡同尽头。卡斯特诺自己家住二层和底层。底层宽敞得多，还有一个花园，我们可以随便进去。据我的记忆，花园本身只是一片碧绿的栎树和月桂树，但它的位置很妙。这个花园呈角坛状，高踞于一块平坦的高地之上，俯视着这块高地的尽头和市郊，举目眺望，可以看见远处的圣狼崖。叔叔经常伫立窗前，极目远眺。

母亲和我不住夏尔·纪德夫妇家，是出于谨慎，还是因为他们家没有供我们住的地方？是因为我们带了玛丽，或许也因为母亲正在服丧期间，希望清静。我们先下榻于奈韦旅店，然

① 卡斯特诺（Castelnau，1851—1944），法国将军。

后在相邻的小区找到一套带家具的房子，准备过冬。

母亲看中的这套房子，位于起始于大广场的一条呈坡度的街上，这条街紧贴一片平坦的空地，所以只有一边有房屋。沿着这条街往下走，离大广场越远，就越暗越脏。我们的房子位于中段。

这套房子又小又简陋，好寒碜。母亲的卧室和既当餐厅又当客厅的房间，窗户都临空地，望出去就是空地挡土墙。我的卧室和玛丽的卧室，窗外是一个没有草地的小花园，其实只称得上院子，里面只有两丛没有叶子的灌木，女主人每周都把洗衣水泼在上面。一堵矮墙将小花园和旁边一个小院子隔开；其他窗户都是朝那个小院子的。小院子里有人叫喊，有人唱歌，有油味，有晾晒的褴褛，有人抖动地毯，有人倒夜壶，有孩子们吵吵嚷嚷，有小鸟在笼子里引吭长鸣。经常看见不少饥饿的猫从这院蹿到那院。房东的儿子和他那帮十七八岁、调皮捣蛋的狐朋狗友，星期天闲得无聊，捡了碎瓷片追打那些饿猫。每隔两天或三天，我们去夏尔·纪德夫妇家吃晚饭。他们家的饭菜美味可口，与平时餐馆老板给我们送来的糟糕饭菜形成鲜明对照。我们的住处的寒酸使我觉得，父亲的去世已使我们破产。但这方面我不敢问母亲。住所不管多么凄凉，对于一个放学归来的孩子总不啻是天堂。

我怀疑那所中学自拉伯雷[①]时代以来，是否有很大改变。没有任何地方可以挂书包，因此书包就当坐垫用，也给紧挨的

---

① 拉伯雷（Rabelais，1483—1553），法国作家，《巨人传》的作者。

上面那个同学当脚垫用，因为我们都坐在阶梯上，就在膝盖上写作业。

班上和整个学校分成两个派别，即天主教派和新教派。我进阿尔萨斯学校读书时，才知道我是新教徒。第一天课间休息时，一些同学围住我问道：

“你是天主教徒还是新教追随者？”

我一下子愣住了，有生以来头一回听到这种怪话，因为父母小心翼翼地不让我知道，所有法国人的信仰不一定相同；在鲁昂的时候，父母之间的和谐关系，使我看不到他们在宗教信仰方面的分歧。我当时回答说，我不知道这一切是什么意思。有一个对人殷勤的同学主动向我解释说：

“天主教徒就是信奉圣母的人。”

听到他这么一说，我立刻大声回答，那么我一定是新教徒。我们之中没有犹太人，真是奇迹。一直还没说话的一个矮小瘦弱的同学突然嚷道：

“我父亲是无神论者！”他说这话的口气流露出一种优越感，使其他人茫然不知所对。

我记住了这个名词，回家问母亲：

“无神论者是什么意思？”

“就是说一个愚蠢的坏蛋。”

我很不满意，又进一步问她，催她告诉我。妈妈终于不耐烦了，断然打断我的再三恳求，像通常那样甩出一句：

“这个你现在没有必要明白。”或者：“这个你以后会明白的。”（这类回答妈妈有很多可以选择，但都让我生气。）

才十一二岁的孩子就操心这类事情，岂不令人吃惊？不，这仅仅是法国人一种天赋的需要，即需要表明态度，需要参加一党一派，不管什么年龄的人都这样，整个法国社会自上而下都这样。

不久之后，我与廖内尔·德·R和堂兄奥克塔夫·儒安-朗贝尔一块儿去林子里漫步。我们乘坐的是表哥父母的车子。在车子里我被他们两个痛骂了一顿，因为他们问我是保皇派还是共和派，我答道：

“当然是共和派！”因为我还是稀里糊涂，以为我们既然是共和制，每个人自然只能是共和派。廖内尔和奥克塔夫向我猛扑过来。回到家里，我立刻天真地问母亲：

“难道我不该这么回答吗？”

“孩子，”妈妈想了想答道，“以后人家问你是什么派，你就回答拥护彻底的宪政代表制。记住了吗？”

她让我重复一遍这个出乎意料的回答。

“可是，这样回答是什么意思？”

“是啊，孩子，这回答妙就妙在这里。别人听了和你一样莫名其妙，他们就会让你安静了。”

在蒙彼利埃，教派问题并不怎么重要。信奉天主教的贵族把子女都送进了修会，所以在中学里几乎只剩下一群平民，他们与彼此都是表亲的新教徒比相当令人讨厌，受到明显针对我们的充满仇恨的感情激动。

我说“我们”，因为我很快就与教友们结为一体了，他们都是与我叔叔婶婶过往的那些人的子女，我曾被介绍给他们的父母。其中有韦斯法尔夫妇、雷纳尔夫妇、卡斯特诺夫妇、巴兹尔夫妇，等等。他们彼此都是亲戚，都殷勤好客。并非所有教友都与我在一个班，但放学的时候大家都会走到一块儿。与我交往最多的是雷纳尔夫妇的两个儿子。他们都是天性开朗坦率的人，有点爱捉弄人，但绝对诚实。尽管如此，我与他们相处却感受不到太大的乐趣。不知道他们言谈中有什么讲究实际的因素，他们举止中有什么机智伶俐的因素，在他们面前我总羞涩地自我封闭起来。此时我的羞涩比过去严重多了，我变得郁郁寡欢，完全是出于无可奈何，才与同学们交往。同学们做游戏吵吵闹闹，我做游戏安安静静；我觉得自己温和，而他们表现得好斗。放学时他们不满足于打打闹闹，还一个劲地议论大炮、火药和“炸子”。幸好“炸子”这玩意儿，是我们在巴黎未曾见过的一项发明。一点雷汞，一点细砾石或沙子，用卷发纸一包，扔到人行道上一个行人的两腿之间，就会蓦地爆炸。雷纳尔两个儿子给的头几枚“炸子”，我一回到简陋的寓所，就赶紧放在脸盆里浸湿。他们的全部零花钱，都买了火药，把别人作为礼物送给他们的小铜炮或小钢炮填得满满的。这种东西的确让我魂飞魄散。这些爆炸物令我恼怒和厌恶。我真不明白，玩这类东西会有什么了不得的乐趣。他们组织对铅制玩具兵进行纵列连续射击。我也有铅制玩具兵，我也拿这些玩具玩，不过是将它们熔化掉。让玩具兵笔挺地立在一把铁铲上，伸进火里加热。你会看到它们突然从脚跟开始摇晃起来，扑倒在铲子上，不一会儿，从它们褪色的军服里逃逸出一道闪光，一个滚烫、赤条条的灵魂……下面再谈谈蒙彼利埃中学吧。

阿尔萨斯学校的教学方法，较之于一般公立中学有所改进。这些改进显然是明智的，但对我而言，却变成了不利的因素。例如，在那里教学生大体像样地背诵诗歌，这就诱发了我天生的兴趣。而在公立中学（至少在蒙彼利埃中学），习惯于用没有抑扬顿挫的声音，不加区别地背诵诗歌或散文，背得越快越好，使课文不仅失去了全部吸引力，甚至失去了一切意义，变得空洞无物，让你都看不出有什么理由要学习这样的课文。再也无所谓丑陋，亦无所谓怪诞。你把课文背得烂熟也白搭，反正你稀里糊涂。轮到我背诵时（我竭力回忆当时背的什么东西），尽管有着像其他人一样背诵的良好愿望，我还是立刻感到无法屈从于他们那种背诵方式。他们那种方式太令我反感了。我便像在阿尔萨斯学校那样背诵起来。

背了第一行，就全班目瞪口呆，是真正的丑闻所引起的目瞪口呆。继之是哄堂大笑，从阶梯的一头到另一头，整个阶梯教室从上到下，全班人个个笑得前仰后合。没有一个同学不笑，因为课堂上经常允许笑的。大家甚至停止了相互讥讽。这大笑不可抗拒，连纳多先生也禁不住笑起来了，至少是露出了微笑。这微笑使得大笑更肆无忌惮，更不可遏制。老师的微笑是对我明确无误的宣判。不知哪里来的那股顽强劲头，我居然把课文背完了。感谢上帝，这篇课文我理解透彻。这时，出乎我的意外而使全班同学惊愕不已的是，只听见纳多先生平静甚至庄严的声音，在大笑终于平静下来时喊道：

“纪德，十分（这是最高分数）！这使你们觉得好笑是吗？那么，请听我忠告你们，先生们，你们大家都应该这样背诵。”

我不知所措。这个表扬把我推到了所有同学的对立面，其后果再清楚不过了，就是全班同学都不再理我。突然的受宠，在同学们中肯定得不到谅解。纳多先生如果是想让我难堪，不大可能这样做。同学们都觉得我装腔作势，觉得我的背诵滑稽可笑，不是已经够了吗？使我彻底声誉扫地的，是同学们了解到纳多先生个别给我上课。而我跟纳多先生个别上课的原因是：

阿尔萨斯学校有一项改革是拉丁文教学方面的。该校仅仅在六年级才开始教拉丁文，认为从六年级到中学毕业会考，它的学生拉丁文完全赶得上公立中学的学生。公立中学的学生从九年级开始，就结结巴巴背诵 rosa，rosae[①] 之类。阿尔萨斯学校的学生起步晚，但同时达到同样的水平。结果已经证明了这一点。不错。可是我是半路插进来起跑，处于不利地位。尽管纳多先生不厌其烦地一遍又一遍教，我永远休想赶上那些已开始翻译维吉尔[②]的同学。我陷入了可怕的绝望。

那次背诵愚蠢的成功和所落下的装腔作势的名声，激发了同学们对我的敌视。当初与我亲近的同学都弃我而去，其他同学见我失去了支持，就放肆起来。我遭到嘲笑、痛打和围攻，一跨出校门就受到折磨。不过折磨不是立即开始，那些当初是

---

① 拉丁文，意为玫瑰。

② 维吉尔（Virgile，前 70—19），古罗马最伟大的诗人，代表作为民族史诗《埃涅阿斯纪》，其诗歌对欧洲文艺复兴和古典主义文学产生过重大影响。

我的伙伴的同学，毕竟不能容忍人家在他们眼皮底下侮辱我。折磨总开始于街道的头一个拐角处。每天我总是胆战心惊地等待课程结束，一出教室门就悄悄地猛跑。幸好我家离学校不远。可是，他们还是埋伏在我经过的路上。我担心遭到伏击，便绕一个大弯。他们明白了，便不再埋伏，而开始追逐。这几乎称得上一场好玩的游戏。可是我感觉得到，他们对我这个可怜的猎物的憎恨，胜过他们对游戏的爱好。尤其有一个家伙，是一位包工头或马戏场经理的儿子，名叫洛佩兹、托佩兹或戈麦兹什么的，体形像田径运动员一样粗壮，年龄比我们之中任何人都大，以在班上名列倒数第一而盛气凌人。他那凶恶的目光，那紧贴在前额上垂得很低、被发蜡抹得油光发亮的头发，还有他那血红色的领结，现在仍清楚地呈现在我眼前。他指挥着那帮人，真想要我的命。有时我回到家时是一副非常可怜的样子，衣服被撕破，浑身泥巴，鼻子流血，上下牙直打架，人显得惊恐不安。可怜的母亲难过极了。后来我患了重病，才结束了这种折磨。家里请来医生，诊断我患了天花。得救啦！

我得到很好的照顾，病情的恢复进展正常，就是说不久就可以下床了。可是，随着身体日渐康复，随着我又要被套上笼头那一刻的临近，一想起所吃的苦头，我就感到极度不安，陷入难以名状的恐慌之中。就是睡梦中，凶恶的戈麦兹也出现在我面前，领着他那帮人追得我气喘吁吁。我又一次感受到面颊与那只死猫接触令人恶心的感觉。那只死猫是他有一天从水沟里捞出来，故意用来蹭我的脸的；他蹭的时候，其他人抓住我的胳膊。我惊醒时浑身是汗，随即又陷入了恐惧之中，因为我想起了雷纳尔大夫对母亲说的话：再过一两天我就可以上学了。不过，我说这些绝不是想为随后发生的事辩解。天花痊愈之后，我得了神经官能症，其中有多少成分是作态，让精神病科医生去判定吧。

事情大抵是这样开始的：我被允许起床的头一天，头有些晕，脚下发虚。卧床了三个星期，这是自然的。“如果这种头晕再严重一点，”我想，“可以想象会发生什么情况吗？也许可以想象吧：我会感到自己的头向后倒下去，膝盖向前跪下去（我处在从自己卧室通向母亲卧室的小走廊里），随后整个人突然向后倒下去。”“唔！”我对自己说，“何不就按想象的做呢？”这样想着，我已经感觉到完全按神经的支配行动，会尝到何等的放松和缓解！我向身后溜一眼，确保向后倒下去不会摔得太疼。

我听见旁边房间里发出一声惊叫。是玛丽，她跑了过来。我知道母亲出去了。是剩下的些许羞耻心和怜悯，使我还没有在母亲面前这样做。不过，我会把一切向她和盘托出的。这次试验成功了，起初我几乎有些吃惊，但很快胆子大起来，变得头脑灵活，主意也显得更多了。我尝试做其他动作，有时装得断断续续，生硬突然；有时相反做得慢吞吞的，反反复复，颇有舞蹈的节奏。我变得十分内行，不久就掌握了丰富多彩的一整套动作：有的几乎只是在原地蹦跳；有的只需要从窗户到我的床之间那么一点空间，人挺立在那里，每次回转身就冲出去，刚好跳跃三下就成功了，整个过程差不多要一个钟头。最后还有一个动作是躺着做的，把被子掀开，一次又一次往空中踢脚，像日本杂耍演员那样做得有节奏。

好多回我事后生自己的气，觉得自己没心没肺，居然在母亲面前演这种滑稽戏。但老实讲，如今看来，这样生气并没有充分的根据。这些动作，就算我是自觉做的，但几乎都不是出自主观意愿，就是说我几乎是情不自禁的。只不过，完成这些动作，我感到如释重负。很久以后，每当神经官能症发作时，唉！我多少次惋惜自己不再是蹦蹦跳跳的年龄了……

这种古怪的病刚开始有所表现时，请来的雷纳尔大夫叫母亲放心，说是神经问题，仅仅是神经问题。可是我还是乱蹦乱跳，他觉得有必要请两个同事来会诊。不知怎么安排的，也不知为什么，会诊是在奈韦旅店①的一个房间里进行的。那里共有三位医生：雷纳尔、托龙和布瓦西埃。布瓦西埃是拉马陆温泉浴场的大夫。问题就是要不要把我送到这个温泉浴场去。母亲不声不响地在一旁看着。

事态的发展令我有点心悸。三位老先生有两位留着白胡子。他们翻来覆去给我听诊，然后一起小声议论。他们会戳穿我吗？他们之中的托龙先生神情严肃地说：

"重重打一顿屁股，太太，对这孩子这不会不合适吧？"

不，他们越检查，似乎越觉得我的病是真的。总而言之，对于我自己的情况，能否说我比这些先生了解得更清楚？我自以为蒙骗了他们，其实也许是蒙骗了自己。

---

① 经过认真回忆，我想这次会诊应该是在我在拉马陆两次逗留之间，这就说明我们为什么在旅店里。——作者原注

会诊结束了。

我穿上衣服。托龙慈祥地弯下腰想帮助我，布瓦西埃立刻制止他。我发现他向托龙做了个不易觉察的暗示，递了一个眼色。我注意到一种狡黠的目光盯住我，观察我，在我不留意的时候观察我，在我扣上衣纽扣时，密切注意我的手指的动作。“和这个小老头在一起，”我想，“如果他陪我去拉马陆，那可得小心提防他。”我不动声色，手指在纽扣间磕磕碰碰，这使他又皱起了眉头。

有一个人没把我的病当回事，这个人是我舅舅。我还不知道他对任何人的病都不当回事，所以有些恼火。我非常恼火，决心大装特装，战胜他这种漠不关心的态度。唉！多么可悲的回忆！如果我愿意省略什么，就会跳过去不谈这件事了——我当时在沙勒-雷外克街那座房子的前厅里，舅舅刚从书房里出来。我知道他还要经过这里的，便钻到一张蜗形脚桌子底下。当他回来时，我起初等了片刻，看他能否自己发现我。前厅很大，舅舅走得慢，手里拿着报纸边走边看，再过片刻他就会走过去了……我动了动，发出一声呻吟，舅舅停住脚步，摘下单片眼镜，打报纸上方冲我说：

“喂！你在底下搞什么名堂？”

我浑身颤栗抽动，缩成一团，假装抑制不住地抽噎，答道：

“我感到难受。”

可是，我立刻意识到这一着彻底失败了；舅舅把单片眼镜架回鼻梁上，头又埋在了报纸里，踱回了他的书房，非常平静地将门砰的一声关上。啊，真丢人！我还能做什么呢，只好站起来，掸掉衣服上的灰尘，心里恨舅舅——我对他真是恨透了。

风湿病患者都在下拉马陆逗留。那里的温泉疗养站旁边有一座小镇，即一个赌场和一些商店。位于上游四公里的上拉马陆或旧拉马陆，即运动失调患者疗养的拉马陆，展现在眼前的是一片荒野。只有一个温泉疗养站，一家旅店，一座小教堂和三座别墅，其中一座是布瓦西埃大夫的。就这些，而且温泉疗养站看不见，隐蔽在一条山沟的断层之下。山沟突然切断旅馆的花园，在树荫丛中悄无声息地向河流去。在我当时那种年龄的孩子眼里，最近的美景美不胜收，仿佛目光短浅，对远处的景色不感兴趣；我们喜欢细节胜于喜欢整体，喜欢隐蔽的、在前进中发现的地方胜于展现在眼前的地方。

我们刚到。在妈妈和玛丽忙于解开行李时，我溜到外边，跑进花园，钻进了那条狭窄的山沟。在页状岩峭壁上方，高大而弯腰的树形成一条拱顶；一条水雾缭绕的小溪穿过温泉疗养站，在我脚下的小径旁低吟浅唱。溪底有厚厚的絮状红锈，令我惊愕不已。为了夸张地表示自己欣喜若狂的心情，记得我当时一边往前走，一边向东方伸开双臂，就像自己所珍爱的《一千零一夜》里的一个人物，即辛巴达[①]在宝石谷所做的一样。山沟汇入河流，河流在这个地方拐了一个弯，湍急的河水撞在

① 辛巴达（Sindbad），《一千零一夜》中人物，他叙述了自己七次远航历险的见闻。

页状岩悬崖上，将崖壁冲刷出一个深深的凹形；旅店花园荒芜的边缘，好似给悬崖顶部镶了一条边。浆果、冬青、紫杉、岩蔷薇、野草莓，还有酒神巴克科斯的女祭司喜欢的菝葜，从一棵灌木爬向另一棵灌木，然后像头发似的飘拂着垂在水面上的空中。清澈的河水使含铁质的温泉顿时冷却。成群的鲄鱼在崖壁上落下的片状石堆间嬉戏。崖壁在下游稍远处渐渐变得低矮，河水变得更深，流得更缓慢。上游的河床更狭窄，河水汹涌奔腾，其间有漩涡、湍流、瀑布、清澈得令人心胸如洗的深潭。有些地方，突出的崖壁阻塞路径，所以每相隔一定距离有块大石板，让人踏着过河。猛然间，两边的崖壁相互靠拢，行人就不得不离开水边，离开阴凉，攀爬而上。悬崖顶部的土地上，有被烈日晒得蔫萎的植物。远处头几个山坡上，绵延着辽阔的森林，尽是百年古栗树。

上拉马陆的浴池，据说似乎可追溯到古罗马时代。它至少显得原始，这倒正是我喜欢它的地方。浴池小小的，但这不要紧，因为有规定，泡浴者要一动不动待在水里，让碳酸起作用。那水是不透明的铁锈色，并不很热，人钻到水里，起初会感到有点打寒战。如果待着不动，不一会儿就有许多小小的气泡来逗弄你，站在你肌肤上，给你一种刺激，使清凉的水平添了一种烧灼感；铁也在起作用，或者在某些微量元素配合下，一齐发挥作用。这一切加在一起，就产生异乎寻常的治疗效果。你从浴池里出来时，会感到皮肤发烫，骨头发凉。屋里熊熊燃烧着一堆葡萄藤火，老安托万还在把火拨得更旺，把我的长睡衣放在火边烤热。不一会儿，大家就去睡觉，经过一条长长的走廊，回到旅店，回到自己床上。那床我们不在期间，已用一个“和尚”焐暖了——当地人这样叫烘炉，它有一个巧妙的托被架托起铺开的被子。

在初次温泉治疗后，大夫们经过会诊承认，拉马陆对我有好处（对，在奈韦旅馆进行的显然就是这次会诊），并且下结论说，秋天让我再来进行一次温泉治疗是适宜的。这正好满足了我的全部愿望。在这期间我被送到杰拉尔梅接受冲洗疗法。

在这里我放弃抄录过去所写的那些文字。在那些文字里我首先记述了杰拉尔梅、它的森林、峡谷、茅舍和我在那里过的闲逸生活。它们没有提供什么新东西。我急于最终跨出童年的蒙昧。

经过十个月疗养，母亲把我带回巴黎，重新送进阿尔萨斯学校。过去的习惯消失得无影无踪，半个月来我的神经错乱的一系列表现都没有了，只增加了一个头痛的毛病。这种毛病更不易被人觉察，因而在课堂上更适用。我从二十六岁起，甚至更早些，这个头痛的毛病就完全消失了。而后我对之作了严厉的判决，指控其若不是完全假装的，至少是严重夸大了。可是现在，这种毛病重新出现了，我认得这种毛病，四十六岁时患的与十三岁时患的完全一样。我承认这个给我的努力泼了一盆冷水。事实上我并不懒惰。当我听到舅舅说下面这句话时，我衷心为他鼓掌：

“安德烈永远热爱工作。”他说。

可是，也是舅舅称我是“没有长性的人”。事实上我很难强制自己。所谓顽强勤勉地工作，在这种年龄，我就只能靠反反复复不太费劲的努力，因为每次努力都不能持久。我会突然感到疲劳，头脑的疲劳，像断了电似的，在偏头疼停止之后仍感到疲劳，或者确切地讲，疲劳取代偏头疼，持续数天，数周，数月。除了这一切之外，当时我对课堂上所做的一切，对课堂本身、上课和考试制度、会考，甚至课间休息，对慢慢吞吞、平平淡淡、死气沉沉的生活，都有一种莫名其妙的厌恶。头疼的毛病总是来得很及时，这是肯定无疑的，但很难说多大程度是我假装的。

我们当时请过的大夫布鲁阿代尔，此时已经很有名，母亲不敢再请他，不知是什么自卑感支配着她。这种自卑感肯定遗传给了我，使我在来访的人面前呆头呆脑。与取代布鲁阿代尔的李扎尔先生打交道，根本不必存这类担心。你尽可放心，名气与李扎尔先生绝对无缘，因为他没有任何机遇。他是一个温厚而傻乎乎的人，头发金黄，声音柔和，目光亲切，表面上不会伤害他人。但是，一个傻瓜比什么人都可怕。怎能原谅他开的处方和规定的治疗方法呢？每当我感到或声称情绪烦躁，他就开溴化物；每当我睡不着觉，他就开氯醛。给一个大脑刚刚发育全的孩子开这种药！后来我的记忆力和意志力的衰退，该统统归咎于他。如果可以和死人打官司，我一定会起诉他。每每回忆起这些事，我就怒火中烧。几个星期间，每晚半杯氯醛溶液（我还可以随意服用那满满的一小瓶水合物晶体，爱用多大剂量就用多大剂量）。我要说的是，那瓶氯醛搁就在我的床头，等待着失眠的意愿哩。在数周数月间，每当我坐下就餐时，我的餐盘旁边总搁着一瓶拉罗兹果子露——发苦的橙子皮水加溴化钾。我不得不小口地喝，每餐饭必须喝一勺，后来增加到两勺，又增加到三勺——不是咖啡匙，而是汤勺。然后按三段式节奏重新开始治疗，一直持续、持续下去，没有任何理由中断，直到我这个天真无邪的病人完全变迟钝为止。因为这果子露味道挺好。至今我还没弄明白，我是怎样得以死里逃生的。

魔鬼显然在窥伺我。我被黑暗重重包围，没有任何迹象让我揣测何处可接触一线光明。这时出现了天使的干预，目的是将我从魔鬼手里救出来。表面上看这是一件微不足道的事，但对我一生之重要，相当于历次革命之于历代帝国；是一出没有演完的戏的头一场。

五

大概将近元旦的时候。我们又到了鲁昂，不仅因为正是假期，也因为经过一个月的试读，我又离开了阿尔萨斯学校。母亲只好把我当病号对待，认可我只靠侥幸学点什么算什么。这就是说，我的学习又一次长期中止了。

我食欲不振，睡眠不好。舅妈对我关怀备至，每天早晨让阿黛尔或维克多到我房间来生上火。我睡醒很久还懒得起床，谛听着柴火燃得噼啪作响，向挡火板迸射不烫人的火花。在从上到下充溢着整个家庭的舒适氛围中，我感到自己的麻木不仁消融了。现在我仿佛还看见自己待在母亲和舅妈身边，待在那间既亲切又庄严的大餐厅里。餐厅四角的壁龛里，陈列着代表四季的洁白雕像。这些雕像按照文艺复兴时期的审美情趣，雕刻得庄严而又放荡。它们的底座都做得像酒菜台子（代表冬天那尊的底座像碗碟加热器）。

色拉菲娜专门为我做一些小碟白菜。可是面对那些菜，我一点胃口也没有。

“看见了吧，亲爱的朋友，”母亲说，“要让他吃饭麻烦得很呢。”

舅妈说："朱丽叶特，你觉得牡蛎对他也不会有一点吸引力吗？"

母亲答道："不会有的。你心肠太好啦……不过，不妨试试。"

然而，我保证不是故意挑食。我对任何食物都没有胃口，上餐桌如同赴刑场。要费好大劲才吞咽几口东西。母亲恳求，呵斥，威胁，几乎每餐饭都在泪水中结束。但这些并非我要着重讲述的。

在鲁昂，我又见到了表姐妹们。我说过，我身上种种小孩子的兴趣，怎样使我更接近苏珊娜和路易丝。可是甚至连这个也不完全确切。也许我更经常与她们两个一起玩，但这是因为她们两个更愿意与我一起玩。我更喜欢爱玛妞，她越长大我越喜欢。我也在一天天长大，但这不是一回事。在爱玛妞面前我装出一本正经也无济于事，总感到自己仍是小孩子，而感到她已经不是小孩子了。她温柔的目光流露出忧郁；那忧郁我揣测不透，所以更加吸引我。甚至爱玛妞心情是否忧郁我也不确切知道，因为她从来不谈她自己。她那种忧郁不是别的孩子琢磨得透的。我生活在这位表姐身边，已经意识到我们有着一致的兴趣和思想，衷心想使这种一致更密切、更彻底。我想，她为此感到开心。例如当我们一块儿在克罗斯纳街吃饭用餐后甜食时，她故意不让我吃我喜爱吃的东西，办法是她首先不吃她喜爱吃的东西，因为她知道只有她吃了的东西我才会碰。这一切都显得孩子气，是吧？——可是，唉！后来发生的一切就太缺乏孩子气了！

使我的女友过早成熟的秘而不宣的忧郁，我不是慢慢发现的，像通常发现一个心灵的秘密那样。这是一个意想不到的世界，突然彻底暴露在我面前，我突然向这个世界睁开了双眼，犹如天生的盲童摸了救世主，双眼突然睁开了一样。

我傍晚时分离开表姐妹们，回到克罗斯纳街。我想妈妈正等着我回去，可是家里没有人。我犹豫片刻，决定返回乐卡街。我觉得这挺有意思，因为我是出其不意返回去的。我思想上已流露出这种幼稚的欲望，让自己不熟悉的空间和时间充满神秘。我十分关心在自己背后发生的事情，有时甚至觉得，如果回头敏捷，准能发现匪夷所思的情形。

我在非正常时间来到乐卡街，想给人家一个意外，却在这天晚上，我窥探秘密的兴趣如愿以偿。

刚到门口，我就觉察到情况异常。与平常相反，大门没有关，不需要按门铃，我便悄悄溜进去。舅妈身边的使女阿丽丝这个讨厌的女人，突然从门厅的门后钻出来——她显然埋伏在那里——粗声粗气地问道：

“怎么，是你！这个时候还来干什么？”

显然我不是人家等待的人。

我不理会她径直往里走。

底层是舅舅艾弥尔的书房，又小又暗，弥漫着雪茄烟味。他经常将自己反锁在里面，一锁就是半天，挂在心上的远远不是他的业务，而是种种烦恼，每次出来时总显得十分苍老。最近这段时间，舅舅的确老了许多。这一点说不清是不是我自己注意到的，但听见母亲对舅妈吕茜尔说：“这可怜的艾弥尔变化真大！”我立刻发现舅舅前额上布满了皱纹，目光惴惴不安，有时现出心力交瘁的神色。这天，舅舅不在鲁昂。

我悄无声息地爬上黑乎乎的楼梯。孩子们的卧室全在最上面一层楼，下面一层是舅妈的卧室和舅舅的卧室。二层是餐厅和客厅。我经过餐厅和客厅前面，准备一个箭步冲过第三层，可是舅妈的卧室门完全敞开着，里面灯光通明，连楼梯口平台也照亮了。我只匆匆往卧室里溜一眼，瞥见舅妈面无血色地躺在一张沙发上；苏珊娜和路易丝坐在她身边，弯着腰打扇子，好像还给她闻盐。没看见爱玛妞，或者更确切地说，本能告诉我爱玛妞不可能在这里。我怕被看见和被叫住，很快经过了门口。

我先要从爱玛妞两个妹妹的卧室前面经过。这两间卧室里黑乎乎的，引导我向前走的唯一亮光，是两个还没拉上窗帘的窗户透进的一点微弱光线。我到了我女朋友的门前，轻轻敲了两下，没有回应，正要再敲，门开了，原来是虚掩着的。这间卧室里更黑。床占住了紧里的一面。我背对着床，起初没有发现爱玛妞，因为她跪在地上。我以为房里没有人，正要退走，却听见她说道：

“你为什么要来？你不应该再来的……”

她没有站起来。我没有立刻明白她正伤心，只是感到她的热泪落在我面颊上，我双眼才突然睁开了。

在这里我根本不想讲述她伤心的细节，不想讲述那使她痛苦的该死的秘密故事，况且这故事当时我基本上不清楚。现在想来，对一个纯洁无邪，心里只装有爱和亲情的女孩子来讲，最残酷的事情，莫过于要她对自己的母亲做出评价，谴责自己母亲的行为。更使她痛苦的是，那个秘密，她不知怎么发现的、已给她造成伤害的秘密，她必须独自藏在心里，还要瞒着她所尊敬的父亲。这个秘密全城人议论纷纷，用人们当作笑柄，只有她两个天真无邪、无忧无虑的妹妹蒙在鼓里。不，这一切我只是后来才知道的，但是我感到，在这个我已十分钟爱的少女心里，藏着一个巨大的、无法忍受的痛苦；这痛苦我凭着满腔的爱，一辈子都无法为她消除。此外我还有什么好说的呢……到此时为止，我只是盲目地游荡，这时突然发现了自己新的人生方向。

表面上什么也没改变。我会像前面一样，继续记述我曾经关注的一些琐事。变化只有这样一点：我不再全心全意关注这些事，把自己命运的奥秘深深藏在心里。我的命运如果不那样横遭非议，历尽坎坷，我就不会写这本回忆录了。

我们是在蓝色海岸过完了这个冬天。安娜陪伴我们。一个恼人的心血来潮的主意，使我们先在耶尔停留。那里通往乡村的路很难走，而大海我们本来以为离得很近，却隔着一块块菜地，像海市蜃楼令人泄气地出现在远处。看来在这儿逗留不会有什么乐趣，而且我和安娜都病了。一位姓名我要明天才想得起来的儿科大夫，让我母亲相信，我的一切不适，无论神经方面还是其他方面的，都是胃肠道气体引起的。他给我听诊，发现我的腹腔里有令人担心的空穴，容易胀气。他甚至武断地指出形成致病气体的肠结在什么地方，嘱咐我去他卖绷带的表哥店里买一条外科矫形腰带系上，以防治腹胀。记得那条可笑的腰带我系了一段时间，使得我做什么动作都不方便，尤其勒得腹部极难受，因为我瘦得像颗螺丝钉。

耶尔的棕榈树与开花的桉树不能同日而语，开花的桉树能使我重新振作起来。看到第一棵桉树，我心里一阵激动。当时只有我一个人，必须跑去把这件事告诉母亲和安娜。我连一根小小的树枝都没带回来，因此没法描述那繁花满枝的情形。我停都没停一下，就拉了安娜跑到那棵稀奇的树下。安娜说道：

“这是一棵桉树，从澳大利亚引进的一个树种。”她让我观察叶子的形态、枝叶的排列和树皮的早脱性。

驶过一辆四轮运货马车。一个小男孩高高地坐在收集来的麻袋上，扔给我一根开满那种奇异花朵的树枝。我迫不及待地观察起来：花蕾呈青灰色，上面覆盖着一层含树脂的叶霜，形状像一个小小的香料匣，看上去还以为是颗种子，只是颜色比种子鲜艳。香料匣的盖子蓦地打开了，是被涌动的雄蕊掀开的，落在地上。释放出的雄蕊排列成圆环形。在那一堆锋利、椭圆的落叶之中，这种没有花瓣的白花，远远看去像朵海葵。

头一回遇到桉树，又在通往科斯特贝尔的路旁树篱里发现一棵兜帽状海芋，这是此次乡间小住期间发生的两件大事。

我们在耶尔待得不耐烦了。妈妈看到我们失望的样子，不知所措，跑到埃斯特尔以外的地方去探察，回来时兴奋不已，第二天就带我们去戛纳。我们下榻在火车站附近，即这个城市最有意思的一个小区。虽然住的旅馆档次很低，但戛纳还是给我留下了令人着迷的回忆。在格拉斯那个方向，当时还没有兴建任何旅馆或别墅。戛纳公路蜿蜒于油橄榄树林里。那里是这座城市的最边缘，再往外就是乡村了。橄榄树林里，水仙、银莲花、郁金香十分繁茂，越是僻静之处越繁茂。

但是，我特别欣赏的是另一类植物，即海底植物，每周可以观察一两次，那是当玛丽带我去雷其岛上漫步的时候。我们喜欢圣玛格丽特码头，离开码头不要走多远，就可以看到一些激浪拍岸的深水小湾，这些小湾由于岩石的风蚀，被分割成许多深潭。在那里的水底，贝壳、水藻，石珊瑚，五光十色，呈现一种东方式的华美，头一眼就令人惊喜莫名。过路人其实什么也没看清，只留下了头一眼的印象。我只要在那里静立片刻，像纳喀索斯俯身望着水面，就会看到被我的接近惊逃的无数小生物，从千百个石洞、千百个凹穴里钻出来。一切都开始呼吸，颤动起来了，连岩石也仿佛有了生命。人们以为没有生命的东西，仿佛全都羞答答地蠕动起来；一些半透明、奇形怪状、形态荒诞的生物，从水藻之间钻出来。水里充满生物，连海底有些地方浅色的沙子也显得动荡不宁。在一些深色的管状物——我们疑为灯芯草茎的两端，只见一片薄薄的花瓣，看去还有点怯生生的，但轻轻地，一抖一抖地绽放开来。

玛丽在不远处看书或打毛线，我呢就这样成小时地伫立在那里，不顾太阳照射，不知疲倦地观察一只海胆慢悠悠地转着圈儿刨洞穴，观察一条章鱼颜色的变化、一只海葵摸索的移动，观察一些生物的捕猎、追逐和潜伏，以及许许多多神秘莫测、惨不忍睹的现象。我从目瞪口呆的状态清醒过来后，往往依然如痴似醉，以至于头痛欲裂。这怎么还谈得上学习呢？

整个冬天，不记得我翻开过一本书，写过一封信，学过一篇课文。我的思想和身体一样，处于休假状态。现在想来，母亲本来可以利用这段时间，让我学点英语什么的。可是，英语向来是我父母的一种保留语言，他们专门用英语在我面前说一些我不明白的事情。再说，玛丽教了我一些德语，我运用起来显得非常笨拙。因此在让我学英语的问题上，他们认为应该谨慎从事，不要进一步让我为难。客厅里有架钢琴，虽然是一架不怎么样的琴，但我每天稍稍练习弹琴还是可以的。可是，唉！不是有人叮嘱母亲，切忌让我干任何费精神力气的事情吗？我和儒尔丹一样，狂热地梦想成为钢琴演奏能手。那时稍做努力，今天说不定我已经是了呢。

初春回到巴黎，妈妈便着手找一套新公寓，因为大家都认为，土尔隆街那套房子已不适合我们去住。显然——我想到蒙彼利埃那套脏兮兮的房子给我留下的回忆——爸爸的去世导致了我们破产。土尔隆街那套房子，对我们娘儿两个来讲，无论如何都太大了。谁能知道母亲和我将满足于一套什么样的房子呢？

我的担忧并没持续多久。很快我就听见德马勒斯特舅妈和母亲一起讨论租金、小区和楼层等问题了，看来我们的生活根本没有即将紧缩的迹象。爸爸去世后，姑妈克莱尔取得了对妈妈的支配地位（她比妈妈年纪大得多）。她以自己特有的方式将嘴一噘，不容置辩地对母亲说：

“是的，楼层问题还可以将就，咱们可以接受爬楼梯。可是另外一点，那可不行，朱丽叶特，我甚至要说：‘绝对不行'。"她伸出手掌，干脆而断然地往斜里一劈，就中止了讨论。

这"另外一点"，是指能通车辆的大门。在一个孩子思想上可能会觉得，既然我们很少接待客人，我们自己出入根本不坐车，要能通车辆的大门干什么，有也不需要开。可是，作为孩子我没有发言权。再说，还有什么好反驳的呢，既然姑妈说：

"这不是方便问题，而是体面问题。"

见母亲沉默不语，她用更缓和、更恳切的语气说：

"为了你自己，为了你儿子，都必须这样。"

她说罢又连忙补充一句：

"再说问题显而易见，你如果没有可通车辆的大门，我可以事先告诉你哪些人不会再来看你。"

她立刻数起来，数得母亲都有点发抖了。母亲看一眼这位姐姐，露出略带凄凉的笑容，说道：

"你呢，克莱尔，也会拒绝来看我吗？"

听到这句问话，姑妈重新拿起毛线活儿，闭上嘴一声不吭。

这类谈话只有当阿尔贝不在场时才会进行。阿尔贝肯定会失礼。但母亲因为记得自己也曾经有着好批评的思想，所以很想听听他的意见。姑妈则宁可不让他发表意见。

最后选中的新公寓，明显比原来那套更宽敞，更漂亮，更宜人，更豪华。关于这套公寓，且留到后面再来描述。

离开土尔隆街那套房子之前，我最后一次审视了与这套房子有关的整个过去，重新阅读了我所写的与这套房子有关的事情，觉得我似乎把我那迟迟不能摆脱蒙昧状态的童年，描写得太灰暗了，就是说，对于那曾一时震撼我的愚钝的两道闪电，两次不寻常的发抖，我不善于谈论。假如我能更早地谈论，在必要的地方谈论，以便尊重编年的顺序，那么那个秋夜在乐卡街，我的整个身心与看不见的现实接触所产生的骚动，也许能够更好地得到解释。

头一道闪电把我带回到遥远的过去。我想确切地说哪一年，但我仅仅说出是当时家父还在世。我们围坐在餐桌边，安娜和我们一块吃中饭。父母神情悲哀，因为上午他们获悉了一个四岁小男孩夭折的消息，那小男孩是我们一位表亲维德梅的儿子。这消息我还不知道，但听到母亲对安娜说的几句话，我就明白了。小艾弥尔 · 维德梅我只见过两三次，对他没有什么特别的好感。可是我迟迟不知道他死了，这时悲伤骤然像海潮般涌向我的心头。母亲抱起我坐在她的膝头上，千方百计让我平静下来，不要哭，说我们每个人终归都要死的，小艾弥尔已升入天国，再也不会有眼泪和痛苦。总之，母爱所能想象的一切安慰人的话母亲都说了。但无济于事，因为确切地讲，令我掉泪的，并不是这位小表兄的夭折，而是一种难以言状、无法向母亲讲清楚的恐慌。这不奇怪，就是现在我也无法讲得更清楚。在某些人看来，这也许非常可笑吧。但我要说，后来读到叔本华[1]的某些篇章，我似乎突然辨别出了这种恐慌。的确是

① 叔本华(Schopenhauer，1788—1860)，被称为悲观主义哲学家，是黑格尔绝对唯心主义的反对者，新的“生命”哲学的先驱者。

这样，要想理解……[1]在这里我不由自主、情不自禁提及的，是在我的记忆里我听到这个死讯后，平生头一次发抖的情形。

第二次发抖更加离奇。那是几年后，家父过世不久，即我大概十一岁的时候。事情还是发生在餐桌旁，是一次吃午饭的时候。但这次只有母亲和我两个人在场。这天上午我上了学。究竟发生了什么事情？也许什么也没发生……那么，为什么我突然全身瘫软，扑倒在母亲怀里，呜咽，抽搐？我是否再次感受到那种难以言状的恐慌，刚刚听到小表兄的死讯时那种恐慌？仿佛一个寻常而又神秘的内心之海的特殊闸门，突然打开了，滚滚波浪涌进我的心里。我恐慌胜于悲伤。可是，这怎么向母亲解释呢？母亲透过我的呜咽，仅仅隐约分辨出我绝望地不断重复的这句含糊不清的话：

“我与其他人不一样！我与其他人不一样！”

还有两件与土尔隆那套房子有关的事，要在搬家之前赶紧谈一谈。作为新年礼物，我索要特罗斯特那本厚厚的化学书。吕茜尔舅妈送给了我。起初我向克莱尔姑妈要过，但她觉得送我一本课本作为新年礼物未免可笑。可是，我嚷嚷得厉害，其他任何书都不如这本书让我喜欢，吕茜尔舅妈只好应承下来。舅妈吕茜尔为人随和，她考虑的不是自己的兴趣，而是我的兴趣，只要我高兴就行。同样多亏了她，几年后我获得了圣勃夫的《星期一》文集，后来又得到了巴尔扎克的《人间喜剧》。

---

① 我放弃了引用语，它太冗长。——作者注

不过，我还是回过头来谈谈化学吧。

当时我不到十三岁，但我敢肯定，没有任何一个学生，像我这样积极钻研特罗斯特这本书。诚然不消说，我阅读这本书的兴趣，部分地应是来自我打算做的试验。母亲同意把配膳室给我做试验用。这个房间位于我们土尔隆街那套房子的尽头，与我的卧室紧邻。我在里面养了几只柏柏里猪，把小酒精炉、长颈瓶和仪器都安放在里面。母亲又一次令我赞赏不已：她放手让我做试验，这或许因为她不知道墙壁、地板和我本人所冒的危险，或许因为她认为冒点险值得，如果想让我学到东西的话。她每周给我一笔数额相当可观的钱，我拿到钱立刻去索邦广场或老剧院街买试管、曲颈瓶、烧瓶、盐、非金属、金属，还有各种酸，其中有些酸人家居然也同意卖给我，现在想来都感到惊讶。不过，卖给我东西的店伙计，也许把我当成了一般送货上门的人。一天上午，不可避免的事情发生了：我制造氢气的容器在我鼻子底下爆炸了。记得那是用一个玻璃灯罩做“化学口琴”试验……氢气的制造非常成功，我把释放氢气的细长管子固定住，准备点燃氢气，一只手抓着火柴，一只手拿着玻璃灯罩，试图让火焰在玻璃灯罩里面歌唱。可是，我还没有将火柴靠近，窜进仪器里的火焰就把灯罩、管子连同塞子都崩掉了。听到爆炸声，几只柏柏里猪都罕见地蹦跳起来，撞掉我手里的玻璃灯罩。我胆战心惊地想到，如果容器口塞得更紧，它肯定会贴近我的面部爆炸。所以自此之后，我与气体打交道总是小心翼翼。从这天起，对化学我另眼相看了，用蓝铅笔标明性能稳定的物质，即打起交道来能获得乐趣的物质，而把性能可疑或可怕的物质，用红铅笔标出来。

前不久偶然翻开甥女们的一本化学课本，里面找不到任何我熟悉的东西，一切全变了，包括公式、定理和物质分类，以及物质的名称，它们在书里的位置甚至它们的特性……我原来以为它们会永远不变呢！甥女们看到我不知所措的样子，挺开心，而我在不平静的心境中，隐隐感到忧伤，恰如遇到几位老朋友，原本你以为他们会永远是小伙子，现在却都成了父亲。

另一件往事是与阿尔贝·德马勒斯特的一次谈话。我们住在巴黎时，他和他母亲每周来我们家吃一次晚饭。晚餐后，姑妈克莱尔与母亲一块打牌或玩掷骰子跳棋什么的。阿尔贝和我一般是坐下来弹钢琴。但这天晚上，聊天压倒了音乐。不记得我在餐桌上说过什么话，阿尔贝居然觉得非给我提个醒不可。但当着其他人的面，他什么也没表示，等到大家用完餐离了席，他才把我拉到一旁……

当时我对阿尔贝抱有一种崇敬之情。我说过我平常怀着怎样的心情，如饥似渴听他说话，尤其当他所说的话悖逆我天生的爱好时。这是因为，他所说的话悖逆我天生爱好的情况很罕见，我觉得他平时总是很认真地理解我的言行，而这些言行恰恰是母亲和家里其他人最不能理解的。阿尔贝个子高大，体格强壮，性情温和。他的任何一句话都难以形容地令我开心，因为他说的都是我根本不敢说，甚至连想都不敢想的话。只要听见他的声音我就很高兴。我知道，所有体育运动他都是优胜者，例如游泳，尤其是划船。除了迷恋新鲜空气，追求体格的健美发展，现在他又全身心地迷上了绘画、音乐和诗歌。不过这天晚上，我们所聊的与这一切都无关。这天晚上，阿尔贝向我解释什么是祖国。

诚然，关于这个问题，还有许多东西我需要了解，因为无论是父亲还是母亲，他们虽然都是忠诚的法国人，但都没有就我们的国土和思想的疆界，向我灌输非常明确的感情。他们自己是否有非常明确的感情，我也不能肯定。由于天生的气质，我像父亲一样，倾向于重视观念胜于重视现实。在这方面，我从十三岁起，就像一个观念学者又像一个孩子、一个傻瓜一样进行思考。晚餐席上我大概说过：“在七十年代我如果是法兰西，肯定不会自卫，”或者类似的蠢话；再说，凡是与军事有关的一切，都使我胆战心惊。正是这一点，阿尔贝觉得有必要提醒我。

他提醒我这一点，既没有责备，也没有豪言壮语，只是向我讲述了法国遭到入侵以及他当兵的种种回忆。他对我说，他像我一样憎恶挑衅的势力，但正因为如此，他热爱捍卫（祖国）的力量；战士的出色之处，不是他们保卫自己，而是他们保护他们认为受到威胁的弱者。阿尔贝说着说着，声音变得严肃而颤抖起来：

“那么，你认为人们可以无动于衷地任凭别人侮辱自己的父母，强奸自己的姐妹，劫掠自己的财产吗？”他眼前肯定浮现了战争的景象，因为我看见他眼睛里噙满了泪水，尽管他的脸处在黑暗之中。他坐在一张扶手椅里，就在我父亲那张大书桌的旁边。我呢高高地坐在书桌上，两条腿晃动着，听了他的话，因为自己坐得比他高，而更感到有点不好意思。房间的另一头，姑妈与母亲在争论什么或玩纸牌，安娜这天晚上也过来吃饭，与她们待在一起。阿尔贝说话时声音很低，那两位太太听不见。他说完了，我一言不发，双手握住他的大手。他讲的道理令我信服，他崇高的心灵更令我激动。他这些话，至少后来，当我受到更良好的教育，能够理解时，肯定重温过的。

想到要搬家，我就兴奋不已，能参加布置家具，肯定挺开心。可是，搬家却没让我参加。从戛纳回来后，妈妈让我住到一位新老师家去学习，希望这样对我更有好处，她也落得清静些。

我被托付给里夏尔先生。他情调高雅，住在奥托邦。或者正因为他住在奥托邦，妈妈才把我托付给他？他家住在莱努阿街，大概十二号，是一栋三层的老房子，旁边有一个花园，不是很大，但形成一块台地，站在上面可以俯瞰半个巴黎。那房子和花园至今仍在，也许存在不了多少年了，因为一位家境清贫的教师出于节俭的考虑，而选择住在莱努阿街，这种时代早已过去了。里夏尔先生只给几个寄宿生，即我和两个英国小姐授课。那两位英国小姐之所以掏钱来这里寄宿，我想主要是为了这里的新鲜空气和优美风景。里夏尔先生是异教地区的教员，仅仅在后来获得教师资格学衔之后，才获准在一所中学教德语课。当初他是打算当牧师的，所以我想他学业相当好，人既不懒又不笨。后来是怀疑和顾虑（更可能是二者兼而有之）使他在牧师之职的门槛前驻了足。这头一个志向，令他的目光保留了一种难以描述的热忱，他的声音自然具有牧师的特长，就是说能够打动人心。他脸上那种半忧伤半开心、在我看来几乎不经意的微笑，使他说出的最严厉的话也会变得缓和，而由此大家明白，他并不自视甚高。他有种种优点，甚至美德，但是看上去他人不是很健康，身体不是很结实，而且没有长性，无所事事，拿严肃的事情当儿戏，拿无聊的事情当真。对于诸如此类的缺点，我虽然年纪尚小，但还是挺敏感的，当时所持的看法可能比现在还严厉。我想他的嫂子，即贝特朗将军的遗孀，与我们一块住在莱努阿街的，对他并不怎么尊重。而这一点倒使她赢得了我的极大尊重。她是一个深明事理，又经历过美好时光的女人，我觉得也是家里唯一理智的人。此外她还挺重感情，但只在最相宜的时机表现出来。里夏尔太太大概也像她一样重感情，甚至可以说比她更重感情，因为她根本不明事理，而一味地感情用事。里夏尔太太身体不大好，人瘦刮刮，脸色苍白，没精打采。她性情倒是挺温顺，在丈夫和嫂子面前总是退避三舍；肯定因为这个原因，她在我记忆里只留下模糊的印象。相反，贝特朗太太身体硬朗，自信果断，她的每一个特点都深深刻在我的记忆之中。她有一个比我小几岁的女儿，小心翼翼地不让她与我们接触，这种过分的专横令女儿有点痛苦。她女儿伊冯娜·贝特朗体质娇弱，几乎弱不禁风，仿佛被规矩压垮了，露出笑容的时候也是一副哭相。除了出来吃饭，她很少露面。

里夏尔夫妇有两个孩子，一个小闺女，才十八个月，有一天我在花园里看见她吃泥土，从此以后经常目瞪口呆地端详她；她的小哥哥布莱兹见她吃泥土却挺开心，他是负责看管妹妹的，尽管他自己也只有五岁。

我有时独自一人，有时与里夏尔先生一块儿，在一个小小的橘园里干活儿。那橘园——如果能冒昧地把一间玻璃小屋叫做橘园的话——紧贴着旁边一座大房子没有窗户的墙壁，位于花园尽头。

我做功课的课桌旁边有块小木板，上面有一丛菖蒲，那是我眼见着生长的：我在圣絮彼斯市场上买了个球茎，亲手把它种在花盆里，很快就从泥土里钻出一柄绿剑似的植物，一天天长高，令我惊讶不已。为了测定它的生长速度，我在花盆里插了一根白色小木棍，每天记下它增长的高度。经过计算，知道那叶片每个钟头长高五分之三毫米。这种生长速度，只要仔细点观察，肉眼都可以看得出来。然而，我琢磨不透它究竟是怎样长高的，始终认为它是夜间一下子蹿高的，因为白天我目不转睛地盯住它，也看不出任何变化……观察老鼠要有成效得多。每次我看书或观察菖蒲不到五分钟，它们就会跑出来分散我的注意力。我每天带饼干之类给它们吃，久而久之它们胆子大起来，竟跑到我学习的课桌上来吃碎屑。一共只有两只老鼠，但我相信其中一只怀孕了，因此每天怀着一颗怦然跳动的心，企望出现一窝小老鼠。墙里有个洞，每当里夏尔先生过来时，两只老鼠就钻进那洞里。那是它们的窝，我估计一窝小老鼠会从那里钻出来。每次里夏尔先生让我背诵课文时，我总是用眼角窥伺着那个洞口。课文我自然背诵得很糟糕，里夏尔先生终于问我为什么总显得如此心不在焉。到此时为止，我对那两位伙伴的存在一直守口如瓶，这天才把一切讲出来。

我知道女孩子都害怕老鼠。家庭主妇害怕老鼠，在我也可以想象。可是，里夏尔先生乃堂堂男子汉。他对我讲述的情形似乎很感兴趣，要我指给他看那个洞在什么地方，然后一声不吭出去了。不一会儿，只见他拎了一把热气腾腾的水壶回来。我简直不敢相信自己的眼睛，怯生生地问道：

“先生，你拎的什么？”

“滚沸的水。”

“做什么用？”

“烫死那两只该死的畜生。”

“啊！里夏尔先生，请高抬贵手！我求你啦，我想它们正要下崽了呢。”

“那就更要烫死它们。”

是我出卖了两只老鼠！显然，我应该先问问里夏尔先生，他是否喜欢动物……热泪纵横，苦苦哀求，全无济于事。唉！多么可恶的一个人！他把沸水倒进墙洞时，我觉得他还冷笑了一声呢，不过当时我已把眼睛挪开……

我难以原谅里夏尔先生。他见我表现得那样伤心，说实在的，事后也有些诧异，虽然没有明确表示歉意，但从他极力向我解释来看，我觉得他内心不无尴尬。他竭力让我明白，我多么可笑，那些小动物多么可恶，它们臭烘烘的，危害极大，特别是妨碍我学习。不过，这里夏尔先生也并非全然不懂回头是岸，过了一段时间，作为补偿，他倒是送了我喜欢的几只小动物，但都起码是没有危害的。

那是一对斑鸠。不过，这对斑鸠究竟是里夏尔先生送我的，还是他容忍我养的？这一点，我这靠不住的记忆力，已经搞不清了……用一个藤条笼子装了两只斑鸠，挂在一间鸡舍里。鸡舍与橘园相对，铁栏杆一半损坏了，里面养了几只吵闹、易怒、愚蠢的母鸡，我对它们根本不感兴趣。

开始几天，听到斑鸠的鸣唱，我兴奋不已。我从来没听见过如此悦耳的鸟鸣。它们的歌声如泉水叮咚，终日不歇。可是，这美妙的鸣唱渐渐变得令人心烦。艾尔文小姐，两个英国寄宿女生中的一个，听到这叫声神经就特别紧张，说服我给它们做个窝儿。我还没来得及做，那只雌斑鸠开始下蛋了，它们的鸣叫也有了间隙。

雌斑鸠下了两个蛋。斑鸠下蛋，惯例是两个。我不知道它孵出小斑鸠要花多长时间，便时不时进到鸡舍里，蹲在一条旧板凳上，俯视着那窝儿，又不愿意惊扰那抱窝的鸟，便没完没了地傻笑着，盼望它抬起身子，让我看看蛋是否破壳了。

一天早上，我正打算进去，发现齐鼻子高的鸟笼子底部有碎蛋壳，而蛋壳里面略带血丝。终于孵出来啦！可是，我想进入鸡舍去看新生的鸟儿，却目瞪口呆地注意到门关死了，上面锁了一把小挂锁。我认得这把锁，正是前天晚上里夏尔先生和我在小区市场上买的那把。

“这锁好用吗？”里夏尔先生问小贩。

“先生，这小锁和大锁一样管用。”小贩答道。

里夏尔先生和贝特朗太太见我把许多时间耗费在小鸟身上，十分恼火，决定阻止我这样做。这天中饭时，他们宣布自即日起，鸡舍上锁，钥匙由贝特朗太太保管，每天只能在下午四点钟吃点心时，可借给我一次。贝特朗太太要采取主动措施或实行处罚，可以随时收回钥匙。贝特朗太太说话时不动声色，甚至态度挺温和，但口气非常坚决。在宣布这个可怕的决定时，她脸上几乎没有一丝微笑。我克制住自己没有提出抗议，因为我有我的主意。这类廉价锁所用的钥匙，全都差不多一样。那天在里夏尔先生挑选时，我就注意到了这一点。花上几个子儿，我就能听见它们在口袋里叮当响哩！中饭后，我立刻溜出去，跑进市场。

我保证，我心里没有反抗意识的任何位置。无论那时还是后来，我绝不以欺诈为乐事。我认为我是与贝特朗夫人闹着玩，而绝非愚弄她。我指望从淘气中得到乐趣，可是竟然丧失了理智，看不到这种淘气在贝特朗夫人眼里会变成什么性质的问题。我热爱、尊重贝特朗夫人，甚至说过，我特别在意她的评价。我之所以有点闹情绪，主要是因为她用这种物质的手段来阻挠我，其实她只需要要求我顺从就够了。我正是想让她感觉到这一点。因为对事情认真考虑一下，她并没有明确禁止我进入鸡舍，而是阻止我进入，似乎……那么好吧，我们就让她看看她的挂锁能起多大作用。我要进入鸡舍，自然不能躲着她进入，如果不让她看见，就根本谈不上开心。我等待她在客厅里，才去开鸡舍的门，因为客厅的窗户正对着鸡舍（我已经在笑她的惊愕之状了）。打开鸡舍门之后，我会将两把钥匙都给她，请她放心。我从市场回来的路上，反复琢磨的就是这一切。诸位绝不要从我陈述的事理中去寻找逻辑，我的陈述颠三倒四，想到哪儿说到哪儿，并未稍加梳理。

跨进鸡舍时，我注意的主要是贝特朗夫人，而不是那几只斑鸠。我知道她此时此刻正在客厅里，所以盯住客厅的窗户。可是那里没有一点动静，仿佛她躲了起来。完全失败了！我总不能叫她吧。我等待着，等待着，最终不得不退出鸡舍，只瞥了一眼那窝小斑鸠，连钥匙也没从锁上拔下来，就回到了橘园里。那里有昆特-库尔斯[1]的一篇文章等待我翻译。面对作业，我隐约有些不安，不知道下午点心铃响时自己该怎么办。

四点钟之前几分钟，小布莱兹来找我，说他伯母想和我谈谈。贝特朗夫人在客厅里等我。等我一进门，她就站起来，显然是想镇住我。她等我朝她走近几步，说道：

“看来我把你看错了。但愿我是在与一个诚实的孩子打交道……你以为刚才我没看见你吧？”

“可是……”

“你一直往屋里看，担心……”

“那正是为了……”

“不。我不会让你解释一句。你的所作所为很恶劣。这钥匙你是哪儿搞来的？”

“我……”

① 昆特-库尔斯(Quinte - Curce)，公元一世纪拉丁历史学家。

“我不准你回答。你知道我们把撬锁的人关到什么地方吗？我不打算把你的欺骗行为告诉你母亲，她烦心的事太多了。稍许多想想你母亲，你就绝不敢干这种事了。”

她越说我越明白，我根本没有机会向她说明我的行为秘而不宣的动机。说实在话，那些动机，此刻连我自己也感到莫名其妙。现在冲动过去了，我对自己的恶作剧也另眼相看了，从中只看到愚蠢。总之，无能进行自我辩护而立刻导致的一种傲慢的顺从，使我接受贝特朗夫人的训斥而不感到脸红。我想，她在禁止我说话之后，现在该对我的沉默感到恼火了。我的沉默迫使她无话可说了还得继续说下去。我无法说话，而让我的双眼流露出雄辩。

“你认为我根本坚持不住了吧。”我的眼睛对她说，“从你认为我坏的那一刻起，我就不再尊重你。”

为了夸张地表示蔑视，我克制了半个月没去看那些小鸟。这对学习倒是十分有利。

里夏尔是一位好老师。除了求知的欲望，他对教书也颇有兴趣。他讲课不紧不慢，又不乏幽默，听他的课一点也不觉得枯燥。鉴于我什么都需要学，我们制订了一个复杂的时间利用表，但这个时间表老是被我顽固的头疼打乱。应该说，我的思想容易溜号。这方面，里夏尔先生倒是听之任之，一方面是怕我太累，另一方面也是天生的兴趣使然。上课往往变成漫谈。这也是家庭教师的通病。

里夏尔先生对文学有兴趣，但其文学修养不足以使其兴趣显得风雅。在我面前，他并不掩饰自己见到古典的东西就打哈欠。必须遵守教学计划，但他只满足于给我讲解辛纳[1]，朗诵《王上寻开心》。特里布雷对廷臣们的斥责令我落泪，我用呜咽的声音朗诵：

看吧，这只手，这只普普通通的手，
一个老百姓、农奴、粗人的手，
在嘲笑者眼里未握寸铁的手：
它没有剑呀，只有指甲，先生们！

这种诗的节奏如今我已无法忍受。可是在十三岁时，我觉得这是世界上最美的诗，它比下面这首更富有激情：

让我们拥抱吧，辛纳……

这是有人推荐给我欣赏的。我跟着里夏尔先生朗诵圣-瓦里耶侯爵的著名长诗：

在你床上，女人贞操的坟墓里，
你冷酷地用你下流的吻
败坏，断送，玷污，侮辱，毁灭

① 辛纳(Cina，Gaius Helvius)，古罗马诗人，创作时期为公元前一世纪，写过神话史诗《士麦那》。

普瓦蒂埃的迪亚娜和布雷泽的女伯爵①。

居然有人敢写这种事，还写成诗！这真让我充满抒情的心灵感到惊愕。因为在这些诗句里我所欣赏的，当然主要是放纵。十三岁去读这种诗，就是放纵。

里夏尔先生见我激动不已，像琴弦般颤抖不止，便决定对我的敏感进行罕见的考验，把他当时放在床头的两本书，黎施潘《亵渎神明的言论集》和罗里纳的《神经官能症》拿出来开始朗读给我听。奇怪的教育！

我之所以能准确说出阅读这两本书的时间，是因为我准确记得阅读这两本书的地点：我师从里夏尔先生三年，第二年冬天他住到了巴黎市中心，阅读《王上寻开心》、《神经官能症》和《亵渎神明的言论集》三本书的背景，是帕西那个小小的桂园。

里夏尔先生有两个兄弟。他弟弟埃德蒙是一个又瘦又高的年轻人，有过人的智力，风度翩翩，头年夏天给我当过家庭教师，是代替傻瓜加林的。后来我再也没见过他。他体质娇弱，不能生活在巴黎（最近我听说，自那时以来他在银行部门从事某种出色的工作）。

我到莱努阿街不久，里夏尔的二弟就住过来了。他仅比我大五岁，以前在格雷一个姐姐家生活。我了解他这个姐姐的生

① 普瓦蒂埃的迪亚娜(Diane de Poitiers，1499—1566)，法王亨利二世的情妇。布雷泽(Brézé，1410—1466)，法国军人、政治家，他的女伯爵是指安茹的玛格丽特。

活，因为头年夏天，埃德蒙·里夏尔对我母亲谈论过她。抵达拉洛克那天晚上，母亲亲切地询问他的亲人们的情况，他一五一十作了回答。母亲问：

“你没有姐妹，是吗？”

“有，太太。”他回答。他是个很有教养的人，虽然说单音词发音有点短促，回答了这句话后，又轻言细语补充说：

“我有一个姐姐生活在格雷。”

“哦，在格雷……”妈妈说，“她做什么工作？”

“她是糕点商。”

这次交谈是在晚餐席上，我的表姐妹们都在场。我们都中止了吃饭，听这位新来的家庭教师说话。这个来与我们一块儿生活的陌生人，只要稍许表现出自负、愚蠢或急躁，就会把我们的假期搞得一团糟。

埃德蒙·里夏尔在我们看来倒颇有魅力。不过，我们密切注意他的头几句话，以此为基础作出我们集体的评价。几个尚未涉世的毛孩子准备作出的评价，肯定是毫不宽容、不可收回的。我们并不喜欢嘲笑别人，我们的笑不带恶意，但都是一种疯狂的、抑制不住的笑：听到埃德蒙说“她是糕点商”这句话，我们都情不自禁地笑起来。然而，这句话埃德蒙说得很朴实、很爽直，也很勇敢——如果他预料到我们会笑的话。我们尽量忍住笑，因为我们觉得这极不礼貌。一想到他可能听见了我们的笑声，这段回忆就使我感到痛苦。

阿尔贝·里夏尔如果不说头脑简单，至少明显地不如他两个哥哥坦率。正因为如此，他的教育被严重疏忽。这个高高的小伙子，显得没有精神，目光柔柔的，一双手软软的，说话嘟嘟囔囔，人倒是热心，甚至殷勤，但不很机灵，以至于他对别人的关照所得到的回报，是无礼的对待多于感谢。尽管他不断在我身边转来转去，我们却很少一块儿聊天。我与他无话可说；他呢，说三句话就显得气喘吁吁。夏季的一个晚上，一个美丽而炎热的晚上，经过整整一天的辛劳，大家美美地歇息了。我们在凉台上聊天，久久不肯离去。阿尔贝像往常一样凑到我身边，我也像往常一样假装没看见他。我坐在旁边一点的秋千上。白天是里夏尔的几个孩子坐在上面晃来荡去，现在他们早已睡了。我用脚尖顶住地面，让秋千不再摆动。我感觉到我身边的阿尔贝也一动不动，靠在秋千的一根绳子上，使秋千微微摆动。他始终脸背着我，两眼望着城里的方向。那里万家灯火与天上的星星交相辉映。我们这样待了很长时间，直到他稍许动了一下，我才看他一眼。他也许就是等待我看他这一眼，这才用哽住的、几乎听不见的声音说道：

“你愿意做我的朋友吗？”

我对阿尔贝只怀有极一般的友爱，但除非对他怀有憎恨，否则不可能拒绝这样主动表示的情谊。我笨拙地、含糊地答道：

“哦，是的。”或者：“很愿意。”

而他呢，立即来个开门见山：

“那么，我让你看看我的秘密。来吧。”

我跟着他到了前厅里，他想点燃一支蜡烛，但手抖得厉害，连划了好几根火柴都没点燃。这时传来里夏尔先生的声音：

“安德烈，你在哪儿？你该去睡觉啦。”

黑暗里阿尔贝握住我的手。

“只好明天再给你看啦。”他顺从地说道。

第二天，他让我去楼上他房里。房间里有两张床，其中一张自埃德蒙·里夏尔走后，一直空着。阿尔贝一声不吭，走到放在一张桌子上的玩具柜前，用系在表链上的一把钥匙打开柜门，从里面拿出十一二封用粉红缎带捆扎的信，整个儿一捆递给我：

“给！你全都可以看。”他很冲动地说。

老实讲，我根本不想看。这些信字体都一样，是出自一个女人的手笔，纤细，平匀，没什么特色，像是一位会计或供货人写的，平平板板，使人一点好奇心都没有。可是，我无法回避：要么看，要么给阿尔贝一次无情的侮辱。

我以为这些信是情书，可是不是。这是他姐姐即格雷那位女糕点商写的信，一些可怜、忧伤、哀怨的信，所涉及的都是需要支付的票据，付款期限已到，逾期未付，等等。最后这个可怕的词语我是头一回读到。我理解了其中的一些暗示和迟疑，那是要阿尔贝放弃他该得的父母那份遗产，转让给他姐姐。我特别记得其中的一句话：“即使这样做了，唉！也不足以支付那些逾期未付的票据。”

阿尔贝退开了让我看信。我坐在一张未刷油漆的木头桌子边，就在拿出这些信的那个小柜前面。小柜门没有关上，我一边看信，一边斜视着里面，担心里面再冒出一些信来，但小柜已是空的。阿尔贝伫立在敞开的窗前，这些信他显然已记得烂熟，我觉得他正远远地跟着我在阅读。他大概盼望我说几句同情的话，可是我不知对他说什么好，因为我讨厌夸大其辞地表示激动的心情。金钱方面的悲剧，是最不可能给一个孩子带来什么美感的悲剧。我觉得它们毫无美感；必须有某种美才能使我产生激情。我终于产生了一个念头，问阿尔贝是否有他姐姐的照片。这既避免了我说谎话，又表示我对这事还是有兴趣。他连忙哆哆嗦嗦从皮夹子里找出一张照片。

“她多么像你！”我惊叫道。

“啊！可不是吗！”他突然兴高采烈起来。我这句话不经意说的，而对他比一种友好的表示还带来更大的慰藉。

“现在你知道了我的全部秘密，”我把照片还给他后，他说道，“你也会把你的秘密告诉我，不是吗？”

在阅读他姐姐的信时，我漫不经心地提到过爱玛妞。与这些毫无吸引力的唉声叹气相比较，我那位女友美丽的面容多么光彩照人！我曾发誓一辈子爱她，想到这里我的心飞到了快乐之乡；我心灵深处已经躁动着模糊的雄心和许多朦胧而微弱的欲望；歌声、笑声和跳荡的谐音伴随着我的爱情……听到阿尔贝的问话，我这颗充满幸福的心，跳到嗓子眼里又抽紧了。“我可以在他的贫困面前，体面地炫耀我的财富吗？”我想，“能够从我的财富上掰下一些碎片吗？啊，怎么！这巨大的财富可是一个整体，是不能分割成金币的金锭啊！”我又看一眼那些信和那个空空的小柜。阿尔贝正认真地用缎带重新捆扎那些信。他又一次问我：

“告诉我你的秘密吧，好吗？”

我答道：

“我没有秘密。”

六

科马耶街是穿越一座座花园而开辟的一条新街。它通向巴克街，就在接近巴克街的好长一段距离，那些花园隐藏在一些具有保护作用的高房子的门面后头。这些高房子可通车辆的大门偶然敞开着，路人惊异的目光便可好奇地投向不可企及、神秘莫测的深宅大院，投向私人邸宅花园。那些花园后面还有其他花园：部长们和外交使团官邸花园、佛图尼奥花园。它们都受到小心翼翼的保护，但有时站在附近最现代化的住宅窗口，可以享受昂贵的特权，俯视这些花园。

客厅的两个窗户、图书室的窗户，还有母亲的卧室和我的卧室的窗户，都朝向这类令人赞叹的花园中的一个。那座花园与我们仅一街之隔，而那条街只有一边盖有房屋，另一边即房屋对面，仅有一道矮墙，只能挡住最低几层楼的视线。我们住在五层楼。

母亲和我通常待在她的卧室里，我们常在里面饮早茶。我说的已是第二年，里夏尔先生搬回巴黎市中心去住了，我现在只是他的“半寄宿生”，就是说每天回家吃晚饭和睡觉，早上在玛丽开始给母亲梳头时又赶去。因此，那持续半个钟头的梳头，我只有放假的日子才看得见了。母亲披条白色披肩，坐在窗前明亮之处，而玛丽在她对面支面镜子，支得母亲刚好可照得见。那是一面椭圆形的高脚镜子，铰合在可随意升降的三脚金属杆子上，金属杆子中部有一个小小的圆盘，用来放梳子、刷子之类。母亲手里拿张头天晚上的《时报》，交替地看两三行，又往镜子里看几眼。她看见自己头的上部和玛丽拿着梳子或刷子来势汹汹的手。玛丽干什么都是一副怒气冲冲的样子。

"哎哟！玛丽，你梳得我好疼！"母亲呻吟道。

我躺在两张大扶手椅的一张里看书。那两张扶手椅一左一右，把壁炉旁边塞得满满的（那是一种很大的扶手椅，包石榴红天鹅绒，在鼓鼓囊囊的坐垫下，椅子的框架甚至连形状都看不出来了）。我抬起眼睛端详一会儿母亲美丽的侧影。她的轮廓天生端庄而甜润，只是线条偶尔稍显生硬，那是因为披肩过白衬托的效果，也是因为玛丽将她的头发往后梳时她自己往前挣拽所致。

"玛丽，你不是在刷，而是在敲打！"

玛丽停顿片刻，然后又更厉害地敲击起来。报纸从母亲的膝头滑落了，她只好逆来顺受啦，两手相互握住，手指刚好对应交叉，这是她的习惯动作，只是两个食指相互顶住，弓起来对着前方。

"太太最好自己做头发，那样就不会怨三怨四了。"

可是，母亲的发型做起来要有点技巧，没有玛丽的帮助是难得做好的。整个头发从当中分开，发辫从下面盘绕上来，结成一个扁平的发髻；两鬓那两绺光润的头发，用发卡别得恰到好处地隆起。那时到处都做这种发型，那是注重式样的丑陋时代。

玛丽并不能真正直言不讳，妈妈绝不会容忍的。她只说些俏皮话；几句话带着啸声脱口而出，是被压抑的怒气憋出来的。在她面前，妈妈有点气得发抖，如果她在往餐桌上端菜，就等她出去了才说：

“我对德茜蕾一遍又一遍算是白说了（这句话是对姑妈克莱尔说的），她这蛋黄酱醋还是放得太多。”

德茜蕾接替了玛丽过去最喜欢的人德尔菲娜，但不管厨娘是谁，玛丽总是站在她一边的。第二天我与她一起外出，便以最卑劣的告密者的口气对她说：

“你知道，玛丽，德茜蕾如果听不进妈妈对她说的话，我不知道我们是否还能留用她（这样说也是想显得我自己了不起）。昨天她的蛋黄酱……”

“还是醋放得太多，我知道。”玛丽一脸报复的神气打断我。她抿住嘴唇，忍住笑，过了一会儿，等气氛相当紧张时，又迸出一句：

“得了吧，你们都嘴刁！”

玛丽并非对一切美感都无动于衷，但是对她和对许多瑞士人而言一样，美感是与高度感混为一谈的，正如她的音乐感仅限于感恩歌一样。然而有一天，我在弹钢琴时，她突然进到客厅里。我当时弹奏的是一首浪漫曲，没有歌词，表现力相当平淡。

"瞧，这至少算得上音乐。"她忧郁地摇着头说道，"我问你，这是不是比你所有那些三重奏更好听？"

凡是她听不懂的乐曲，她不分青红皂白统统称为"三重奏"。

戈克琳小姐的课据认为还不够，我又被托付给一个男老师，而这个男老师，咳！也好不到哪里去。梅里曼先生是普莱耶琴行的调琴师，把钢琴演奏的行当作为职业，虽然毫无天赋，只是勤学苦练，才在音乐戏剧学院捞了个一等奖，如果我没搞错的话。他的琴弹得准确、干脆、冷冰冰，多半属于算术的范畴，而不属于艺术的范畴。他往钢琴前面一坐，人家就觉得是一位管账的坐到了银箱前面。在他的手指下，二分音符、四分音符和八分音符混在一起。他在核对曲子。他无疑可以对我进行技巧训练，但对教学毫无兴趣。跟他学习，音乐变成了枯燥无味的东西。他师从的是克拉默[①]、施泰贝·杜塞克[②]，至少是他主张我奉为楷模的那些人。贝多芬在他看来淫荡好色。他每周来两次，挺准时。所谓上课，就是几个单调的练习，而且对手指的训练毫无益处，只是愚不可及的常规练习，几个音阶，几个琶音，还有嘛，让我开始反复练习堂上教的曲子的最后八个节拍，即最矫揉造作的几个节拍。而后，他用铅笔在八音步以外写了一个大V，标明要干的工作，就像伐木把要砍倒的树先标出来。这时挂钟响了，他一边站起来一边说：

"下一次你学习后面的八个节拍。"

---

① 克拉默(Johann Baptist Cramer，1771—1858)，德国钢琴家、作曲家。

② 杜塞克(Jan Ladislav Dussek，1760—1812)，波希米亚钢琴家、作曲家。

从来没有任何解释。从来没有任何意思要唤起——且不说我对音乐的兴趣或我的敏感性（怎么谈得上这一点呢？），连唤起我的记忆力或判断力都谈不上。正当成长的年龄，灵巧和理解能力强，我什么样的进步不能取得，如果母亲立即把我托付给那位无与伦比的老师的话？对我而言，这位老师就是稍晚（唉，太晚了！）遇到的德·拉努克斯先生。可是，在要命地磕磕绊绊两年之后，我脱离了梅里曼，却落到了施夫马克手里。

我承认，那时找一位好老师不像如今这么容易。学校尚不培养老师；整个法国的音乐教育还有待开展。再者，我母亲所交往的阶层，对音乐教育基本上一窍不通。不可否认，母亲为了了解情况和为了我的教育，做了很大的努力，可是她的努力被误导了。施夫马克是她的一位女友热情推荐给她的。

施夫马克先生头一次来我们家，就向我们介绍了他的方法。这是一个胖老头儿，容易激动，气喘吁吁，脸像炉膛一样通红，说话含含糊糊，带着哨音，唾沫四溅。仿佛他整个人处在压力之下，让里面的气体释放出来。他有着刷子般的头发，蓄着颊髯。头发和颊髯都雪白，像正在脸上融化，不得不时时用手绢去擦。他说：

“其他老师说什么啦？必须进行练习，练习，喋喋不休。可是我进行练习了吗？让我清静点！我们要通过弹琴学习弹琴，就像说话一样。是吧，太太，你是明白事理的。难道你会同意借口你儿子整天要运用语言，就每天早上让他进行语言练习：啦，啦，啦，格啦，格啦，格啦？（这时，母亲的确被施夫马克带唾沫星子、滔滔不绝的话吓坏了，将椅子明显地往后挪了挪，而施夫马克立即将自己的椅子向前挪了同样的距离。）一个人话多或者话少，都是说他要说的话。弹钢琴吗，十个指头总足以表达自己的感觉了。唔！如果你什么感觉也没有，即使每只手有十个指头，又有何用！”说到这里，施夫马克哈哈大笑，直笑得透不过气来，接着是咳嗽，咳得又有一阵透不过气来，憋得直翻白眼，过一会儿掏出手帕抹一把脸，又用手帕扇风。母亲说要去给他倒杯水来，但他示意不要紧，最后挥动他的两条小胳膊，踢踢他的两条短腿，解释说他愿意同时又笑又咳，响亮地“嗯”一声，转向我说：

“那么，小家伙，懂了吗？再也不会有练习。瞧呀，太太，瞧这个小滑头多么高兴！他已经在想啦，跟施夫马克老爹一块学不会感到无聊啦。他是对的，这孩子。”

母亲被这么多滑稽动作弄得眼花缭乱，惊愕不已，但还是挺开心，不过对这种取消强制和努力的方法并不太赞同。她对生活中的一切事情都竭尽全力，无论做什么都从头至尾专心致志，这时千方百计想插话，却连一句完整的话也插不上。透过那唾沫横飞、滔滔不绝的话，只听见她的声音说：

“对……只要……不过他并不要求……当然……条件是……”

施夫马克突然站起来。

“现在我来弹奏点什么吧。以免你们想：这个钢琴老师只会说。”

他打开琴盖，敲出几个和弦，就开始弹奏斯蒂芬·海勒的一首短小的铜管乐练习曲。他弹得昏天黑地，震耳欲聋，倒也欢快活泼。他那双小手短短的，红红的，手指几乎没有动，仿佛是用双手在搓揉钢琴。他的弹奏，丝毫不能唤起我对曾经听到的或可能听到的任何音乐的联想。所谓技巧，对他来说根本谈不上。我想他仅仅是用一个音阶颠来倒去地弹，而且他所弹奏的曲子，听起来并不完全是人家写的那首曲子，而是某首相似的曲子，充满激情、趣味和诡异。

他从我的生活中取消了练习，我并不特别感到高兴。我已经喜欢学习了，换老师就是为了有更大进步。我怀疑师从这个怪人是否……他抱着一些稀奇古怪的原则，例如这么一条：手指在琴键上永远不要待住不动。他虚拟这手指继续支配着音符，就像小提琴演奏者的手指，或者像直接放在颤动的琴弦上的琴弓一样，因此幻想增大或减弱这个音符的声音，根据手指在琴键上是往前深入，抑或相反往自己身前移动，而随心所欲地弹出一种声音。正因为这样，他的手是那样奇怪地来回移动，好像在搓揉整首曲子似的。

他的课突然在一个可怕的场面中结束了。那场面是这样发生的：我说过施夫马克肥胖。母亲担心客厅里那些小椅子太过单薄，承受不了这样一个大胖子的重量，便去前厅里找来一张结实的椅子。那张椅子是包单面仿皮漆布的，挺难看，与客厅里的家具极不协调。她将这张椅子放在钢琴旁边，将其他椅子挪开，说道："这样他就会明白他该坐在哪儿。"头一堂课平安无事，椅子挺牢固，经受住了那庞大的躯体的压迫和乱动。可是第二堂课，可怕的事情发生了：仿皮漆布大概在头一堂课被他蹭软了，开始粘在他的裤子上，而我们，唉！只是在课快结束，他想站起来时才发觉。白费劲！他粘在椅子上，椅子粘在他身上啦。他那条薄薄的裤子（其时正是夏天）如果再旧一点，裤裆就留在椅子上了，那肯定无疑。经过几秒钟的焦急不安……接着，嗤！他再一用力，是仿皮漆布让了步，它像是为了和解，慢慢地，慢慢地脱离了整个漆布。我按住椅子，懊丧不已，根本不敢笑；他呢，往前一扯，说道：

“天哪！天哪！这究竟搞的什么鬼名堂？”一边竭力扭头从自己肩头上看漆布怎样被扯下来，他的脸因此更涨得通红。

幸好什么都没有扯裂，没有扯出口子，仿皮漆布完完整整的一块让他粘走了，只将他那肥臀的印痕留在了椅子上。

最令人莫名其妙的是，他直到下堂课才发火。这天不知他怎么回事，上完课，我送他到前厅里，他突然大发雷霆，破口大骂起来，说我玩的把戏他看得一清二楚，我是一个“伪君子”，他再也不能忍受人家这样捉弄他，再也不会迈进一个把他当成草包的人家的门槛。

他果然没有再露面。过了一段时间，我们从报纸上获悉，他在一次划船比赛中淹死了。

客厅里放着钢琴，所以我很少进去。平时，客厅的门总半掩着，家具受到仔细的保护，罩着带鲜红细格的高级密织白色薄纱。套上罩纱的家具，形状非常分明。所以经过每个礼拜三，即母亲接待客人的日子的一番展示，礼拜四再给它们套上罩纱，真称得上一种乐趣。薄纱有巧妙的窝边，用小小的夹子夹在椅背的套子上。这样套上罩纱的客厅，得体，朴素，夏天百叶窗一关，里面凉丝丝的。我真不知道，我是更喜欢这罩上的客厅，还是更喜欢那把沉郁、不协调的华丽展示于人们眼前的客厅。有不同式样的带软垫的椅子，一些包蓝色锦缎、烫老式金边的扶手椅；窗帘也烫有这样的金边。这些椅子都靠墙摆着，或者摆成两排，从客厅中央开始，一直摆到壁炉的两边。有两张扶手椅比其他扶手椅气派得多，其豪华令我眼花缭乱。我知道它们包的是“热那亚绒布”，但难以想象何种复杂的织布机能织出这种布。这种布既像天鹅绒，也像镂空花边，又像刺绣品，呈浅栗色。这两张扶手椅的木头是黑色和金色的。我没有得到允许坐这两张扶手椅。壁炉台上摆着几个枝形大烛台和一个镀金铜座钟，那座钟是普拉迪埃雕刻的萨福端庄的雕像①。还有那盏枝形吊灯和那些壁灯，怎么介绍呢？直到有一天，我才大胆地相信，所有讲究的客厅里的枝形吊灯，并不一定都是水晶吊灯，就像我们家客厅的吊灯一样。这一天，我算是在摆脱思想束缚方面向前迈了一大步。

壁炉前面挂毯式的隔热屏上绣有几朵犬蔷薇花，下面是一座中国式的桥。那蓝色的屏至今还浮现在我的眼前。竹子做的框架上，装饰着一些坠子，丝绸的流苏左右摇来摆去；那些流苏坠子像屏幕一样也是蓝色的，一对一对用金丝拴在贝壳做的鱼的头部和尾部。后来有人告诉我，这幅挂毯是母亲在新婚期间偷偷绣制的。父亲生日那天，他进书房时，看见墙上挂着这

① 普拉迪埃(Pradier，1792—1852)，法国著名雕塑家。萨福(Sappho，约前7—前6世纪)，古希腊著名女诗人，以文笔优美而世代著称。

幅挂毯，心里很觉得不是滋味。平常那么温和又那样钟爱我母亲的他，差点儿发火了：

“不，朱丽叶特！”他大声说道，“我求你啦。这是我的书房，至少这个房间，就让我一个人按照我的方式布置吧。”

而后他谈到舒适问题，他让母亲相信，这幅挂毯他挺喜欢，但更希望把它挂在客厅里。

父亲去世后，我们每逢星期日总与克莱尔姑妈和阿尔贝一块吃晚饭，不是我们去他们家，就是他们来我们家。我们并不因为他们到来而掀开客厅家具上的罩纱。饭后我和阿尔贝开始弹钢琴，姑妈和母亲坐到大桌子旁。大桌子上照亮的是一盏油灯，灯罩是当时时兴的那种复杂的灯罩，如今已经见不到那种式样的了。每年同样的时候，我和妈妈都要去土尔隆街一家纸制品店里，挑选一个新灯罩。那家店里有各式各样的可供选择。不透明的纸板上，镂刻有凹凸花纹，凹处五颜六色薄薄的纸漏出缕缕光线。那真迷人。

客厅桌子上铺着厚厚的天鹅绒桌布，镶着丝毛织的宽边。我想这镶边是住在M街时，安娜和妈妈耐心地织成的。这镶边超过了桌面，垂在桌子四周，所以要站远一点才能欣赏。它呈螺旋形流苏状，上面织有牡丹和饰带，或者至少是可视为这种图案的扭曲的黄颜色东西。这宽边是颇费了一番功夫才镶在天鹅绒上的，就是说给天鹅绒做了一些假突，形成规则的锯齿状，深入镶边，与之搭接、咬合。但是，天鹅绒毫不在意是否与镶边协调，它宁可与扶手椅的热那亚绒布协调，也是浅栗色，而它与镶边的搭接部分是嫩绿色。

姑妈和母亲玩牌，我和阿尔贝专心弹奏莫扎特、贝多芬和舒曼的三重奏、四重奏和交响曲，狂热地看谱即奏德国和法国出版界向我们提供的一切适合四只手联弹的曲谱。

我几乎成了阿尔贝的才干的一部分。这话并非言过其实。正因为如此，我们能够一块儿享受音乐带来的乐趣，这是我所体验过的最强烈、最深长的乐趣。

我们一直不停地弹奏，两位太太则不停地闲聊。她们常常趁我们弹奏得最响亮时提高说话的嗓门，可是当我们弹奏得最轻柔时，她们的嗓门也不降低。她们完全不想静心听一听，这令我们很难过。我们有两次得以在静静的气氛中弹奏，那真令人心醉神迷。妈妈撂下我好几天，那情况我马上就要谈到。阿尔贝够交情，连续两天过来和我一块儿吃晚饭。诸位想必已明白我这表兄对我意味着什么，那么诸位必然会明白，我能单独一个人拥有他，而他仅仅是为我而来，这对我来讲是多么快乐的节日。夜里我们一直弹奏到很晚，我们弹奏得那样美妙悦耳，想必连天使也听得见。

妈妈去了拉洛克。我们的一个农庄里发生了伤寒流行病。这件事妈妈没能更早获悉。她是去救护病人的，认为这是自己的义务，因为那些人是她的佃农。克莱尔姑妈试图阻止她，说她固然对佃农负有义务，但首先是对儿子负有义务；她去救护起不了多大作用，却要冒很大危险。姑妈其实还可以补充说，那些人对农庄还相当生疏，却又固执又贪婪，对于母亲这种无私的行动，根本不懂得赞赏。阿尔贝和我非常不安，随声附和，因为农庄里已经死了两个人。劝阻、恳求都无济于事。凡是母亲认为属于自己义务范围的事情，不管有多大障碍她都要完成。这种义务之所以一直没有明显地显示出来，是因为母亲使自己的生活里充满了许多意外的挂虑。义务的概念，在母亲身上往往化为许多琐细的责任。

鉴于我要常常谈到母亲，所以我指望我正在回顾的有关她的情况，足以描绘出她的形象。不过我又担心，让读者看到的这个“至诚至善的人”有许多缺点（我用“至诚至善”这个短语，是取其最具福音书的含义）。她总是努力去做善事，总是努力做得更好，不做到自己满意绝不罢休。谦虚对她来讲根本不够，她不断地努力减少自己的缺点或她发现的别人的缺点，努力纠正自己也纠正别人，努力学习。父亲在世的时候，这一切都服从于、融汇于一种崇高的爱情。她对我的爱也许只稍稍弱一点，可是她过去对父亲彻底顺从，现在则要求我彻底顺从。由此产生了种种冲突，使我确信我完全像父亲。与先辈最深刻的相似要很晚才表现出来。

暂时嘛，母亲很关心自己的修养和我的教养，对音乐、绘画、诗歌，总而言之对一切高于她的东西充满了敬意，尽最大努力启迪我的，也启迪她自己的兴趣爱好和判断能力。如果我们去参观一个画展——《时报》向我们介绍的画展，任何一次我们都没有错过——就一定会带上评介这次画展的报纸，而且当场重读评论家的评价，生怕胡乱欣赏或者不能全部欣赏。至于音乐会，当时的节目有限、单调又小家子气，欣赏错的可能性很小，只需听、赞赏和鼓掌就成了。

妈妈几乎每个星期日带我去帕德鲁[①]乐团。不久，我们在音乐学院订购了年票，连续两年每两个星期日有一天去那里听音乐会。那些音乐会有些给我留下了深刻印象，有些东西虽然我还不到能够理解的年龄（妈妈七九年就开始带我去），但同样培养了我的敏感。我什么都欣赏，几乎不加区别，像这种年龄的孩子不可避免的那样，几乎不加选择，一味如饥似渴地欣赏：C小调交响曲和苏格兰交响曲，由里特（或里斯勒）一个星期日接一个星期日在帕德鲁乐团演奏的莫扎特协奏曲组曲。还有菲利普·大卫的《荒漠》，这首曲子我听过好几回，帕德鲁和观众装出对这首可爱的杰作抱有特别浓厚的兴趣。如今人们也许会觉得这首曲子有点过时且缺乏深度。我被这首曲子迷住了，就像被图尔内米纳一处东方景致迷住了一样。在玛丽陪同下头几次去卢森堡公园参观的时候，我觉得它是世界上最美的景色：石榴红和橙红的夕阳，映在平静的水里，在这样的背景之下，几头大象或骆驼伸长鼻子或脖子在饮水；远处一座清真寺将它的尖塔耸向天空。

尽管最初的“音乐时刻”某些回忆十分强烈，其中有件事的回忆却使其他回忆黯然失色。那是八三年，鲁宾斯坦来埃拉尔音乐厅举行一系列音乐会，节目单把钢琴演奏列在最前面，这种安排一直保持至今天。我没有去听每场音乐会，因为正如妈妈所说，门票“贵得出奇”。我只听了三场，所留下的回忆是那样鲜明、那样清晰，有时我不免想，这是否就是鲁宾斯坦

① 帕德鲁（Pasdeloup，1819—1887），法国乐队指挥。

本人留下的回忆，抑或是我自那之后反复研读过多次的那些曲子留下的回忆。啊，不。我重新听到的、眼前重新浮现的正是他。至于他演奏的某些曲子，例如库伯兰的几首曲子、贝多芬的升C小调奏鸣曲（op. 53）、采勒的E大调回旋曲、舒曼的《先知鸟》等，后来我总是只有通过他才能听。

他声望很高，像贝多芬，有些人说他是贝多芬的儿子。我没有去核实他的年龄是否使这种假设很可能是真的。他一张脸扁平，颧颊突出，前额宽阔，但一半淹没在浓密的头发里，眉毛乱蓬蓬，目光时而涣散时而威严，下巴显示出倔强，唇厚的嘴总露出莫名其妙的恼怒表情。他不吸引人，而是征服人；神色惊慌显出一副醉态，有人说他常常是这样；他演奏时闭着眼睛，仿佛无视听众的存在，看上去不太像在弹奏一首曲子，而是寻觅、发现或者逐渐创作一首曲子，并非即兴创作，而是在内心强烈的幻象中，在渐进的默启中创作；这种默启令他自己感到惊喜莫名。

我去听的三场音乐会，第一场是演奏古典音乐，另两场是演奏贝多芬和舒曼的作品。有一场是专门演奏肖邦的作品，我很想去听，可是母亲认为肖邦的音乐“不健康”，拒不带我去。

翌年，我去音乐会少了，更多的是去剧院，奥德翁剧院、法兰西人剧院，特别是喜歌剧院。当时上演的保留剧目中几乎全部节目我都听了，例如格雷特里、布瓦埃迪欧、埃洛尔德[1]

---

① 格雷特里（Grétry，1741—1813）、布瓦埃迪欧（Boïeldieu，1785—1858）、埃洛尔德（Hérold，1791—1833）都是法国作曲家。

等人的作品。他们的作品当时令我心旷神怡，如今我则觉得无聊得要命。唔，我觉得无聊的不是这些富有魅力的大师，而是戏剧音乐，是一般的戏剧。剧院我过去是不是去得太多了？一切都在意料之中，一切都程式化，一切都显得过分，一切都枯燥乏味……不留神偶然进了一间演出厅，如果不是旁边有位朋友留住我，我很难等到头一次幕间休息而不（至少得体地）离开。最近是因老鸽舍剧院、科波[①]的艺术和热情，以及他的剧团愉快的情绪，我对舞台的乐趣才稍许有点好感。不过这里暂不发议论，而再来谈我的回忆。

两年以来，一个年龄与我相仿的孩子来与我共度假期。妈妈想方设法给我找来这个伙伴，认为这有双重的好处：一是让一个很不幸运的孩子呼吸到乡间的新鲜空气，这个孩子本来整个夏天都没法离开巴黎；二是让我摆脱钓鱼那种过分静止不动的乐趣。阿尔芒·巴夫莱泰尔的职责就是陪我散步。他是牧师的儿子，这是确定无疑的。头一年他是跟埃德蒙·里夏尔来的，第二年是跟里夏尔老大来的。我已经是里夏尔老大家的寄宿生。这应该是个瘦弱的孩子，容貌清秀，娇弱，几乎称得上漂亮，目光很有神，一副怯生生的样子颇像只松鼠。他天生淘气，感觉自在时便立即有说有笑。但是头一天晚上，在拉洛克那间大客厅里，这可怜的小家伙，尽管受到安娜和母亲亲切的欢迎，仍感到非常陌生而抽抽噎噎哭起来。我也是衷心欢迎他

① 科波(Jacques Copeau，1879—1949)，法国演员、评论家和戏剧导演。带头对二十世纪初期戏剧艺术中的现实主义发起攻击。1913 年建立老鸽舍剧院，试图通过几乎空无一物的舞台，使观众的注意力完全集中在演员身上，以图革新法国戏剧。

的，所以对他哭哭啼啼的样子，不只是感到意外，而几乎有些反感了。我觉得他辜负了母亲的关怀，几乎认为他冒犯了母亲。我真不明白的，在穷人眼里，富裕人家究竟显示出怎样令人憎恶的面孔。然而，拉洛克那间客厅并没有任何奢华之处。只不过，在这里你觉得自己可以免遭一大堆忧虑——贫困引起的啼饥号寒的忧虑的困扰。阿尔芒是头一回离开自己家里人。我想他属于那种凡是见到自己不熟悉的东西就感到别扭的人。不过，头天晚上令人不愉快的印象并没有延续多长时间。他很快就被母亲，还有安娜哄住了。安娜有充分的理由能够更好地理解他。我吗，有一个伙伴很高兴，把钓鱼竿收了起来。

我们最开心的事情就是去森林里到处跑，像阿肯色设陷阱的猎人们那样。居斯塔夫·艾玛尔给我们讲述了这些猎人的冒险故事。他们不屑于走现成的路，无论遇到灌木丛还是沼泽地，都不后退。相反，灌木丛越密，不得不膝盖和双手着地，甚至腹部着地，艰难地匍匐前进，我们就越高兴，因为我们认为绕道走不光彩。

我们经常在黎歇谷度过星期日的下午，一块儿玩捉迷藏游戏。那可是惊心动魄，充满各种意想不到的情况，因为是以整个大农庄为范围，每座谷仓、每间库房，任何一座楼房，都可以躲藏。对这里每个神秘的角落都了如指掌之后，我们便去拉洛克寻找新的神秘地方。廖内尔和他姐姐布洛迪娜也来玩。我们去韦斯克大院（我父母称为主教大院）农庄。在那里，在这个处处充满意外的新环境中，捉迷藏的游戏玩得更起劲。布洛迪娜和阿尔芒一块儿，我与廖内尔一起儿；一方寻找，一方躲藏，躲在柴火堆、干草堆、秣秸堆里。我们爬上屋顶，管它什么洞、翻板活门，都要钻过去。瞧压榨机上面这个危险的洞，往里一钻，苹果堆便会坍塌下来。在对方的追寻下，你会变化出许多绝技……但不管这追寻多么妙趣横生，真正最大的乐趣，也许是接触大地的财富，钻到丰收的果实里，沐浴在各种各样的芬芳之中。啊！晒干的苜蓿的清香，猪圈、马厩或牛栏刺鼻的气味，压榨机散发的醉人的香味；那边更远处，在大木桶之间流动的冰凉的空气，夹带着酒桶的酒臭味，还有一丝丝霉味。是的，后来我体验到了酿葡萄酒时那醉人的蒸气。不过正如苏拉梅特酒，它是要求以苹果为主要原料的，我喜欢的正是苹果酒的这种醇香，胜于喜欢葡萄酒那种甜腻腻的味道。谷仓里光滑的地板上倾倒了金黄的麦粒，堆得高高的，四周斜斜的。廖内尔和我见了，便脱掉外衣，把衬衣袖子卷得高高的，将胳膊插进麦堆里直及肩膀，感受细细的、新鲜的麦粒在张开的手指间滑落。

有一天我们商定，我们各自秘密地布置一间私人住宅，然后每人轮流邀请其他三人到自己家里做客，被邀请的三个人都要带点心。命运安排我头一个做。我选定了一块白色、光滑、外观非常好看的巨大石灰岩，作为我的住宅。它偏僻地处在一大丛荨麻中间。这些荨麻，我必须奋力一跃——借助一根撑杆，铆足劲一撑才能跨过去。我给自己漂亮的住宅取名为“何不居”，然后端坐在那块巨石上，像踞于宝座之上。其他三个人看见将我与他们隔开的荨麻围墙，都高声叫起来。我把我用过的撑杆递给他们，让他们跳过来。可是他们并没有拿起撑杆嘻嘻哈哈跳过来，却带着撑杆连同点心飞快地逃跑了，把我一个人撂在这个偏僻的鬼地方。没有撑杆帮助，我要出去可太难了。

阿尔芒·巴夫莱泰尔只在我们家度过两个夏天。八四年夏天，我的表姐妹们也都不来了，就是来时间也很短。我一个人待在拉洛克，便更经常与廖内尔过往。我们不乐意在星期日公开相会，而早已谈妥这天我去体验黎歇谷的生活。我们像真正的情人相互约会。偷偷赴约时，心怦怦乱跳，思想上激动不已。我们合计找了一个小小的藏物处，作为我们自取邮件之处；为了确定在何时何地相会，我们相互写一些古怪、神秘、带密码的信。这些信要借助于翻译密码的格子或秘诀，才能看得懂。信放在一个密闭的小匣子里，藏于一棵老苹果树根部的苔藓下面；那棵老树在树林子边缘的草地上，离双方的住宅都是一半的距离。我们彼此向对方夸张地表达的感情，也许正如拉封丹所言，有“一点点做作”，但绝没有虚伪。我们都向对方发过誓，要忠于我们的友谊。因此我想为了两个人重聚，就是赴汤蹈火也会在所不辞。廖内尔让我相信，这样的山盟海誓，必须有某种信物。他把一枚铁线莲花饰折为两半，一半交给我，自己保留另一半，发誓要把它像护身符一样佩在身上。我把我的一半花饰装在一个小绣花香袋里，像佩带圣牌一样挂在脖子上，紧贴着胸口，一直保留到初领圣体。

我们的关系尽管非常热烈，但并未掺杂丝毫肉欲的因素。首先廖内尔长得非常丑，而我呢，大概已经感觉到，自己在使思想和感官相结合方面笨得出奇。我想这种笨拙在我是相当特殊的，很快形成了我生活中一种基本的抵触。廖内尔呢，作为基佐合格的外孙，已显示出一些高乃依式的感情。有一天他离去时，我走到他面前，想兄弟式地拥抱他一下，他伸直胳膊推开我，一本正经地说：

“不，男人不相互拥抱。”

他怀着友情，想方设法进一步把我带进他的生活和他的家庭习惯。我说过他是孤儿，黎歇谷庄园是属于他舅舅的。他舅舅也是基佐的女婿，因为德 · R 兄弟俩娶的是两姐妹。R 先生是议员，应该直到去世都一直是议员，如果不是在德雷福斯事件开始的时候，他以非凡的勇气投票反对他自己那一派（这就是说他是右派）。此公非常善良，特别正直，但稍稍缺乏个性，缺乏才能，总之缺乏某种我也说不清楚的东西。这种东西能使他在这个人口众多的家庭的餐桌上，不仅仅凭年龄，也不仅仅表面上起支配作用。在这个家庭的餐桌上，年纪最小的成员并不总是最顺从的。这个出色的人已经感到，在妻子面前都难以充分保持面子了。妻子比他强，这令他不堪忍受。其实，R 太太性格很平和，很温柔，而且非常体贴人。她说话的语调和行为方式，丝毫不会流露出把自己的意见强加于人的意思。不过，她也许说不出什么很新鲜、很深刻的东西，但从来不会说了等于白说，而且所说的话都是明智的（在这里，我在我童年的回忆中，加进了一些更新近的回忆）。因此，她对所有人都有着实实在在的巨大影响，仿佛上天赋予了她绝对权威。我并不觉得她的容貌与基佐先生很相像，但她曾当过基佐先生的秘书，是他思想上的知己。她的声望肯定因为意识到过去这段经历的分量而提高了。

除了R先生，家里所有人或多或少都关心政治。廖内尔在他卧室里让我脱帽向奥尔良公爵一张照片行礼（当时我绝对不知道照片上是谁）。他哥哥在某省大肆进行竞选宣传，仍在选举中败北或再次落选。邮差从利西瓯送来邮件，当时全家人正在餐桌上用餐，每个人，不管是大人还是孩子，都立刻抓过一张报纸。大家都停止了吃饭，好大一会儿，我这个客人在整个餐桌周围连一张面孔都看不到了。

礼拜天早上，R太太在客厅里进行祭祀，父母、孩子们和下人们都参加。廖内尔权威地让我坐在他身边。我们跪在地上祷告的时候，他抓住我的手，紧紧握在他手里，仿佛要把我们的友谊作为牺牲奉献给上帝。

然而，廖内尔并不总是显得高尚。祭祀厅（我刚才说这是客厅）旁边是书房，一个宽大的四方形房间，贴墙壁都摆满了书，其中有《大百科全书》，旁边是高乃依的作品。那些作品伸手就可以拿得到，吸引着孩子的好奇心。廖内尔知道书房里没人时，就拿起那些书拚命地乱翻。一篇文章把他引到另一篇文章，篇篇文章都写得生动活泼，饶有趣味，铿锵有力。十八世纪这些鲁莽而过分的思想，颇能使人开心，吃惊，获得消遣，同时得到教益。我们经过书房时，廖内尔总用胳膊肘捅我一下（礼拜天旁边总是有人），眨眨眼睛，示意我注意那些非同一般的书。这些书我还从来没有时间去摸一摸呢。再说，我思维比廖内尔慢或者考虑的事情比他多，所以对这类事情远不如他那样好奇。读者明白我这话的意思吧。后来当他对我讲述他通过辞典进行的探索，告诉我他的发现时，我听着他讲述，惊愕多于兴奋。那些闪烁其词的话，我根本听不明白。第二年又有一回，他摆出一副高人一等、了解情况的样子（他很会摆出这副样子）告诉我，他在他哥哥已经不住的卧室里找到一本书，这本书有一个暗示性的题目：《一条猎犬的回忆》。我还以为是一本关于犬猎队的书。

但是《大百科全书》里的新奇东西了解完了，最后廖内尔从中再找不到多少可学的东西了。说来真奇怪得很，我们回过头来却读了一些非常严肃的书，而且这回两个人是一起读的。我们读的书有波舒哀[①]、费奈隆[②]和帕斯卡尔的作品。今年说明年，说话间我长到了十六岁，准备接受宗教教育了。我开始与表姐进行的通信，也使我的思想倾向于接受宗教教育。这年夏天过后，廖内尔和我仍不断见面，在巴黎我们轮流去对方家里。这个时期我们之间的交谈虽然是有益的，但是不知天高地厚。我们自以为是地“研究”前面提到的几位大作家，争相评论一些哲学著作的章节，而且选择最深奥的章节进行评论。《论欲念》、《论对上帝和对自己的认识》等著作被定期评断；我们醉心于浮华，觉得一切都旨趣不高，只要我们脚下不踩空；我们进行荒谬的评注和长篇大论。这些东西今天我如果重新见到，一定会面红耳赤。不过，这倒使我们思想集中，可笑的主要是我们从中汲取的自满情绪。

① 波舒哀(Jacques-Bénigne Bossuet，1627—1704)，十七世纪法国天主教教士、演说家，支持法王路易十四，鼓吹绝对君权论。

② 费奈隆(François de Salignac de la Mothe-Fénelon，1651—1715)，法国天主教大主教、神秘主义神学家、文学家。

我与廖内尔的关系终结了，因为我们的友谊无法再坚持下去。这件事我不会有机会再来谈。几年间我们还继续见面，但所获乐趣越来越少。我的兴趣、我的观点和我写的东西，他都不喜欢。起初，他试图让我改弦更张，后来就不再跟我往来了。我想他出身的这个家庭的思想，只能对下保持友谊，我的意思是说，他们的友谊伴随着恩赐和保护。甚至在我们之间感情最热烈的时候，他也让我感觉到我的出身与他不同。蒙塔朗贝尔伯爵[①]与其好友科尔努德通信集刚刚出版。这本书（八四年的新版本）放在拉洛克和黎歇谷客厅的桌子上。廖内尔和我抑制不住冲动，赞扬这些通信。在这些信里，蒙塔朗贝尔伯爵俨然是一个伟人，他对科尔努德的友谊令人感动。廖内尔幻想我们之间也有这样的友谊，当然我是科尔努德。

大概也是因为这个原因，他不能忍受别人告诉他任何事情；一切他总比你先知道。有时他能把你自己的见解复述给你听，仿佛那是他的见解，而忘了他应该感谢你，或者把从你这儿听去的情况再自鸣得意地告诉你。一般情况下，他把从别人那里拾来的牙慧当做自己的看法。在我们发现缪塞的时候，我在一本杂志上看到他高谈阔论地甩出一句话："这里理发店的一位伙计，他心里装着一个美妙的八音盒。"这真让我乐坏了，因为这句话显然是荒谬的，但他却当成个人思考的成果！（如果不是在圣勃夫的《手册》里读到基佐同样喜欢说这类话，我可能就不会提起这种胡说八道了。）

---

① 蒙塔朗贝尔伯爵（Charles Montalembert，1810—1870），法国演说家、政治家和历史学家，十九世纪反对法国教会和国家中专制主义的斗争的领袖。

“那么阿尔芒呢？”

几个月期间，我还继续去巴黎看他，但间隔时间越来越长。他与他一家人住在A街，紧挨着中心菜市场。在那里他生活在他母亲身边。那是一个温和、持重、可敬的妇人。一块儿生活的还有他两个姐姐，其中一个年龄明显大一些，不愿抛头露面，而让自己显得微不足道，在妹妹面前深情地表现出自我牺牲精神。像通常情形一样，一如我所感觉的，她把一切最苦、最累、最没人愿意干的家务活儿，全部一个人承担下来。二姐与阿尔芒年龄差不多一样大，长得楚楚动人，简直可以说她所担当的角色，就是代表这个凄凉的家庭的魅力和诗意。可以感觉得出来，她受到所有人尤其是阿尔芒的疼爱，但阿尔芒疼爱她的方式有些古怪。这我后面会谈到。阿尔芒还有一位大个子哥哥，刚完成医学学业，开始寻找就诊者。在我的记忆中，我从来没有见过他。至于父亲巴夫莱泰尔牧师，大概把全部精力都花在广施仁慈方面，我还从来没见过他。某天下午，巴夫莱泰尔太太邀请阿尔芒的几个朋友吃点心，我们正在餐厅里分享三王来朝节饼，牧师突然令人印象深刻地出现了。啊！天哪！他长得多丑！这个五短身材，肩膀宽阔的人，有着大猩猩般的胳膊和手，庄重的牧师袍更增强了他相貌的丑陋。怎样形容他的头呢？花白的头发油乎乎的，直直的一绺绺蹭得衣领子也油光光的；一对眼球突出的眼睛在浓密的眉毛下乱转，鼻子难看地隆起，下嘴唇肿肿的，软软地向前耷拉着，呈青紫色，流着哈喇子。他一出现，本来挺活跃的我们这些人，顿时鸦雀无声。他只在我们之中待了一小会儿，说了几句无关紧要的话，例如：

“好好玩，孩子们。”或者：

“愿上帝保佑你们。”说罢就离开了，后面跟着巴夫莱泰尔太太。他有几句话要对她说。

翌年，在完全相同的情形下，他以完全相同的方式进到餐厅里，说了一句完全相同或相当的话，又以完全相同的方式离去，后面跟着他妻子。他妻子产生了一个不合时宜的念头，把我叫去介绍给他，因为直到此时他只知道我的名字。牧师把我拉到他身前，啊，真讨厌！我还没来得及躲避，他就亲了我一下。

我只见过他两次，但他给我留下的印象非常强烈。自那之后，他经常出现在我的脑海里，甚至开始徘徊在我打算写的一本书里。这本书至今我还没有说不写了。通过这本书，我可以稍稍散布我在巴夫莱泰尔家体验到的那种暧昧气氛。在这里，贫穷不再像富人们通常以为的那样，仅仅意味着缺吃少穿。你感到它是实实在在的，咄咄逼人的，难解难分的。它支配着人们的思想和心灵，触及最隐秘、最脆弱的地方，使生活精致的发条变形。如今在我看来一清二楚的事情，当初因为所受教育不够而无法理解。巴夫莱泰尔家许多反常现象我觉得奇怪，多半因为我没能很好地看出其根源，不善于时时事事把生活的拮据考虑进去。这个家庭出于羞耻心，想方设法掩饰它的拮据。我绝对不是一个娇惯坏的孩子。我说过，母亲总是保持着警惕，不让我在任何方面优越于不如我幸运的同学。但母亲从来没有企图让我摆脱自己的习惯，打破我这令人迷恋的幸福圈子。我身在福中不知福，正如我是法国人和天主教徒而不觉得一样。出了这个圈子，一切在我眼里仿佛都具有异国情调。正如我们所住的房子一定要有可通车辆的大门，或者像克莱尔姑妈所强调的："我们不能没有"可通车辆的大门；正如我们凡是出门旅行，一定得坐头等车厢；正如我们去戏院看戏，我无法想象凡是自我尊重的人，除了坐包厢，还能去别的地方就座。这样的教育将在我身上产生怎样的反作用，要谈论这一点还为时过早。我还处在这种年龄：一天上午，我带阿尔芒去歌剧院看戏。妈妈为我们订了两张四楼楼座的票，因为是头一回让我们单独去看戏，她觉得像我们这种年龄的两个小孩子，这种座位也就足够了。我觉得我们所坐的地方明显比平常高，一看周围的人又都像是平民百姓。我简直要疯了，赶紧跑到验票处，把口袋里所有的钱全掏出来，补了两张能坐回平常那种位置的票。应该补充说一说的是，每当我邀请阿尔芒而没有向他提供最好的东西，我心里就感到难过。

三王来朝节那天，巴夫莱泰尔太太邀请阿尔芒的朋友们来分吃三王来朝节饼。这个小节日我参加过好几回，但不是每年都参加，因为冬季这个时候，我们一般在鲁昂或南方。但一八九一年过后，我不得不又参加了一回，因为那位好心的巴夫莱泰尔太太，已经把我作为一位著名作者，介绍给其他多少都有些名气的年轻人。显然，安排这类聚会，也并非没有为阿尔芒年轻的姐姐未定的前途操心的意图。巴夫莱泰尔太太考虑，在这些小有名气的年轻人之中，说不定会冒出一个对象哩。可是，这种操心她却企图掩饰，甚至予以否认。相反，阿尔芒不顾脸面的介入，使这种意图昭然若揭。他利用三王来朝节这天聚会的机会，不管三七二十一，做种种最直截了当、最难以启齿的暗示。三王来朝节饼由他分，他知道饼内那粒蚕豆在什么地方，巧妙地让它落到他姐姐或者可能的求婚者手里。由于没有其他女孩子在场，他只能选姐姐做王后。这嘛，就当是开玩笑。阿尔芒肯定已经受到那种奇怪的病的折磨。这种病导致了他几年后自杀。他之所以热衷于这样做，我无法做出别的解释。不让姐姐流泪他绝不罢休。语言做不到这一点，他常常走到姐姐面前，揍她，掐她。怎么！他厌恶自己的姐姐吗？我想，相反他很爱她。姐姐的一切都使他感到痛苦，包括他让她遭受的这些屈辱，因为他是一个生性温情的人，绝不冷酷无情。可是，无形的魔鬼却以损害他的爱为乐事。在我们面前，阿尔芒显得神经质而又活泼，但无论对自己，还是对家人，对他所爱的一切，总表现得思想尖刻，正是这种尖刻的思想使他在贫困面前昂首挺胸。他常常把母亲企图掩盖的一切如污迹、物品不配套、衣物上撕裂了口子等，全都抖搂出来，既使母亲难堪，也使客人们感到不自在。巴夫莱泰尔太太慌了神，只好弃车保帅，来个半承认，而把其余一切掩饰过去，一迭连声地表示歉意："我知道，在纪德先生家里，三王来朝节饼是不敢放在一个有缺口的盘子里端出来的。"阿尔芒指出她是藏头露尾，一边不顾情面地哈哈大笑，或者嚷道："那是我搁过脚的盘子。""这使你大吃一惊吧，老兄！"从他嘴里神经质地发出的这类感叹，仿佛几乎与他无关。请想象这种场面的结局吧：阿尔芒讽刺挖苦，母亲表示抗议，姐姐哭哭啼啼，所有客人都感到难为情。请想象一下吧，就在这时牧师庄严地进来了。

我说明过，我所受的教育，使我对贫困所呈现的“异国情调”，多么容易发出感慨。然而，在这里贫困却伴随着难以言状的忸怩作态，左右为难，谦卑殷勤，荒唐可笑的种种表现，简直令人头晕目眩，不一会儿对现实连丝毫概念都没有了。我周围的一切开始变得漂浮不定，分崩离析，陷入荒诞，不仅地方、人和谈话，而且连同我自己和我自己的声音都是这样。我的声音我听了似乎很遥远，却响亮得令我惊愕不已。有时我觉得，所有这些怪现象阿尔芒并不是没有意识到，而是竭力推波助澜。恰恰因为如此，他为这个合唱增添的刺耳的音符，其实应是意料之中的。最后，更有甚者，我觉得巴夫莱泰尔太太本人，也陶醉在这种令人癫狂的和声之中。她为《安德烈·瓦尔特手册》的作者介绍说：“这本如此出色的书，你肯定阅读过吧，德厄里先生，它获得过音乐戏剧学院朗诵一等奖，所有报纸都大加赞扬。”在这种说话方式的感染下，每个客人，包括我自己、德厄里和其他所有人，很快就在我们自己制造的气氛支配下，像虚幻的丑角一样高谈阔论、手舞足蹈起来。出来后到了街上，大家都为之愕然。

我再见到阿尔芒……这天我受到他大姐的接待，套间里只有她一个人。她对我说，我可以上两层楼去阿尔芒的卧室去看阿尔芒，因为他传话说他不下来了。我知道他的卧室在什么地方，但从来没有进去过。那个房间直接朝向住房对面的楼梯，阿尔芒的哥哥在那边开了个诊所，如果我没搞错的话。那房间不算太小，但很暗，通过一个小院子采光：一个难看的翘曲锌板反射器伸向院子，把灰白的光折射上来。阿尔芒和衣躺在未铺的床上。他还穿着睡衣，胡子没刮净，没打领带。见到我进去，他爬起来，拥抱了我。平常他不会这样。我们交谈是怎样开始的我不记得了。我对他的卧室面貌的关心，大概远远胜过了对他说什么话的关心。整个房间里见不到任何悦目的东西；一切都显示出贫困，一切都显得难看，黑乎乎的，令人透不过气来。待了不一会儿，我便问他愿不愿意陪我到外面去。

“我再也不出去啦。”他简单地说。

“为什么？”

“你看得很清楚，我现在这副样子没法出去。”

我坚持要他出去，说他可以套个假领子，至于他刮没刮胡子，我并不怎么在乎。

“我连脸都没洗。”他抱怨道，接着发出一声痛苦的冷笑，向我宣布他再也不洗脸了，正因为这样房间里气味难闻；现在他出房门只是为了去吃饭，已经二十天没有去外面了。

“那你干什么？”

“啥也不干。”

他床旁的桌子一角横七竖八放了几本书，我试图分辨那些书的题目，他见了说道：

“你想知道我阅读什么书？”

他递给我一本伏尔泰的《少女》。我知道很久以来这一直是他放在床头的书，包括毕哥-勒布伦[①]的《爱引经据典的人》

---

① 毕哥-勒布伦（Pigault - Lebrun，1753—1835），法国作家，以写风俗小说著称。

和保尔·德·科克[①]的《戴绿帽子的丈夫》。他觉得可以对我无所不谈了，匪夷所思地向我解释说，他把自己关在房间里，是因为他现在只会干坏事，知道自己会损害他人，会使其他人不高兴，遭其他人讨厌，再说他远不像表面上那样有才智，甚至自己所有的这点才智也不知道如何发挥。

现在想来，当时我不应该让他处于那种状态不管，至少应该多找他谈谈。可以肯定，阿尔芒的样子和他的谈话，当时对我的触动不如后来那么大。还应该补充的一点是：我似乎记得，他突然问我对自杀有什么看法。我当时盯住他的眼睛回答说，在某些情况下，我觉得自杀值得称赞——这话说得那样无耻，在当时我敢情是做得出来的。但我不能肯定我没有这样想象过，因为我脑子里反复琢磨过这最后的一次谈话，准备写我打算把牧师写进去的一本书。

相隔几年之后（在这期间我再也没见到他），当我收到阿尔芒的死亡通知信时，我特别再次考虑过这件事。我当时正在旅行，没能去参加他的葬礼。不久后见到他可怜的母亲时，我不敢向她询问。我是间接地了解到阿尔芒自投了塞纳河。

① 保尔·德·科克(Paul de Kock，1794—1871)，法国作家，写有大量描写小布尔乔亚的小说。

七

这一年（一八八四年）伊始，我就发生了一桩奇遇。元旦上午，我去拥抱安娜。我说过她住在沃吉拉尔街。回来的路上，我已是欢欣雀跃，对自己、对天空和对周围的人，都感到满意，对一切充满好奇，对一点小事都感到开心，对未来满怀着希望。不知为什么，这天回来时，我没走平常习惯走的圣普拉熙德街，而走了左边平行的一条小街。是出于开心，或者纯粹是出于换条路走走的念头。时近中午，空气清亮，几乎称得上暖融融的阳光，把那条窄窄的街道，纵划为两部分，因此一边的人行道阳光灿烂，另一边的人行道处在阴影里。

半道上，我离开阳光，想去感受一下阴凉。我那样高兴，边走边唱，欢蹦乱跳，两眼望着天空。正在这时，仿佛是对我的愉快心情的回应，我看见一个小小的、会飞的、金色的东西向我飘落下来，宛似一团阳光穿过阴影，扇动着翅膀，向我飞近，圣灵般落在我的鸭舌帽上。我伸手一抓，一只漂亮的小金丝雀蹲在我的手掌心里。它像我的心脏一样跃动着；我感觉自己的心脏膨胀得充满了整个胸腔。我极度的快乐无疑明显地表现出来了，即使感觉迟钝的人类没有觉察到，但稍许敏锐的眼睛，肯定看到我整个儿像一面诱鸟反光镜一样闪闪发光。正是我的光芒引来了这个上天的造物。

我跑回母亲身边，欣喜若狂地带回金丝雀。但使我心潮澎湃，使我脱离了地面的，主要是这种令人振奋的信念，即上天通过这只小鸟选定了我。我的秉性已倾向于自以为肩负了某种天职，我想说的是某种属于神秘范畴的职业。我觉得从此有一种契约约缚着自己。例如，每当听到母亲希望我能在河湖森林管理方面谋求到这样或那样一个职位时——她认为这方面的工作应该特别符合我的兴趣——我出于礼貌，心里勉强准备接受她的安排，就像有人准备接受某种游戏，而知道自己的根本兴趣在别处。我差点儿对母亲说："我怎样支配我自己呢？你不知道我没有这种权利吗？你难道没有明白我是被上天选定的吗？"我相信总有一天母亲会迫使我选择某项职业，到时候我就会对她说出这种话。

金丝雀（这是只雌金丝雀）在一个宽敞的笼子里，与我从拉洛克带回来的一窝金翅鸟待在一起，与它们相处得十分和睦。我心里喜滋滋的。但我还有最意外的惊喜要说：几天之后的一个上午，我去巴蒂尼奥尔，因为现在里夏尔先生住在那里。啊！走到圣日耳曼大街，正要横穿过去时，我看见一只金丝雀突然斜斜地扑下来，落在大街当间。是否我眼睛发花？又一只金丝雀！我冲过去，但这只也许是从同一个笼子里逃出来的小鸟，比上一只稍许更怕人，见我一到就逃了，向远一点的地方飞去，但不是一下子飞过去，而是一小段一小段距离地飞，俨然一只曾经被俘获的小鸟，刚获得的自由使它不知所措。我沿着有轨电车道追了一会儿，它三次躲开了我，但我终于用鸭舌帽罩住了它。那是在两条车轨之间，冒着我们俩一齐被电车压死的危险的那一刹那。

因为这次追捕，我上课迟到了。我跑到老师家，欣喜若狂，不能自已，双手合拢捧着金丝雀。让里夏尔先生开心并不难，整个上课时间他都在可爱地寻找一个临时的小笼子，好让我把小鸟带回科马耶街。我正盼望我的金丝雀能有一只雄的来做伴哩！再次遇到一只金丝雀从天而降，真是奇迹！如此美妙的奇遇竟一次又一次落到我头上，我感到自豪无比，比自己立了什么功还自豪。我显然是生来命运不凡。从此我走路总是眼睛望着天空，像以利亚[①]一样盼望天上掉下快乐和食物。

我的两只金丝雀定居下来了，可是几周下来，尽管鸟笼子挺大，我的被保护者们还是相互挤来挤去。每逢星期天即表哥爱德华来的日子，我们就把两只小鸟拿到我卧室里全放出来。它们相互嬉戏，到处拉屎；它们停在我们的头上、家具上、拉紧的绳子上，落在从布洛涅森林或莫东森林里采集回来的几根细枝上；这些细枝或夹在抽屉口上，或横插在锁孔里，或竖插在花瓶里。在底层楼巧妙堆放的地毯形成的迷宫里，一家子白鼠嬉戏着。至于水栖动物，在此就不提了。

多方面的原因促使里夏尔一家搬回了巴黎。这些原因包括：帕西的房租上涨，希望住得离一所中学近一些，好让布莱兹开始上中学，希望为这所中学的学生辅导功课，等等。此外

① 以利亚(Elie)，《圣经》里的先知。

应该说，贝特朗太太拿定主意带着女儿住，这无疑使预算出现很大的缺口。还有两位寄宿小姐回海峡那边去了。埃德蒙·里夏尔又去了格雷。我自己也不再住在里夏尔先生家里，而是每天上午将近九点钟去，在他家吃午饭，晚饭则返回科马耶街吃。

这年开学时，我再次试图去读阿尔萨斯学校，努力坚持了几个月，但非常令人难堪的头疼的毛病又犯了，使我无法读下去，不得不重新采取另一种制度。我所指的是那种断断续续，宽宽松松，笼头不勒得太紧的教育。里夏尔先生非常擅长于这种教育，因为他生性游手好闲。多少次我们边散步边上课！阳光是否会蒸发我们的热情？我们高声说："这么好的天气把自己关在家里，简直是罪过！"我们起初沿着一条又一条街溜达，一边切磋，观察，思考。但第二年，我们的散步有了一个目的：不知出于什么原因，里夏尔盘算又要搬家，他原来租的那套房子对他显然不适合，需要找一套更好的房子……于是，出于好玩也出于需要，我们到处找广告牌，凡是见到写有"出租"二字的房子就去看。

在豪华的大楼，在贫民窟，我们爬了多少楼梯！我们喜欢上午出去寻找。房子往往并不是空的，我们撞见里面的人刚起床。这种以发现为目的的漫游，让我学到的东西比看好几本小说还多。我们在孔多塞中学、圣拉扎尔火车站附近和所谓的欧罗巴小区里寻找。有时我们找到一个对象，我就让他考虑考虑。里夏尔先生也觉得做这种事挺开心。进到人家的房子里，他出于礼貌，总是注意走在我们前面，有时突然回过头来冲我喊道："别过来！"然而我已经把情况看得相当仔细。对有些住宅的参观令我惊愕不已。这种间接的启蒙与我的启蒙相比，是属于另一种性质，可能包含许多危险。但我所获得的开心并不使我局促不安，而只使我思想兴奋。更可庆幸的是，在这种场面，我对自己所瞥见的荒淫情形，多半保持着谴责的态度，尽管我的本能在暗暗反抗我。大概是几次场面特别淫秽的遭遇，使里夏尔先生意识到这类参观不适宜，所以他叫我们停止寻找。老实讲，除非他最终能找到一套中意的住房。尽管如此，我们还是停止寻找了。

课外我读了很多书。那是阿弥尔[①]的《隐私日记》风行的年代。里夏尔先生指定我读这本书，并且对我朗读过几大段。他从这本书里看到了自己优柔寡断、颓唐消沉、充满怀疑而又讨人喜欢的影子，就像是他的一种辩白，甚至是对他的一种认可。我呢，当时对于这种心理上附庸风雅的暧昧魅力还是挺敏感的，尽管如今那种刻意营造、探索试验和文字的晦涩，令我非常恼火。但我还是顺从了里夏尔先生；我欣赏是出于同情，或者更确切地说，正如人们常见的，是为了不欠情，不过是以世间最真诚的方式。

在里夏尔先生家的餐桌上，坐着两个寄宿生。一个年龄比我稍大，另一个比我年少一两岁。年龄大的那个叫亚德里安·纪法尔，是个孤儿，父母双亡，又无兄弟姐妹，可以说是一个捡来的孩子。我不太清楚他是经历了什么样的遭遇之后，流落

① 阿弥尔（Amiel，1821—1881），瑞士作家，其《隐私日记》披露一个不安的灵魂，一个敏锐的心理医生的故事。

到了里夏尔先生家。这是一个处于次要地位的人，在生活中似乎总是以不说话的配角身份出现，仅仅是为了在数量上增加一个。他人不好不坏，不喜不忧，对什么事情都是半心半意。恰恰是在阿尔芒停止来拉洛克那一年，亚德里安·纪法尔随同里夏尔先生来到那里。刚来那段时间，他感到很难受，因为出于对我母亲的尊重，他不能尽兴地抽烟，几乎因此病倒了。大家看到这种情况，便给他任何他想要的烟，他就闷头抽个没完没了。

我练钢琴时，他走拢来，耳朵贴在琴身上，我做多长时间音阶练习，他就待多长时间，处于近乎幸福的状态，到我开始弹奏曲子，就走开了。他说：

“并不是我喜欢音乐，而是我喜欢你做的练习。”

他自己也拿了一支质量挺差的笛子进行练习。

他怕我母亲，因为，我想在他眼里，我母亲代表着一种令他头晕目眩的文明程度。一天发生了这样一件事，在散步过程中跨越一道树篱（他不很灵活）时，后面一丛荆棘挂破了他的裤子。一想到要在这种状态下出现在我母亲面前，他吓得要死，竟逃跑了，两天不见人影，不知在什么地方过的夜，吃的是什么。

“逼得我回来的，”他事后向我披露，“是香烟，其他东西我都无所谓。”

贝尔纳·提梭迪埃是一个胖男孩，黝黑的头发剪得像刷子。他生性快活，无拘无束，通情达理，喜欢聊天。一种强烈的好感促使我接近他。我们俩都是里夏尔先生家的半寄宿生。

每天将近傍晚离开里夏尔先生后，我们都很乐意一块儿走一段路，边走边聊天。我们最喜欢谈的话题之一是孩子的教育问题。我们俩意见非常一致，认为里夏尔夫妇对他们几个孩子的教育很差劲。我们都在理论的海洋上航行，因为当时我还不知道，先天在多大程度上压倒后天。通过整理、上浆、熨烫和折叠，天然的织物会重新显现出来，按料子的不同，或显得笔挺挺的，或显得毛茸茸的。我打算写一本教育方面的论著，答应请贝尔纳题词。

亚德里安·纪法尔上拉卡纳尔的课。贝尔纳·提梭迪埃上孔多塞中学。然而，某天晚上母亲阅读《时报》上的一篇文章时，惊叫起来，用询问的口气对我说：

“我希望你的朋友提梭迪埃出了学校后，至少不会走勒阿佛尔巷吧？”（对不知道勒阿佛尔巷的人有必要说明，这条巷子就在学校近旁。）

我从来没有为朋友提梭迪埃行走的路线担忧，所以对母亲的问题答不上来。妈妈又说：

“你应该告诉他避免走那条巷子。”

妈妈语气严肃，而且双眉紧锁，就像我记忆中那位船长，在暴风雨天气航经勒阿佛尔和翁佛勒尔之间的海域时一样。

“为什么？”

“因为我在这张报纸上读到，勒阿佛尔巷绝不是正派人常去的地方。”

妈妈没有进一步说明，我被这句谜一般的话弄得心慌意乱。我大体明白“不是正派人常去的地方”这句话所包含的意思，在我不受任何礼仪和法律概念约束的想象中，勒阿佛尔巷（我从来没去过）立刻像一个伤风败俗的地方，一个地狱般的地方，一个风俗淳厚的龙塞沃①。我虽然探察过轻佻女人的套房，但到了十五岁，对放荡的外围情况还是不可思议地一无所知。我所想象的一切情形，实际上都没有任何根据。由于我在前面提到的这种好谴责的天性，无论是对下流的东西、迷人的东西还是可怖的东西，尤其是对可怖的东西，我总是加以渲染和夸张。例如，我看到可怜的提梭迪埃被高等妓女们疯狂撕碎。在里夏尔先生家里，我打量这个又肥又胖，满面红光，如此文静、快乐、单纯的好小伙子，一想到这一点，我的心就抽紧了。房间里只有亚德里安 · 纪法尔，他和我在做作业。我终于按捺不住了，用被焦虑哽住的声音问他：

“贝尔纳，你平常出了学校之后，不走勒阿佛尔巷，不是吗？”

他先不回答是或不是，而是以一个反问回答我的问题；鉴于我的问题的突然，他的反问倒挺自然：

“你为什么问这个？”他问道，两眼瞪得大大的。

突然，一种宗教般的巨大惊恐感袭上我心头，就像小拉乌尔死了，就像我感到自己被驱逐而背井离乡一样。我抽抽噎噎地扑到这位同学的膝盖上：

“啊！贝尔纳，我求求你，别去那里。”

我说话的语调、我的激动和眼泪，使我像个疯子。亚德里

---

① 龙塞沃(Roncevaux)即龙塞斯瓦列斯(Roncesvalles)，西班牙一城镇。公元 778 年 8 月 15 日，巴斯克人在此杀戮查理曼的殿后部队。

安将椅子往后挪了挪，转动着一双惊愕的眼睛。但贝尔纳·提梭迪埃像我一样受的是清教徒式教育，他以非常自然、最能使我平静下来的口气对我说：

“你以为我不精于此道吗？”

我保证这是他的原话。

我的激动顿时消失。原来这方面的情况他和我知道得一样多，甚至更多。他听到我的话之后那坦然、坚定，甚至略带嘲笑的目光，当然比我的激动不安更令人放心。但使我惊愕不已的恰恰在这里：我以此摆出一副严厉的监护人的样子，人家却能够冷静地打量我这副样子，丝毫没有害怕得瑟瑟发抖。“此道”两个字难受地在我耳边震响，平添了一种实际而粗俗的含义，而此前我一直将之视为丑恶与诗情动人的融合。我想我还从来没有觉察到放荡与金钱问题有丝毫联系，也没有觉察到寻欢作乐是要付钱的。或者也许是因为（我阅读过一些东西，不想把自己描写得过分幼稚无知）看到一个更年轻的人，即是说一个比我更嫩的人知道这一点，我才哑口无言。仅仅知道这一点，在我看来就已经有损名誉。可能在我不知不觉间，这中间又掺杂了什么动人心弦的友爱，什么需要保护的兄弟情谊，以及看到他蜕化变质而生的气恼……

听了提梭迪埃巧妙的回答，我现出目瞪口呆的样子，只觉得自己滑稽可笑。他拍一下我的肩膀，爽朗、自信地哈哈大笑道：

“得啦！你不必为我担心。”那口气使一切恢复了正常。

我竭尽所能描写我经常感受到这种深深的窒息，它总伴随着眼泪和抽泣，但当我经受了并复述了它的三个先兆时，我自己也大感意外。我所担心的，是这种窒息根本不被没有经受任何类似感觉的人所理解。自此之后，这种奇特的先兆的发作，不仅频率没有降低，反而渐渐得到适应，只不过显得缓和，可以控制，也可以说已被驯化，因此我学会了不惧怕它，就像苏格拉底不惧怕经常光顾他的魔鬼。我很快明白了，无酒而醉正是充满激情的状态。我受到这种极度的兴奋震撼的时刻，正是狄俄尼索斯[①]光顾我的时刻。唉！对于熟悉酒神的人而言，在酒神不肯露面的空虚时刻，那是多么沮丧和绝望！

如果说我那番做作的、失礼的话，甚少触动贝尔纳·提梭迪埃，那么相反，他那天真的、笑嘻嘻的回答，都使我心里极不平静。就是在这次谈话之后——或许不是立即吧——我觉得自己开始留意街上的某些情景了。德马勒斯特舅妈住在圣日耳曼大街，差不多在克吕尼剧院对面，或者更确切地说，是在通往法兰西学院的那条上坡的街对面。站在她家位于五层楼的阳台上，可以望见法兰西学院的正面。不错，她住的那栋房子有可通车辆的大门，但是以德马勒斯特舅妈的兴趣和原则，怎么竟然会选择这个住宅小区呢？每当日暮之时，米克大街至莫布广场之间的人行道便开始熙熙攘攘了。阿尔贝提醒我母亲：

“姑妈，”他当着我的面对我母亲说，“你每次来这里吃过晚饭（每半个月一次），天黑了最好让这个大男孩和你一起回去。就是你自己一个人回去，也最好走街中间，直到电

① 狄俄尼索斯(Dionysos)，希腊神话中的酒神。

车站。”

我不知道我是否完全听懂了。但一天晚上，我一反往常的习惯——往常我总是从巴克街一口气跑到舅妈家门口，以赶在电车前头而自豪，把母亲送上电车。我说某天晚上，那是一个春天的晚上，母亲在她弟媳家度过了整个下午，而我比平常出发得更早，所以比平常走得更慢，享受着清新和煦的空气。我已经快要到了，这时注意到几个披着长发的女人奇怪的举止。她们像犹豫不决似的东逛逛，西逛逛，恰恰是在我要经过的地方。提梭迪埃使用的“此道”一语还回荡在我耳边。我犹豫了一刹那，是否要离开人行道，以便不从那些女人旁边经过。但我心里总是有某种东西压倒了恐惧：这是怯懦的恐惧。我继续朝前走。突然，另一个我刚才没有注意到或者是从一道门里冲出来的女人，拦住去路，紧贴到我身边盯住我看。我不得不猛往旁边一拐，踉踉跄跄，步履匆匆。那女人开始哼着小调，接着以责骂、嘲笑、爱怜、诙谐的口气嚷道：

“不应该这样害怕啊，我的小帅哥！”

我的脸顿时热辣辣的，心里极不平静，仿佛是侥幸地逃脱了她的魔爪。

多年之后，这类虎视眈眈的女人像拿硫酸泼人的女人一样，依然令我恐惧。我所受的清教徒式的教育，提倡过度地克制天性，而我并不感到这有丝毫的坏处。对异性我没有丁点儿好奇心。女性的全部秘密如果一个动作能暴露无遗，这个动作我绝不会做。我把厌恶称为拒绝，把反感视为操守，并引以为荣。我生活于退避与禁欲的状态，把抵抗视为理想。如果屈从，那就是屈从于堕落；我对外界的挑逗无动于衷。再说，我这种年龄的人，在这类问题上会多么慷慨地受骗上当啊！有时一想到自己神圣的反抗和高尚的愤怒，我竟至相信起鬼来，仿佛听见鬼在黑暗中冷笑、摩拳擦掌。可是，我们预感到会遭到怎样的失败吗？这里不是谈论这个问题的地方。

我在描写我们的公寓时，没有描写书房。因为自父亲过世之后，母亲再也不让我进去。书房门上了锁。这个房间虽然位于套间的一端，但我总觉得它是整个套间的中心，我的思想、抱负和欲望，全都围绕着它运转。而在母亲思想上，它不啻是一间圣殿，里面充满着对已故者亲切的回忆。她也许觉得，让我过快地取代已故者的位置不恰当。同时我觉得，凡是在我自己眼里能显示我的影响的东西，她都尽力清除。还有，我要说，将那些书籍任由我贪婪地阅读，那是不谨慎的，因为那些书全都不是儿童读物。然而到我快满十六岁时，阿尔贝开始为我求情。我偶尔听到他们议论的片言只语。母亲大声说：

“他会把书房洗劫一空。”

阿尔贝轻言细语地辩驳说，我对阅读的兴趣值得鼓励。

“过道里和他卧室里那些书就够他读的了。”母亲反驳道，“等他把那些书全读完了再说吧。”

“你不担心会将国立图书馆收藏部的人引来偷吃禁果吗？”

母亲反驳道：“这样说来，永远不要禁止任何东西了。”她还坚持了一段时间，后来终于让了步。每当阿尔贝和她顶牛时，结果几乎都是她让步，因为她对阿尔贝很有感情，也很尊重，因为在她心灵里，最终总是通情达理占上风。

老实讲，禁止人进去，并没使书房增加丝毫吸引力，或许稍许增加一点神秘感吧。我不属于那种动不动就反抗的性格，相反我宁愿顺从，遵守规矩，做出让步。此外，我特别厌恶暗中搞鬼。如果说后来，唉！经常不得不掩饰一些事情，但我之接受装假，从来仅仅是把它视为一种临时的保护手段，而且时时希望，甚至决心很快把一切公之于众。我现在写这本回忆录不就是证明吗……回过头再来谈谈我过去的阅读吧。我不记得有任何一本书我是背着母亲阅读的；我以名誉担保，绝不会欺骗母亲。那么，书房里的书籍究竟有什么特殊的呢？首先，在他们看来那些书装帧漂亮。其次，我卧室里和走廊里那些书，几乎全是历史、注释和批评方面的，而在父亲的书房里，我发现的是这些批评书籍所谈论的作者本人的作品。

母亲差不多被阿尔贝说服了，然而并没一下子让步。她装出让步的样子，同意我进书房，但要与她一块儿进去；我选择这本或那本书，是自己喜欢读的，也是她允许我读的，但要与她一块儿读，高声朗诵。我选中的头一本书，是《戈蒂埃诗歌全集》第一卷。

我很愿意为母亲朗读，但是担心她养成兴趣，同时对她个人的评价抱有疑虑，所以我所选择的能得到她喜欢的书，完全是另一类书。那是保尔·阿尔贝平淡庸俗、枯燥乏味的论著，还有圣-马克·吉拉丹的戏剧文学教程。每天读一章，我们一卷又一卷已经啃完了五卷。我感到欣慰的是，这样的精神食粮并没有使我大倒胃口。没有。相反我产生了兴趣，真是如饥似渴，宁肯读教科书式的、有实质内容的、最难读的书。再说，我现在认为，母亲那样重视批评著作并没有错；她错在没有更仔细地选择。不过，没有人指点她。其次，如果我当时立刻读到圣勃夫的《星期一》或泰纳的《英国文学》，我是否已经能像后来所做的那样，从中吸取有用的东西呢？重要的是要充实自己的头脑。

母亲没有引导我更多地或者至少同样地喜爱历史书籍。如果有人对此觉得奇怪，我要回答说，任何事情都再也不会使思想上泄气。等会儿我要说明的，是一个弱点。一位好老师，如果他善于做，应该通过事实唤起我的兴趣，向我揭示各种性质的关联。可是我机会碰得不好，要学习历史，总得与学究们打交道。自那以来，我多次想强迫自己，竭力专心致志学习历史。可是，我的大脑总是处于反抗状态，最出色的故事在我脑子里也剩不下任何东西。除了事变以外所记载的，仿佛都是处于边缘的东西，以及道学家可能得出的结论。修完修辞学之后，我有点抱着感激的心情，阅读了叔本华的作品。他在这些作品里试图确定历史学家的思想与诗人的思想的起点。“啊，这就是为什么我对历史一窍不通，”我欣喜地想道，“因为我是诗人。我希望成为诗人！我就是诗人！”

Was sich nie und nirgends hat begeben
Das allein veraltet nie.

我心里重复着他援引的亚里士多德的这句话：“较之于历

史，哲学是一种更重要的东西，诗歌则是一种更美的东西。”不过，我还是回过头来谈谈我阅读戈蒂埃的作品吧。

且说一天晚上我在母亲卧室里，坐在她身边，手里捧着她允许我从一个小玻璃书柜里拿的那本书；那个书柜是专门放诗人们的作品的。我开始高声朗读大阿尔伯图斯[1]：《大阿尔伯图斯或灵魂和罪孽》……在这个时代，戈蒂埃还享有多么崇高的声誉！其次，那与本题无关的副标题——《有关神学的诗歌》吸引着我。在我和当时许多小学生心目中，戈蒂埃代表对习俗的蔑视，代表解放和放纵。诚然，他使我的选择面临着一定的挑战。妈妈想陪我去。我们将看到我们两个谁头一个喊求饶。但挑战主要是对我自己的而言。正如一两月之前，我硬着头皮，犹犹豫豫，强制自己走进圣普拉熙德街那家庸俗下流的草药店。这家店什么都卖，也卖歌曲。我是要买最愚蠢、最庸俗的一首歌：《啊！亚历山德琳娜身上好香！》为什么要买呢？唉！让我告诉你吧：纯粹是出于挑战，实际上我根本没想要这首歌。是的，是我需要强制自己，因为前一天傍晚，我从这家铺子前经过时，曾对自己说：“这个吗，你无论如何还不敢做吧。”可是，我做了。

我蜷缩着坐在一张宽大的扶手椅里朗读，不看妈妈一眼。妈妈在做绒绣。开始的时候我读得轻松愉快，但越朗读下去，我渐渐感到嗓子发紧，而作品的内容变得越来越放诞。这首“哥特式”诗里描写的是，一位女巫装扮成最娇嫩的女青年，

① 大阿尔伯图斯（Albertus，约 1200—1280），十三世纪哲学家、科学家和神学家。知识渊博，因在巴黎大学宣扬亚里士多德主义而闻名。

引诱大阿尔伯图斯。作品以此为借口，展开了没完没了的描写……

妈妈的手越来越用力地拽着织针。我一边朗读，一边用眼角余光瞥一下她挥动到顶点的手。我读到了第一〇一节：

……那女子如此美丽
为了她，天堂里一位神进了地狱。
啊！那情景多迷人！羞答答满面通红。

“把书给我一会儿，”母亲突然打断我说道。这使我如释重负。我这才打量她一眼。她将书凑近灯光，紧闭双唇，翻阅着一节又一节诗行，那双眉紧蹙的目光，恰似一位法官，在只有当事人在场的情况下，听一篇下流的陈述。我等待着。妈妈翻过一页，又回到前面，现出犹豫的样子，然后重新翻过那一页，一直往下翻阅，最后把书递回给我，指出我刚才停止朗读的地方：

“对了，就是这儿：

她抵得整整一座后宫。”

妈妈说道。她认为她所引述的这行诗能充分概括被她查禁不让朗读的诗节。而这我是在很久以后才注意到的，令我非常失望。

这种费力而又可笑的试验好在没有再进行下去。接连好几个星期，我克制住自己不朝书房张望，而当母亲终于允许我进去时，就不再提和我一块进去了。

父亲的书房里大部分是希腊文和拉丁文书籍，当然也有法学书籍，但不占主要位置。主要位置给予了欧里庇得斯[①]（著名的格拉斯哥版）、卢克莱修[②]、埃斯库罗斯[③]、塔西陀[④]、海恩的美男子维吉尔和三大拉丁哀歌诗人。我想从这种选择应该看到，这更多的不是父亲偏爱的结果，而是装帧和开本某种程度的适合。这些书有许多是白色羔皮纸封面，在整个深闪色珐琅质封面衬托下，显得突出但并不刺眼。这种大书柜里面挺深，第一排书后面可以高出一点点另摆一排。在一套贺拉斯[⑤]的作品和一套修昔底德[⑥]的作品之间，看见一套古希腊用里拉伴奏的诗歌，那真妙不可言。这套丛书是精美的勒菲弗尔小版本，但其蓝色的仿摩洛哥革纸封面，与布尔曼版的奥维德[⑦]全集和七卷本提图斯-李维乌斯[⑧]作品也是羔皮纸的乳白色封面

① 欧里庇得斯（Euripide，前 484—前 406），古希腊三大悲剧作家之一，写过九十二个剧本，现尚存十九个。

② 卢克莱修（Lucrèce，约前 93—前 53），拉丁诗人和哲学家，其唯一的长诗是《物论》。

③ 埃斯库罗斯（Eschyle，前 525—前 456），古希腊悲剧诗人，作品有《被缚的普罗米修斯》等。

④ 塔西陀（Tacite，55？—120？），古罗马元老院议员，历史学家，曾任行政长官(88)、执行官(97)。主要著作有《历史》、《编年史》。

⑤ 贺拉斯（Horace，前 65—前 8），古罗马杰出诗人。其《歌集》和《诗艺》对直到十九世纪的西方诗歌产生了很大影响。

⑥ 修昔底德(Thucydide，前 460—前 404)，古希腊伟大的历史学家，主要著作有《伯罗奔尼撒战争史》。

⑦ 奥维德（Ovid，前 43—前 18），古罗马最伟大的诗人之一，其杰作《变形记》，达到了史诗的高度，丰富了拉丁文诗的宝库。

⑧ 提图斯-李维乌斯（Tite - Live，前 59—前 9），拉丁历史学家，著有《罗马史》。

比较起来，就逊色多了。书柜中间，在维吉尔作品下方，有一个敞开的橱柜，里面塞满了各种纪念册；在橱柜和反曲线书架之间，有一块当作阅书台用的小木板，专供搁正在阅读的书或站着写字用。橱柜两边是低矮的书架，专放沉重的对开本书籍，如《古希腊诗歌选集》、一套普鲁塔克①文集、一套柏拉图文集和查士丁尼②作品汇编。不过，无论这些美好的书对我有多大吸引力，它们都无法与小玻璃书柜里的书媲美。

那里面只有法文书籍，而且几乎全是诗人的作品……我很久以来就习惯带雨果文集头几卷中的一卷去散步，是母亲拥有的那种精美的小开本，大概是安娜送给她的。久而久之，我便记住了其中的一些诗，例如《内心的声音》、《黄昏之歌》和《秋叶》等。我不知疲倦地反复默诵，打算不久就背诵给爱玛妞听。那时我满腔热情地偏爱诗歌，把诗歌视为生活的菁华和果实。我花了很多时间才认识到——我想太快认识到并不好——优美散文的卓越和非凡之处。那时我把艺术和诗歌混为一谈——在这种年龄这是自然的。我用心灵去感受韵脚的交替和必然的反复。我得意地感觉到韵律在自己心里扩展，宛如双翼有节奏地拍动，飞向长空……然而，我在玻璃书柜里最激动人心的发现，我想是亨利·海涅③的诗歌（我讲的是迻译过来的海涅诗）。韵脚和格律的放弃，肯定会给扣人心弦的魅力增

① 普鲁塔克（Plutarque，约46—119），对欧洲影响巨大的古典作家，《希腊罗马名人比较列传》的作者。

② 查士丁尼（Justinien），罗马史学家，创作时期为三世纪。

③ 海涅（Henri Heine，1797—1856），德国诗人，自彼特拉克以来全欧文学中最著名的爱情诗人，其国际声誉主要来自他的《歌集》。

加虚假的诱惑力，因为在这些诗歌里同样令我感兴趣的，正是我一开始就相信自己可以模仿。

我现在仿佛还看到我在十六岁那年春天，像埃特鲁斯坎人[①]一样躺在地毯上，就在那个敞开的小书柜旁边，回应亨利·海涅的呼唤，发现和感觉自己心灵里丰富多彩的春天正在苏醒，激动得全身发抖。可是，一次阅读有什么可谈的呢？这正是我的叙述不可避免的缺点，也是一切回忆录不可避免的缺点。大家都写最明显和最重要的，而不勾画轮廓，避免抓住不放。到现在为止，我一直以滞留在琐事上为乐事，不过我正是在琐事上开始感受生活的。

头疼的毛病前一年比任何时候都来得频繁，迫使我几乎彻底放弃了一切学习，至少放弃了一切持续的学习。现在这毛病来得不那么频繁了。我离开了里夏尔先生，大概在母亲看来，他的教学不那么严肃了。这一年母亲把我送进舍夫洛兹街凯勒寄宿学校，就在阿尔萨斯学校的旁边。阿尔萨斯学校的人见我回到这里，都抱着希望。

凯勒寄宿学校学生很多，只有我不按学校的课程上课，而是早晨和傍晚，恰恰在学校没什么人的时候到校。空无一人的一间间教室里静悄悄的，我时而在这间教室上课，时而又在另一间教室。但我最喜欢的是一间小小的教室，这里更宜于学习，与黑板也有亲近之感，辅导老师也更容易讲心里话。我总喜欢听别人讲心里话，庆幸自己的耳朵生得特别能听到心里

---

① 埃特鲁斯坎人(Etruscan)，意大利埃特鲁里亚地区的古代民族。

话，对此比对任何事情都更得意。我费了好长时间才明白，平常吐露心曲的人，都是心里存着话，憋得难受，不吐不快，才最终倾吐出来，而并不过多担心，听他倾吐的人的耳朵是否真正听得明白。

布维先生就是这样对我讲了他不顺心的事。布维先生是寄宿学校的辅导教师，开始说每句话之前都要叹息一声。这是一个五短身材、萎靡不振的人，汗毛黝黑，胡须浓密。我跟他学什么东西，现在记不大清了，大概没学到什么东西，因为每次一开始上课，他就两眼暗淡无光，接二连三地叹息，话也说不出来。我背诵课文的时候，他沉思地摇晃着脑袋，嘴里咕噜着一连串哀怨的“唔，唔，唔”，然后突然打断我说道：

“昨天晚上她还是没让我进屋。”

布维先生不顺心的事是在夫妻生活方面。

“怎么！”我叫起来，担心自己表现得开心多于同情，“你还是睡在楼梯上？”

“唔！你也觉得这是不能容忍的吧。”

他茫然地望着前面。我想他已不再看见我，而且忘了他是在同一个孩子说话。

“尤其我成了其他房客嘲笑的对象，”他接着说，“因为他们不了解情况。”

“你没有把门撞开？”

“我那样做，她就会打我。你处在我的地位试试看。”

“处在你的地位，我就会揍她。”

他深深叹口气，两眼无神地望着天花板，用教训人的口气说：

“不应该揍一个女人。”然后压低声音补充一句：“尤其当她不是单独一人时。”

不久布维先生就被达尼埃尔先生取代了。后者为人不正派，不学无术，又爱酗酒，满身酒店和窑子的气味，但至少不吐露隐私。至于此人又被谁取代了，我就不记得了。

这一个接一个辅导教师的无知和庸俗，使凯勒先生感到懊丧。他是一个真正值得称道的人，呕心沥血地维持这所寄宿学校，使它没有辱没它最初的名声；这所学校早年就声名远播，我想那完全是有道理的。不久，我就获准单独跟凯勒先生上所有的课，只有数学课除外，数学课由西莫内先生给我上。他们两个都是天生的优秀教师，他们不是把孩子弄得精疲力竭，而是相反使他们感到轻松，因此他们与学生的关系，似乎实践了先驱者的话：“应该让他们长大，而让我缩小。”我要说的是，他们两个人大大激励了我，使我在十八个月稍多一点的时间内，就补回了荒废的那几年，能够在一八八七年十月份重新回到阿尔萨斯学校上修辞课了，重新见到了我久违了的同学们。①

① 不过这里我也许记错了，重新见到的是低一个年级的同学，我最初那些同学比我早一年毕业了。

八

在我心里，高兴总是占着上风，正因为如此，我到达时总比别离时更真诚。在别离时让高兴的心情表现出来，往往是不得体的。离开凯勒寄宿学校我很高兴，但我不让这种心情过分地表现出来，担心会使雅各布先生感到难过。我非常喜欢他。我这位老师，大家都称呼他的名字凯勒先生，或者更可能是他出于对他的老父亲——这所寄宿学校的创立者和校长的尊敬，自己要人家这样称呼他的。雅各布先生像《殷切期望》中的韦米克一样，对自己的父母——因为他母亲也还活着——主要是对自己年迈的父亲，有一种近乎宗教的、始终不渝的崇敬。他自己尽管已经很成熟，还是使自己的思想、意图和生活，附属于这位长辈。这位长辈学生们几乎不认识，因为他只在隆重场合才露面，但整个学校都感受到他的权威。老爷子待在二层房门紧闭的卧室里，每当大家看见他从那里下来时（就像摩西带着摩西十诫从山上下来一样），他的神情总像充满了使命感。那间卧室是一个神圣的地方，我只有罕见的几次被允许进去（因此我能证明这位长辈确实存在），而且是陪母亲进去的，单独一人我绝对不敢。我们被引进一个胡格诺教派式的小房间。老爷子成天待在这里，坐在一张带棱纹平布椅套的大扶手椅里，靠近一扇窗户，从窗户里观察在院子里走过的学生。他首先表示歉意，不能站起来接待我们。他的右臂斜放在一张桃花心木办公桌的台面上，办公桌上堆满了文件。我注意到，在他左边的一张独脚小圆桌上，搁着一本厚厚的《圣经》，还有一个蓝色的碗，给他当痰盂用，因为他患有严重的卡他性炎。他尽管个子很高，但岁月并没怎么使他弯腰驼背。他目光坦诚，嗓音严厉；他的吩咐总由雅各布先生传达全校，在大家的理解和感觉中，这些吩咐雅各布先生是直接从上帝那里接受的。

年迈的凯勒太太自行决定先离开了人世。在我的记忆里，除了我祖母，她是我所见到的最干瘪的老太太。她比我祖母还要瘦小，不过皱纹也稍许少一点。

雅各布先生本人已婚，是三个孩子的父亲。那三个孩子大致与我年龄相仿，融入了寄宿学校大多数学生之中。我与他们只有若即若离的关系。雅各布先生在学生面前，尽量摆出一副吓人的面孔，把仁慈的天性隐藏起来，但不管用，因为他其实是一个很温和的人，更确切地讲应该说宽厚——在我心目中，这个词说起来包含着某种孩子气的意味。他生性诙谐，但不很机智，所以常常用同声异义的文字游戏代替俏皮话，而且不厌其烦地重复同样的文字游戏，仿佛是要表明，重要的仅仅在于显示他脾气好，而且因为种种操心的事妨碍他想出更有趣的文字游戏。例如，当我有点匆忙地翻译我那本维吉尔的诗集，一陷入误译时，就必然会听见他说：“别急别忙，才会身宽体胖。”如果偶然他出了差错，他就会叫起来：“对不住，先生，是我搞错了。”啊！多么好的人！瑞士是这种人的祖国，托普费[1]是他们的创造者。

礼拜日早晨，他在圣母街的礼拜仪式上弹奏风琴，奥拉尔先生和普莱桑塞先生则轮流在仪式上布道。普莱桑塞先生是一位年迈的牧师兼参议员，几乎和巴夫莱泰尔牧师一样容貌丑陋。他是《时报》编辑之父，一位相当雄辩的讲道者，但是爱唠叨，又患有慢性鼻炎，使他的讲道有时达不到最感人的效果。在感恩歌开始之前，雅各布先生即兴创作演奏一些平平常常的前奏。我吗，完全缺乏音乐方面的想象力，只能欣赏他想象力的丰富。

因此，我在离开凯勒寄宿学校回到阿尔萨斯学校之前，总想找到某种巧妙的方式，向雅各布先生表示，他亲切的关怀给我留下了多么激动人心的回忆。寄宿学校就位于去阿尔萨斯学校的路上，显然我可以继续去看他，不时去拜访他，可是见到面我找不到任何话对他说，再说仅仅见见面也不能令我满足。这种荒唐的敏感，或者更确切地讲，这种证明我敏感的需要，使我凡事都追求完美，弄得自己时而被毫无必要的顾虑所折磨，时而对自己所关心的对象表现出莫名其妙的殷勤。正是这种敏感使我产生念头，每星期去凯勒父子家寄宿一次。这里面也包含着尝一尝寄宿生规章制度滋味的欲望，所谓尝只不过是用嘴唇沾一沾。经商定，我每逢星期三在寄宿学校吃中饭。这

---

① 托普费（Toepffer，1799—1846），瑞士小说家和幽默画画家，著有《日内瓦新闻》和《蜿蜒曲折的旅行》，其故事非常幽默，富有情趣。

一天是吃小牛肉。我以为会安排我与其他学生坐在一起，但雅各布先生一定要把我当成贵客对待。他为我安排的位置真让我尴尬至极。约十五名学生坐在宽大的餐桌一头用餐，凯勒先生和太太坐在另一头主持，我呢坐在雅各布先生旁边，与其他学生之间隔着一个宽大的空间，仿佛与雅各布先生一块儿在主持。最不恰当的是，凯勒先生两个儿子也坐得离他们的父母挺远，而与班上其他同学混在一起。为让我自己适应规章制度的努力，反而使我显得与众不同，就像每次我试图加入集体时的情形一样。

我从此之后对一切都非常感兴趣。这种兴趣主要来自这种情况：爱玛妞到处陪伴着我。我不论发现了什么，都想立即告诉她；我的快乐没有她分享，就不完美。在我阅读的书里，凡是我觉得值得我们欣赏、惊叹、喜爱的句子，我都在旁边写上她的名字的开首字母。没有她，生活对我变得毫无意义。我渴望她到处陪伴我，就像在拉洛克，夏日的清晨，我拉着她到树林里去漫步一样：全家还在睡梦中我们就出了门。野草沾着露水沉甸甸的，空气清新，玫瑰色的曙光早已退去，斜照的朝阳向我们欢笑，那样鲜艳迷人。我们手拉着手朝前走，或者当路太窄时，我就走在她前面几步。我们步履轻快、无声无息地走着，以免惊动任何神和野物，像松鼠、野兔和麋鹿等。它们或嬉戏着，或抖动着身体，在这没有危险的清晨，完全没有戒心，而是在人类还没醒来，日光还没完全清朗之前，使它们的乐园重新活跃起来。纯洁耀眼的光芒啊，愿你的回忆在死亡的时刻战胜黑暗！我这在中午时分灼热的灵魂，多少次在晨露中清新如洗……

我们分手之后就相互写信。从此我们之间开始了不间断的书信往来……最近我想重读我那些信，但那笔调已令我不堪忍受，它使我显得丑恶。现在我竭力让自己相信，只有头脑简单的人，才会天生单纯淳朴。我嘛，需要从许多曲线之中，理出自己的路线。况且我还没有意识到，我前进之中要经过错综复杂的道路。我感到笔被钩住了，但不知道是被什么东西钩住的。我不灵巧，理不清，只好剪断。

就在这时，我开始发现了希腊人，他们对我的思想产生了决定性的影响。那时勒孔特·德·李勒[①]的译著终于出版了，人们纷纷谈论，（我想）吕茜尔舅妈送了我一套。这些著作有着锐利的锋芒，奇异的光辉，充满异国情调和令我着迷的回声。甚至连译作的艰涩和表面的小小难点，人们也表示感谢。这些难点要求读者在阅读时更加认真，抱着更大的好感，而使没有诚心的人望洋兴叹。通过这些著作，我冥想奥林匹斯山、人类的痛苦和诸神微笑而严肃的面容。我了解神话，拥抱美，将美紧紧贴在我炽热的心头。

我的女友则阅读《伊利亚特》和古希腊悲剧。她的赞赏极大地激起我的赞赏，并与我的赞赏相互吻合。我想在福音的复活节上，我们是否甚至更加水乳交融。真奇怪！这种不信教者激越的热情，恰恰在我准备成为基督徒的时候燃烧起

① 勒孔特·德·李勒(Leconte de Lisle, 1818—1894)，法国诗人，帕尔纳斯派的主要代表人物。作品怀古厌世，充满悲观情调，如《古代诗篇》等。

来。现在我感到惊奇的是，当时我们在一起竟极少感到拘束。如果我是一个不大热心的初学教理者，这还勉强可以解释。可是我不是不大热心的初学教理者。待会儿我会谈到我的热情，以及我使它达到何等狂热的程度。说真的，我们心灵的殿堂，恰如东方的清真寺，时时都敞开着，任凭阳光、音乐和芬芳美妙地涌进来。对我们来讲，排斥是对宗教的亵渎。不管什么东西，只要是美好的，我们就会敞开心扉欢迎。

对我进行培养的库夫牧师，的确是世界上最可敬的人。可是天哪！他的课多么枯燥乏味！我们随他上课的，总共十来个人，无论是女孩子还是男孩子，我都没有留下任何记忆。上课的地点是库夫先生家的餐厅。他家住在圣米歇尔大街卢森堡公园附近。大家在椭圆形餐桌四周坐好，先是背诵库夫先生上回指定的《圣经》中的经文，然后开始讲课，在讲课前和讲课后都要进行祈祷。头一年用于讲解《圣经》。整个这一年我都抱着希望，下一年的课会活跃一些。可是，无论是研究教义还是阐述教理，库夫先生总是那样严肃，毫无表情，而这，我想正是他的正统观念的组成部分。整堂课自始至终只听见他单调的声音在讲解着，我们呢，则记笔记，记笔记，为的是应付要求在下堂课做的概述。枯燥乏味的课程，课后还要做更加枯燥乏味的作业。库夫先生正统得连语调都是正统的，像他的灵魂一样平板、有力；他那不动声色的冷静，比什么都更令我焦躁不安。我毕竟还是一颗非常稚嫩的心灵，但在这里总要表现自己……多么沮丧！我正逐步接近神圣奥义，正像人们接近依洛西斯秘密仪式①。我每次提问时颤抖得多么厉害！所有问题的回答都告诉我有多少位先知，以及圣保罗历次旅行的路线。我打心灵深处感到失望。由于我的问题没有解决，我禁不住寻思，人们让学习的这门宗教——我想讲的是新教——是否就是对我的祈求做出回应的那个宗教？我本想对天主教也略有了解，因为说到底，对于围绕这个宗教的一切艺术，我还是敏感的。在阅读波舒哀、费奈隆或帕斯卡尔时那种激动不已的心情，在库夫先生的教育中，我根本感受不到。

我天真地向库夫先生本人敞开心扉，在私下谈话时竟至对他说，我这颗正在寻觅上帝的心灵正在向哪个神坛靠拢，我不能肯定……这个善良的人于是交给我一本书，在这本书里天主教的教义得到恰如其分的阐述。这当然不是一本赞扬的书，但充其量也只不过是一本小册子，比任何东西都让我扫兴。它像法院的一篇笔录一样干巴巴，像库夫先生的一篇叙述一样毫无生气。因此，毫无疑问，我就想在这里和在别处一样，只好让自己处于焦渴状态，或者直接去汲取。我正是狂热地直接汲取。就是说我比以前任何时候都更认真地开始阅读《圣经》。我贪婪地、如饥似渴地但很有条理阅读《圣经》。从头开始读，然后接着读下去，只是同时从几个方面开始读。每天晚上在母亲卧室里，我坐在她身边，朗读一两章历史、一或数章诗歌、一或数章先知言论。这样，我很快就对《圣经》有了整体的了解。然后我一部分一部分重读，更加从容不迫，但如饥似

① 古希腊每年在依洛西斯(Eleusiy)举行的秘密宗教仪式，祭祀谷物女神和冥后。

渴的热情丝毫不减。我怀着虔诚的崇敬钻研老联盟版本，但从中获得的激情可能不单单是宗教方面的，也不像《伊利亚特》和《悲剧三部曲》[1]赋予我的激情那样，纯粹是文学方面的。或者更确切地说，在我思想上艺术和宗教是虔诚地结合在一起的。二者如此和谐地融合一起，令我非常着迷。

可是，福音书……啊！我终于找到了爱的缘由、相思和无尽的消耗。我在这里感受到的情感，使我明白了我对爱玛妞的情感，并使这种情感得到加强。我在这里感受到的情感与我对爱玛妞的情感没有什么差别，可以说它仅仅加深了我对爱玛妞的情感，使之在我心里占有了真正的位置。我只有晚上如饥似渴地读《圣经》，到了早晨又由衷地拿起《福音书》来读，整个白天还是读《福音书》。我口袋总是揣着一本《新约》，从来不离身，随时掏出来，不仅单独一个人时是这样，就是当着那些恰恰我担心会嘲笑我，会把我当成笑柄的人，我也会随时掏出来，例如在电车里，就像一位教士。在凯勒寄宿学校或后来在阿尔萨斯学校课间休息时，也常常掏出来，在同学们的奚落下，窘得满脸通红地向上帝祈祷。初领圣体的仪式与我的习惯比较，并没有什么特别；圣体圣事也没感受新的喜悦，甚至没有明显增加我已暗自品尝到的狂喜。相反，那一天人们喜欢搞的盛大宗教仪式和宗教裁判，多半令我感到局促不安。在我眼里这些盛大仪式和宗教裁判几乎是糟蹋了这一天。正如这一天之前没有任何萎靡不振，这一天之后也没有丝毫的意气消

---

① 为埃斯库罗斯所著，是唯一保留完整的一部希腊戏剧三部曲，第一部《阿伽门农》，第二部《奠酒人》，第三部《复仇女神》。于公元前458年上演。

沉。相反，领了圣体之后，我的热情更加高涨，在翌年达到了顶点。

整整三个月，我保持着一种高尚纯洁的状态，我想也就是圣洁意味着的那种状态。时值夏天。我几乎不再去上课，因为我得到特别关照，只去上自己觉得真正有用的课，即很少几门课。我为自己制订了一个作息时间表，严格遵守，因为正是从严格遵守之中，我获得了最大的满足，觉得没有自暴自弃而有点自豪。我黎明即起，钻进头天晚上放得满满一浴缸的冰凉的水中，然后在开始学习之前，先念诵几段经文，或者更准确地讲，是重新念诵我头天晚上标出供第二天默祷的经文。接着就祈祷。我的祈祷仿佛是为了更接近上帝的一种可觉察的心灵运动。这种运动我每个钟头都要重做。这就势必经常中断学习，而所学的东西如果不重新作为供奉的祭品，我是不会改变的。为了体验苦行，我睡在地板上；半夜里爬起来跪在地板上，但这不再完全是体验苦行，而是急于达到极乐的境界。于是我觉得自己达到了幸福的顶点。

我还有什么可补充的？……啊！我希望降低写这段美好回忆的热情。这类叙述的骗局就是这样：最无关紧要、最毫无意义的事情不断篡夺位置，而一切可以讲述的东西，唉！在这里怎样地讲述？充满我心里的事情三句话就讲完了，我提示、拉长也无济于事。啊，充塞阳光的心灵！啊，对这阳光即将在我肉体的另一边投下阴影毫不在意的心灵！大概是效法神圣吧，我对表姐的爱情人容易适应人各一方了。一种性格最突出的特点正在形成，在我们还没意识到之前就会显露出来。可是，我身上正在显现的东西的意义，我已经弄明白了吗?

然而课间休息时，彼埃尔·路易无意中发现我捧读的并不是《福音书》，而是亨利·海涅的《歌集》。现在我读的是原著。我们刚上完法语作文课。彼埃尔·路易一直在上所有课程，我是在修辞课上再碰到他的。他不只是一个优秀学生，而是有某种才华。凡是他做得比较好的事情，都做得非常潇洒。每次新的语文考试，第一名的位置无可争议地总是由他得到。他远远超过名次紧随其后的同学。我们的老师迪埃茨，像其他课的老师已经常常所做的那样宣布："第一名，路易。"任何人都不敢跟他争这个位置。甚至想都没人敢想。我当然也和其他人一样，因为多年来我已习惯于单独学习，总是神经质，当着二十五位同学的面不是感受到激励，而是非常局促不安。这次作文，我也不特别觉得自己应得第一名，但迪埃茨突然宣布：

"第一名，纪德！"他是在按名次宣布结果。

他这样宣布时，像挑战似的，声音特别高，同时往讲台上重重捶一拳，而他圆圆的眼镜上面，洋溢着愉快的微笑。站在全班学生面前的迪埃茨，就像坐在琴前的管风琴演奏者。这位大师往往随心所欲，使我们发出最出乎我们意料、我们最不希望发出的声音。有时似乎可以说，他像一般演奏能手一样，寻开心做得太过分了点儿。不过，他的课上得真是妙趣横生！每次上完他的课，我都觉得被喂得足足的，吃得饱饱的。我多么喜欢他那充满热情的嗓音！还有他半躺在讲台后的扶手椅里，一条腿搁在扶手上，膝盖屈得和鼻子一样高那副亲切、懒散的样子……

“第一名，纪德！”

我感到所有目光都转向了我，竭力不让自己脸红，结果脸反而红得更加厉害，连头都晕了起来。可是我对自己的名次并不那么满意，反而黯然神伤，担心会使彼埃尔·路易不高兴。他会怎样对待这次屈辱呢？惹得他憎恨我怎么办？课堂上我只注意他，这他肯定没想到。直到这一天，我和他没有说过几句话。他是一个感情奔放的人。可惜的是，我却是个生性腼腆的人，经常迟疑不决，顾虑重重，呆若木鸡。然而，此刻我下了决心，要主动与他接近，对他说：“路易，现在我们应该经常聊聊。这里如果有一个能够理解你的人，那就是我……”是的，我的确感到自己已准备好对他这样说。可是突然，灾难临头：

“第二名，路易。”

我远远地，觉得比任何时候都更遥远地望着他，只见他正削着一支铅笔，仿佛什么也没听见，不过我觉得他手有点发抖，脸有点发白。我是从指缝间打量他的，因为我感到脸红的时候，总是用手捂住双眼。

接下来是课间休息，我像往常一样，来到一条有玻璃窗的走廊里。走廊通向操场，其他同学吵吵嚷嚷在那里玩耍。在这里我孤独一人，在这里没有人来打扰。我从衣兜里掏出《歌集》，开始重读：

大海深藏着珍珠，
天空闪耀着星星，

用诗人的爱情来安慰我这颗为友谊而忧伤的心：

> 而我的心，我的心啊，
> 我心中怀着爱情。

我听到身后有脚步声，回头一看，是彼埃尔·路易。他穿件黑白相间的小格子上衣，袖子太短，领子撕破了，因为他爱打架；一条领带飘动着……他那模样现在还如此清晰地浮在我眼前！有点笨手笨脚，像一个长得太快的孩子显得单薄、娇嫩，乱蓬蓬的头发把漂亮的前额遮住一半。我还没镇定下来，他已走到我身边，立即问我：

“你在读什么？”

我说不出话来，把书递给他。他翻了一会儿《歌集》，又问道：

“你喜欢诗？”他那说话的语气和脸上的微笑，我从来没听到和见到过。

啊，怎么！来者并不是敌人。我的心融化了。

“对了，这些诗我知道。”他接着说道，把那本小书还给了我。“不过，德文的诗，我更喜欢歌德的。”

我胆怯地试探道：

“我知道你还写诗。”

最近班上在传阅路易写的一首滑稽诗。那是他作为被罚做的作业交给迪埃茨的，因为他在堂上“说悄悄话”。

“彼埃尔·路易先生，下周一，你就说悄悄话这个主题，给我写三十行诗。”迪埃茨说道。

这首诗我记得烂熟（我想现在我还记得）。它虽然出自一个学生之手，但非常受欢迎。我开始给他背诵这首诗。他笑着打断我：

“啊！这不是严肃的诗。你愿意的话，我可以另外拿一些给你看，一些真正的诗。”

他正当美妙的青春年华，在一种满腔热情的探索中，仿佛有一种内心沸腾的激情，时时冲击着他蕴蓄的灵感，而这种探索，我觉得是世界上最有趣的事情。

铃响了，宣布课间休息结束，也结束了我们的交谈。这一天我又高兴又满意。可是随后几天，又回到了原来的状态。发生了什么事情？路易不再和我说话，似乎把我忘到了脑后。现在想来，那是由于恋人般的羞怯，他想在其他同学面前，掩盖我们之间新生友谊的秘密。可是，当时我不是这样理解他的，我嫉妒格拉特龙、古维、布洛希，总之嫉妒我看见他与之交谈的所有人；我犹豫不决，不愿走近他们那帮人。我不愿走近他们，既不是因为胆怯，也不是清高，而是我讨厌掺和到其他人之中，根本不相信路易会把我看成和他们一样的人。我窥伺着单独与他相遇的机会，这机会不久就来了。

我说过路易爱打架。他性情急躁，但身体并不那么强壮，所以往往处于下风。阿尔萨斯学校同学们之间的争吵并不那么凶，与蒙彼利埃中学同学之间的相互辱骂毫无共同之处。但路易爱戏弄别人，经常寻衅，只要别人碰了他一下，就拼命地大打出手，所以有时他的衣服被撕破得很厉害。这一天，他的帽子被打掉了，飞得老远，落在我身边。我悄悄捡起来，藏在外衣里面，打算等会儿送到他家里（他家几乎就在学校旁边）；这打算已经使我的心怦怦直跳。

“我这番好意肯定会使他感动，”我心里想，“他多半会说：‘进来呀。’我起初表示不进去了，但后来还是进去了。我们闲聊起来，他可能会朗诵他的诗给我听……”

这一切发生在放学之后。我等其他人都走了，才最后一个出了校门。路易在我前面走着，没有回头。一会儿到了街上，他加快了脚步。我跟在他后面。他到了家门口，我看见他进了一间黑乎乎的门厅，跟进去时，听见他已在上楼梯。他家住在三层楼。他到了三层平台，还按门铃……趁门打开还没关上之前，我连忙以尽可能友好但因激动有点发哑的声音喊道：

“喂！路易，我把你的帽子给你送来啦。”

可是，作为回应，只听见从三层落下这样一句生硬的话：

“好。搁在门房那里吧。”

我的失望持续的时间不长，第三天一次恳切的交谈就使之烟消云散。随后我们又交谈了许多次。不久我就养成了习惯，下午放学之后，总要在路易家里逗留，次数之多，时间之长，以不影响第二天上课为度。我经常对母亲讲路易的种种优点，讲得她都听腻了，要求见见我这位新朋友。我诚惶诚恐把他带到科马耶街，生怕他不讨母亲喜欢。

路易举止文雅，有分寸，颇得体，我把他介绍给母亲时，一颗悬着的心才落地。他走了之后，我非常高兴地听到母亲的评价：

“你这位朋友很有教养。”说罢，她又自言自语般补充道：“这出乎我的意外。”

我胆怯试着问道：

“为什么？”

“你不是告诉过我，他早就父母双亡，与一个哥哥生活在一起吗？”

“应当相信，”我说，“他的文雅举止是天生的。”

但妈妈认为是教育所致。她轻轻摇了摇手（这动作有点像她姐姐），那意思无非是说：“该怎么回答我心里很清楚，但我不想和你争论。”然后，她以和解的口气补充说：

“总之，这肯定是个出类拔萃的孩子。”

这次见面之后不久，路易提出要我某个礼拜天陪他去乡下，譬如去莫东森林。这个地方我已经和卢森堡公园一样熟悉，但我们新结成的友谊会使它具有迷宫①般的神秘。这个计划的唯一阴影，是我许诺给他带些诗去，带一些我写的诗……我对他说我也写诗，真是走得太远了。的确，写诗的欲望时时折磨着我，可是我的缪斯千呼万唤难出来。老实讲，我绞尽脑汁想把自己非常看重的思想，“用诗歌形式表达出来”，就像苏立·普吕多姆②一样。这位诗人令我着迷，但他的榜样和教诲，对我这样一个多愁善感的学生，听之于耳，效法于行，真是危害匪浅。我着着实实让韵脚难住了。韵脚不仅不能为我的

① 指古埃及的墓城和阿门内姆哈特三世金字塔神庙。

② 苏立·普吕多姆（Sully Prudhomme，1830—1907），法国诗人，法兰西学院院士，巴那斯派主要人物，首届诺贝尔文学奖得主。

满腔激情提供护航、引导和依托，相反由于追求押韵，我的激情渐渐倦怠，枯竭。直到这时，我什么也没写成。出发前先一天那个礼拜六，我费尽心思写，唉！真叫人绝望，一首诗也没超过两节。这首诗是这样的开头：

> 我想和他谈谈，他却不理解，
> 我说我爱，他只是淡淡一笑。
> 要与他谈，我也许应选好字眼，
> 对心底的爱，装出蔑视轻贱，
> 不流露激动，也许还应讥嘲。

后面的不值一提，我感觉到这一点，气得不得了。不过，为了说明我的笨拙，我将告诉彼埃尔·路易，我心里只装着一本书，一本打算要写的书，它占住了我的整个身心，使我对其他一切都不感兴趣。这本书题目叫做《安德烈·瓦尔特》，我已经开始写，把自己的全部疑问，自己内心所进行的全部辩论，自己的全部迷惘和全部困惑，尤其是自己的爱情，统统写进这本书里；我的爱情是这本书的主线，其他一切都围绕它来构思。

这本书矗立在我面前，遮挡住我的视线，以至于我无法想象什么时候可以抛开不顾。我不敢把它视为我一生的第一本书，而把它视为我一生唯一的一本书，不敢多存奢望。觉得它会消耗我的全部精力，写完之后我就会死去或者发疯，带着我的主人公与我一道，不知将陷入何等空虚、可怕的境地。很快我就会说不清我们俩是谁引导谁，因为如果什么也不属于他，正如我起初预感的那样，也可以说正如我在自己心里试验的那样，常常催促这个复制者在我前面走，我将冒险地跟随他，准备陷入他那样的疯狂。

还要一年多我才能真正致力于写这本书，但是我养成了记日记的习惯，以便理清内心杂乱的骚动。这些日记有许多页已经原封不动地抄到这些"本子"里。我生活在忧虑之中，而这些忧虑有一个严重的妨害，就是以内省的方式吸引我的全部注意力。除了内心的东西，我什么也不写，什么也不想写；我鄙视故事，在我看来，事件像不合时宜的捣乱者。如今也许只要是编得好的故事我就不欣赏，但重读当时写的那些东西，我就生气。那时我根本不理解艺术寓于特殊之中，反而企图避开一切偶然性，把任何确切的轮廓都视为偶然，而一心向往精深。

如果彼埃尔·路易鼓励我朝这个方向努力，我就完蛋了。幸好他绝不会这样做，因为他是有艺术鉴赏力的人，就像我有音乐鉴赏力一样。你简直无法想象会存在两个天性更不相同的人，所以在与他交往中我受益匪浅。不过我们俩究竟不同到何种程度，这我们还不知道。对文学和艺术都同样爱好，使我们彼此接近。我们觉得（也许我们错了）这种爱好是唯一重要的。

第二年我们分了手。乔治·路易在帕西定居了。我的朋友要去阳松学哲学。我呢，不知道为什么，决定离开阿尔萨斯学校，而进亨利四世中学。或者更确切地说，我决定不久就什么课也不上了，而单独准备考试，只去上几次辅导课。我希望那种哲学课能成为明智的启蒙，但我认为它必然导致内省。第一个学期之后，我马上逃离了中学。

九

我被自己的叙述所驱使，没有能够及时谈到安娜的去世。她是八四年五月份离开我们的。前十天，母亲和我送她去夏尔格兰街卫生院。她要在那里接受手术，切除一个肿瘤。相当长时间以来，这个肿瘤使她人都变了样，压迫着她。我把她留在一个干净、清冷的普通小病房里，此后就再也没见到她。手术做成功了，的确如此，不过使她变得太虚弱了。安娜没能康复，以她卑微的方式告别了人生。她去世的时候人们根本没有注意到，只有在她去世之后才注意到。在她最后的时刻母亲和我都不在她身边，她没有能够与我们告别，她最后的目光所遇到的都是陌生面孔。一想到这些，我的心情就非常沉重。好多个星期，好几个月，我一直想象着她孤独忧伤的情态。我想象、听到那个多情灵魂绝望的呼唤。除了上帝，一切都抛弃了这个灵魂。正是这种呼唤的回声，回荡在我的《窄门》最后几页文字里。

我学完修辞课之后，阿尔贝·德马勒斯特立刻表示要给我画像。前面我说过，对这位表兄我抱着一种多情而热烈的仰慕；在我眼里，他是艺术、勇气、自由的化身。可是，尽管他对我表示出非常强烈的友爱，在他身边我总感到惴惴不安，焦躁地衡量着我在他心里和他思想上所占住的一点点空间，不停地琢磨着怎样才能使他对我更感兴趣。阿尔贝大概也在琢磨如何使我把感情看得淡一些，而我正相反，却考虑如何夸大这种感情。对他的持重我隐隐感到难过。他不能放弃自己的持重，给我提供更大的帮助，这一点如今我都无法相信。

他的表示令我感到意外。首先是要我给他当模特儿，画他打算去美术展览会展出的那幅小提琴手的画像。阿尔贝让我拿一把小提琴，一张琴弓。一次又一次，每次时间都很长，我的手指痉挛地按在琴弦上，竭力摆出一种姿势，既显示出小提琴的灵魂，也显示出我的灵魂。

"现出痛苦的样子，"他对我说。当然这对我来讲一点也不难，因为保持这种过度紧张的姿势，很快就觉得不堪忍受了。弯曲的胳膊发僵发硬，手指抓不住琴弓……

"得啦！休息一下吧。我看你都坚持不住了。"

可是我担心一旦放松，那姿势我就再也摆不出来了。

"我还行。继续画吧。"

不一会儿，琴弓掉到了地上。阿尔贝放下调色板和画笔，我们聊起来。阿尔贝对我讲起他的生活。舅父和舅妈对他的爱好长期持反对态度，所以他很迟才开始认真地绘画，直到四十岁还在摸索，不断失误，不断重来，一直在原地前进。人倒非常敏感，笔却又沉又笨，他所画的一切，都可悲地低于他本人。他意识到自己的无能。可是每画一幅新的画，由于过分激动，希望总是使他得意扬扬，兴奋不已。他声音发抖，眼里噙着泪水，向我讲述他的“主题”，但让我保证不向任何人透露。阿尔贝的画作的主题，往往与绘画甚少有直接关系。他求助于线条和颜色，可是令他懊丧的是，线条和颜色也不听他使唤。他的犹疑和不安全都违背他的意志表现在画布上，具有一种哀怨的优雅，且非常逼真，而与他想表现的东西毫不相干。假如他稍许自信一点，稍许天真一点，这种种笨拙本来是可以为他所用的。可是，他出于良心，出于谦虚，总是认认真真地想把它们纠正过来，结果把自己本来妙不可言的意图也搞得平庸了。我虽然还没有经验，但不得不承认，阿尔贝尽管内心世界丰富，但还无法在艺术界崭露头角；眼下我也只好相信激情是最灵验的东西，像他自己一样希望，他的某个主题会突然获得成功。

“我想把舒曼在他的乐曲《神秘的时刻》中表现的情感，你明白吗？通过绘画表现出来。那应该是傍晚时分，似乎在一座山丘上，一个躺卧的女人的形体，在夕照下的岚气中显得朦朦胧胧，向朝她飞下来的带翅膀的人伸开双臂。我想画那天使的翅膀微微抖动的情状——他用双手模仿翅膀抖动——那样轻柔又那样热烈。”他随即唱起来：

> 天空紧紧拥抱大地
> 在爱的一吻之中。

随后他让我看了几幅草稿，上面乌云密布，把大使和女人的形体，即画的缺点，尽可能地遮住了。

“当然，”他以表示歉意同时发表评论的口气说道，“当然，我也许应该参照模特儿。”说罢他又忧心忡忡地补充道，“你想象不到干这一行多么令人烦恼，譬如这模特儿问题，首先是非常贵……”

这里要补充一句：阿尔贝从他父亲那里继承了他那份财产之后，其境况本来几乎可以称得上富有了的，如果他不承担那些秘密负担的话。这些负担下面必须谈一谈。怕钱不够花的担心时时折磨着他，纠缠着他。再说，为开销而担心属于他的天性，他向来有这种担心。

“你想怎样呢？”他说道，“我是力不从心啊。我一向花钱是锱铢计较的。这是一个缺点，我为之感到羞愧，但始终没能改掉。二十年前我去阿尔及利亚时，带了我为这次旅行而积攒的一小笔钱，由于我担心花钱太多，所以那笔钱几乎原封不动地带了回来。在那里我愚蠢地克制自己，什么都不敢玩。”

当然这根本不是吝啬。相反，这类人都非常慷慨，因此对他们而言，这是朴实的一种表现形式。凡是绘画方面的开销，他都责备自己（因为他从来不能肯定这些画能卖掉）。他可怜兮兮地斤斤计较，生怕浪费画布，又怕多用了颜料，尤其请模特儿的次数计较得厉害。

“再说，”他接着说，“我从来没有找到自己认为合适的模特儿。确切地讲从来没有，而且这些人根本不明白我对他们的要求。你简直想象不到他们有多蠢。他们在你面前摆出的姿势，总是与你所希望的相差很远！我知道有些画家善于理解，有些画家不把情感放在眼里。而我呢，总觉得所看到的东西令我不舒服。另一方面，我又没有那么丰富的想象力，可以不要模特儿……总之，这挺可笑，可是在模特儿摆姿势的整个时间，我总是担心模特儿会感到累，时时控制住自己不请他休息一会儿。”

但是，主要障碍阿尔贝一向讳莫如深，我也是两年后才弄明白的。阿尔贝从十五岁起，瞒着家里人，甚至瞒着哥哥，与一个女友同居。那女友爱他，但嫉妒心重，看见他与一个年轻、美丽的女人，像《神秘的时刻》里所表现的那样脱得精光的女人，成小时关在房间里，她就无法忍受。

可爱又可怜的阿尔贝！在他向我吐露他的双重生活秘密的那一天，我不知道我们两个谁最激动。世间没有任何东西比他的爱情更纯洁、更高贵、更忠贞，也没有任何东西更让他担惊受怕，更要求他专注。他把他已称为妻子、日后将与之结婚的那个女人，安顿在当费尔街一套小房间里。他想方设法让她生活在舒适氛围中；她呢，也设法通过精细的缝纫和针织活儿，增加他们微薄的家庭收入。当他把我带到她身边时，这位表嫂玛丽非常高贵的仪容令我大为惊讶。她那张秀气的脸，既安详又端庄，沉思地俯在暗影之中；她说话细声细气，声音和强烈的光线一样，似乎会使她受到惊吓。我想她是出于谦卑而没有要求阿尔贝使她的地位合法化，其实这种地位因为一个小女孩的出生早该得到认可了。阿尔贝虽然外表孔武，实际是最胆小怕事的一个人。一想到母亲肯定会把这看成一桩门不当户不对的婚姻，并且因此而忧愁时，他就后退了。他害怕所有人和每个人的意见，尤其害怕他嫂子的意见，或者更确切地说，害怕这些卑视的意见可能给他们的同居生活蒙上阴影。他是那样真诚、坦率的一个人，却宁愿暗中使一些手段，这正是这种虚假地位逼出来的。正因为如此，他非常小心谨慎，尤其是他认为自己该着母亲的，就小心翼翼地一点也不敢怠慢，以母亲的心愿为心愿，时间安排也听从母亲支配，可谓言听计从。舅妈呢，自从舅父过世，其他几个表兄成家立业之后，就把阿尔贝视为唯一的伙伴，把他当做不懂事的大孩子对待，相信没有她他就寸步难行。阿尔贝每两天有一天与母亲一块儿吃晚饭，每天晚上回母亲家睡觉。为了保守自己的秘密，他借助于一种友谊，这种友谊在他的生活中所占的地位，的确几乎与他的爱情一样重要。这种友谊得到认可和接受，甚至母亲还相当看好。每当阿尔贝不与母亲一块吃饭，母亲就以为他是与朋友西蒙一块儿吃饭，也以为他是与西蒙在一起而经常迟迟不归。西蒙是单身汉，这样两个大龄青年经常厮混，最容易让人起疑心。夏天舅妈去拉洛克或居韦维尔时，这种友谊的外衣，也为阿尔贝长久不在她身边而与情人外出度假打掩护。

爱德华·西蒙是犹太人。他那个种族的特性，也许除了他的面部轮廓，我觉得在他身上表现得并不太明显。也可能我年纪太小不善于辨别吧。爱德华·西蒙生活很简朴，尽管他并非没有财产。他的兴趣和需要都是帮助和救助别人。他当过工程师，但长期以来除了做慈善家，没有从事别的职业。为了与寻找工作的工人和寻找工人的老板都保持关系，他在自己家里开了一间无偿的职业介绍所。他每天除了访贫问苦，就是东奔西走，进行活动。我想促使他这样做的，主要不是对个别的每个人的热爱，而是对整个人类的热爱，更抽象地说，是对正义的热爱。他赋予自己的慈善事业一种社会责任的性质，从这一点的表现看，他还是很像犹太人的。

面对一种如此充满活力又讲究实际的品质，面对这种品质所取得的显著成果，可怜的阿尔贝感到自惭形秽。他的朋友对他那一套一窍不通，但又不得不表示对他充满信心。

“我需要鼓励，需要支持，”阿尔贝闷闷不乐地对我说，“爱德华假装对我所做的一切都感兴趣。那是出于对我的友爱，实际上他只理解有用的事物。啊！你看，我必须创造出一幅杰作，向我自己证明我不是一个废物。”

说着他举起青筋暴突、多毛的大手，摸一把已经光秃的脑门。不一会儿我看见他浓眉倒竖，和善的大眼睛里噙满了泪水。

“起初我可能对绘画不很敏感，肯定不如对雕塑那么敏感。但是，在如此强烈的欲望激励下，加之如此渴求理解，我的感觉很快变得锐敏了。”有时阿尔贝随手将一张照片往台子上一撂，凭经验他挺高兴，因为我第一眼就从那张照片看出了一幅弗拉戈纳尔[①]的画。我对他那副惊愕的样子感到吃惊，因为我觉得这谁也不可能弄错。他摇摇头，微笑着盯住我，终于说道：

“我应该带你去导师那里一趟。看到他的画室你一定会开心的。”

---

① 弗拉戈纳尔（Fragonard，1732—1806），法国画家，主要作品有《一个老人的头像》、《洗衣妇》、《爱之泉》等。

阿尔贝过去是让-保罗·洛朗的学生。对这个他一直称为“导师”的人，他保持着家犬、儿子和使徒的感情。当时让-保罗·洛朗在田园圣母街住着一套不甚舒适的房子，侧面有两间画室，其中一间改成了洛朗太太接待客人的客厅，另一间供“导师”作画。每到星期二晚上，就把隔开两个房间的帘子拉开。来参加这些每周一次的晚会的，只有几个关系密切的人，大部分是过去的学生。大家听点音乐，聊天，气氛极为诚挚、简朴。然而我头一回加入一个如此陌生的环境，心还是怦怦乱跳……起初，一种和谐、严肃、紫色、几乎暗幽幽的气氛，使我沉浸在一种近乎宗教的情感里。我觉得，这里的一切既悦目又宜思，促使人进入一种不可名状的认真静思。这天我的眼界突然打开了，我立刻明白了母亲的那些陈设是多么难看，我身上仿佛带着那些陈设的某种东西，丢脸的感觉那样强烈，如果不是我过去的同班同学，让-保罗·洛朗的大儿子在场，友好地尽量使我不感到拘束，我定会羞愧、尴尬得晕倒了。

保罗-阿尔贝刚好与我同岁，但是我由于学习上落在后面，很久以来，即自九年级以后就没见到他了；九年级我们还同在一班。在我的记忆中，他是个又懒又笨的学生，不听话，但挺可爱。他坐在教室的后排座位，每堂课自始至终都在作业本上画离奇古怪的画；在我看来那些画真是奇妙至极。有时我故意让自己受罚，高兴地被打发坐到他的旁边。他将笔杆的粗头咬烂，醮上墨水当画笔。他一画起画来就把什么都忘了，一副挺认真的样子。如果老师想起来叫他回答问题，这个保罗就现出惊恐不安的样子，目光涣散，仿佛如梦初醒，引得哄堂大笑。重新见到保罗，而且他还认得我，我自然感到高兴，但更感到不安，担心他把我看成资产者。自从给阿尔贝当模特儿（他刚刚画完我的肖像），我就很注重自己的人物形象。我处心积虑想使自己显得像自己感觉和希望的那样是个艺术家，可是这反而使我不像艺术家，而成了大家所称的那种人：一个装腔作势的人。安娜留下的遗物有一张小写字台，妈妈把它放在我卧室里，让我在上面学习。写字台上面有一面镜子，我常常对着镜子观察自己的容貌，像个演员一样研究、训练自己的表情，从嘴唇上、眼神里捕捉自己希望感受的各种欲望的表现。我特别希望让人爱上自己，哪怕拿灵魂去交换也在所不惜。当时我似乎只有对着那面小镜子才能写——我几乎要说才能思考。要想弄清自己思想上的躁动不安，我觉得首先必须从眼睛里去解读。我像纳喀索斯一样，俯看自己的影像。当时我所写的所有句子，都因此而有点歪扭。

保罗·洛朗和我之间，没有多久就建立了友谊，而且很快发展成了最强烈的友谊。我想等到我们一块儿进行那次旅行之后，才来谈谈我们的友谊，现在先回头来谈谈阿尔贝吧。

并不仅仅是友爱促使阿尔贝向我吐露隐情的。他私下一直有一种打算，不久就告诉了我。他女儿现在十二岁出头了，显示出音乐方面的天赋。阿尔贝呢，十个指头弹起钢琴来像画画一样笨，梦想让女儿安多纳特为他争回这口气，把希望和抱负全寄托在她身上。

“我要让她成为钢琴演奏家。”他对我说，“这会使我得到安慰。我年轻时没有弹钢琴，这让我太痛苦啦。她现在就该开始学了。”

这时，母亲终于发现，我所上的钢琴课一直太过平庸。如果能让我上更好的课，对我肯定大有裨益，所以二十个月以前，她把我的音乐教育托付给了属于最著名者之列的一位老师马克·德·拉努克斯。这位老师很快就使我取得了惊人的进步。阿尔贝请我考虑一下，是否能够给他女儿上课，让我所受的精彩教育也稍许惠及于她。他对花钱的事总是望而却步，所以不敢去请拉努克斯先生本人。我立即开始教课，因为自己所担负角色的重要性和阿尔贝的信任而干劲十足，做到了无愧于心。这些课每周上两次，两年之间我从没耽误过，将之视为荣誉攸关的事情，而这些课使我和我的学生一样受益匪浅。我这位学生后来直接接受拉努克斯老爹的教育。我如果要谋生，就去当教师，最好当钢琴教师。我热爱教育，只要学生值得一教，就肯拿出坚韧不拔的耐心。有过不止一次的经验，使我自鸣得意地相信，我的课能与最优秀的教师的课媲美。至于拉努克斯先生给我上的课，我还没有谈到，担心扯得太远，不过现在是谈谈的时候了。

戈克琳小姐、施夫马克先生尤其梅里曼先生的课，说不清多么令人生厌。我不时还再见到格鲁尔先生，他像他所说的一样，小心在意不让“圣火”熄灭。不过，格鲁尔先生的指导虽然更有条理，但也不能引导我走多远。格鲁尔先生为人太自私，不可能教得好。拉努克斯先生会把我造就成多么优秀的钢琴演奏者，如果我更早被托付给他！可是我母亲同意一般的看法，认为初学时什么样的老师教都成。从头一堂课开始，拉努克斯就将一切加以改进。我以为自己根本没有或者甚少音乐的记忆力，学弹一首曲子，要反复练才能记住，不断看乐谱，眼睛一离开就乱套。拉努克斯的教法那样巧妙，仅仅几个星期，我就记住了巴赫的好几首赋格曲，一次也没翻过乐谱。记得当我看到自己所弹的是b音降号，而乐谱上写的是C音升号时，不禁大为吃惊。跟拉努克斯学习，一切都活了，一切都清晰明了，一切都符合和声必然的要求，一切都巧妙地解构又重构，我都能融会贯通。我的兴奋之情，恰如想象中使徒们感到圣灵降临到他们头上一样。我觉得直到这时，我反复练习神奇的赋格曲，并没有真正听见它的声音，而现在我突然变得会吐露心声了。每个音符都有了特殊的含义，变成了词语。我怀着多么强烈的热情投入学习！这热情激励着我，即使最枯燥无味的练习，我也非常喜欢了。有时上完课，我把位置让给了另一个学生，但还待在楼梯口关上的门外久久不肯离去：门虽已关上，但阻止不了我倾听。取代我的那个学生，年龄可能并不比我大，所弹的正是我刚才练的那首曲子，即舒曼著名的《幻想曲》，弹得有力，高亢，准确，我还无法企及。我在楼梯的一级台阶上坐了很久，嫉妒得直抽泣。

拉努克斯先生似乎很喜欢教我，他的课往往上得比规定的时间长。我是很久以后才知道他向我母亲所做的交涉。他竭力让我母亲相信，为了让我专攻音乐，值得牺牲我其他方面的教育，说我其他方面的教育已经达到足够的程度，请求我母亲把我完全交给他。母亲犹豫不决，征求了阿尔贝的意见，最后自己决断予以拒绝，认为我一辈子有更好的事情要做，而不仅仅是演奏别人的作品。为了不使我产生不必要的抱负，她请求拉努克斯先生绝不要对我透露他的建议（我应该补充说明，母亲对这些建议完全不感兴趣）。这些情况，我是很久以后才从阿尔贝那里了解到的，那时想回头已来不及了。

我师从拉努克斯先生四年，我们之间建立了非常亲密的关系。甚至在他不再教我之后（令我十分遗憾的是，有一天他对我说，他教会了我不依靠他，我表示异议，但也不能使他下决心继续给我授课，因为他认为已没有必要），我还继续经常与他交往。我对他有一种崇敬、一种敬畏之情，就像稍后我对马拉美[①]一样。我只有对他们俩怀有这种情感。在我心目中，他们俩都以最罕见的形式实现了神圣。一种崇敬他人的纯真需要，使我在思想上向他们鞠躬。

马克·德·拉努克斯不仅是一位教员，他的人格本身也是有口皆碑，他的整个一生都值得景仰。他视我为知己。我记录有他的言论，他与我的许多次交谈，特别是他生前最后一段时间的谈话。这些谈话现在拿出来重读，我觉得仍极富教益。引述这些言论会使我的叙述太过冗长，这里只能简略地描绘一下其人。

马克·德·拉努克斯像他的表兄勒孔特·德·李勒一样，生于留尼汪岛。正由于这样一个籍贯，他的头发半鬈曲，但留得相当长，向后披着，皮肤呈黄褐色，目光没有神色。整个人显得是热情狂放与没精打采古怪地混合在一起。他伸给你的手

---

① 马拉美（Stéphane Mallarmé，1842—1898），法国象征派诗人、理论家。

仿佛融化在你的手中，那感觉甚于我所握过的任何钢琴家的手；他那不太灵活的躯体似乎也是同样的品质。他站着授课，在房间里踱来踱去，或者靠在一架只作教学用的大三角钢琴上，两肘朝前，弓着背，一只手托着凸出的前额。身着一件裹紧腰身、剪裁罗曼蒂克的礼服，领子被绕两圈的平纹细布领带撑得竖起来，小小的领带结打得很高；在一定的光线下，颧骨显得凸出，而面颊下陷。整个容貌非常像德拉克洛瓦①的自画像。有时，一种激越的情绪、一种热情令他兴奋不已，使他变得的确风流倜傥。我想是出于谦虚吧，他极少当着我的面坐下来弹琴，即使坐下来也是短暂的，仅仅为了指点我。相反，他常常主动地把平时藏起的小提琴拿出来（至少和我在一块时是这样）。他声称他小提琴拉得很差，然而我们俩合奏的奏鸣曲，他那一部分拉得比我好。关于他的性格，我不想说什么，担心一说就收不住。不过，我情不自禁要提一提这个细节，它能让我们窥透整个人：

他觉得他几个孙子所受的教养很差。

“唔，”他向我敞开心扉道，“我给你举个例子吧：小咪咪（这是他第二个孙女）每星期三来这里过夜。她睡的卧室里有一个闹钟，这孩子就抱怨说，滴滴答答的声音吵得她睡不着。你知道拉努克斯太太如何处理的吗？她把闹钟拿走了。这样怎么能让孩子习惯呢？”

这使我想起玛茜拉克小姐一句精彩的话。有一天我突然

---

① 德拉克洛瓦（Delacroix，1798—1863），十九世纪上半叶法国浪漫主义画家，是印象主义和现代表现主义的先驱。

到了日内瓦她家，正碰上几个老小姐在她家里聚会。其中一个说她的侄孙女对腮角金龟子的幼虫，即人们一般所称的“蛴螬”或“白虫”，特别厌恶。她母亲下决心让她克服这种厌恶。

“你们知道她是怎么做的吗？她打算让这可怜的孩子吃几条！”

“可是，”玛茜拉克小姐嚷起来，“这会使她对这东西厌恶一辈子！”

也许人们看不清这之间的联系。不谈也罢。

阿尔萨斯学校低年级很出色，而高年级却逊色，这是当时众所周知的。修辞课还可以，但哲学课，母亲听信别人的看法，宁愿去一所公立中学听课，所以决定让我去亨利四世中学修哲学课。然而，我打算独自准备新的考试，或者上几节个别辅导课。（我不是以这种方式，两年赶上了五年荒废的学业吗？）我觉得学哲学需要静心，这与班集体许多同学混杂一起的气氛是不相容的。所以第三个月初我就离开了亨利四世中学。在这所中学我是上L先生的课，他答应引导我在形而上学的小径上求索并为我改作业。这是一个小人物，精瘦、短小——我想说的是思想上，身体方面嘛，他个子瘦长。他嗓音尖细而不悦耳，即使最讨人喜欢的想法，经他说出来也会变得索然无味。他抓住的想法一经表达出来，你会觉得上面的花呀叶呀什么的全给扯光了，剩下的仅仅是那可怜兮兮的头脑中的一个概念。他讲课十足地令人厌倦。听他的课，就像过去听库夫先生的宗教课一样，让我彻底失去了兴趣。怎么！这就是那门至高无上的学问，那门我指望能启迪我的人生的学问，那能够俯瞰整个宇宙的知识的巅峰吗？学到叔本华我才得到安慰。我作为“表象和意志”深入他的世界，如痴似醉，难以描述，一门心思反复阅读他的作品，好多个月之间，外界的任何干扰都不能使我分心。后来我师从过其他一些老师，自那之后我更是非常喜欢斯宾诺莎①、笛卡儿、莱布尼茨②，还有尼采。我甚至相信，我相当快地摆脱了这最初的影响。但是，我哲学上的启蒙是多亏了叔本华，完全多亏了他一个人。

七月份考试不及格，十月份我才勉强通过第二阶段业士学位考试。我认为这应该是我第一阶段学业的结束。我根本不想一直读到学士学位，不想学习法律或准备其他任何考试，而是决定立即投身于职业。不过，母亲要我答应来年还是跟迪埃茨先生学习。这无关紧要，从此我感到异常自由，没有负担，没有物质方面的忧虑；我很难想象，在这个年龄就要去谋生的人是个什么样子。自由吗？不，因为爱情和写作前面提到的那本书的计划，使我负有义务。那本书我不能不写，我觉得这是最不可推卸的义务之一。

我做的另一项决定，就是尽早娶我的表姐。那本书有时在我看来只不过是洋洋洒洒的一篇爱情表白和声明。我渴望把这

---

① 斯宾诺莎(Benedict de Spinoza，1632—1677)，荷兰哲学家，十七世纪的唯理性主义者，哲学史上最完善的形而上学体系之一的创建人。

② 莱布尼茨（Gottfried Leibniz，1646—1716），德国自然科学家、数学家、哲学家。

篇声明写得非常高尚，非常感人，不容置辩，在它出版之后，我们的父母就再也不能反对我们结婚，爱玛妞就再也不能拒绝我的求婚。可是，我舅父即她父亲旧病发作过世了。她和我一块儿守护他，关心他，在他最后的时刻我们厮守在一起。我觉得在这次丧事中我们俩算订了婚。

尽管心里急切渴望把这本书写出来，但我感觉到这本书还不成熟，我还没有这个能力。所以我并不太着急，考虑再花几个月时间，进行补充研究、练习和酝酿，尤其是读书（我贪婪地每天读一本书）。妈妈认为，此时让我去做一次短途旅行，会使我的假期过得充实而有益。我也持同样的想法。但在选择去哪个国家的问题上，我们的意见就不一样了。妈妈选择瑞士，同意我可以不需她陪伴去旅行，但不一定是独自一人去。当她说让我参加阿尔卑斯山俱乐部的一个旅行团时，我斩钉截铁地宣布，这种团体的节奏会让我发疯，而且我厌恶瑞士。我是想去布列塔尼，背着行囊，不要同伴。起初妈妈什么也听不进去。我便求助于阿尔贝，他让我阅读过《穿过田野和沙滩》那本书，肯定能理解我的愿望，为我辩护……母亲终于让步了，但至少她要跟我去。最后经商定，我们隔一段时间，例如每隔两三天，在路上会一次面。

我沿途记日记。其中有几页发表在《瓦隆》杂志上，那是做了很多修改的，因为我已经感到很难将自己的思想理清。再说，凡是不费力就表达出来的东西，我都觉得平庸，没有意思。反映这次旅行的另一些文字，收在了《安德烈·瓦尔特》中。正因为这样，这次旅行我就不想说什么了。不过下面这点情况还是要说说。

我沿着海岸，从祁伯龙到青佩，短距离地一站一站往上走，一天傍晚到了一个叫普尔杜的小村庄——如果我没记错的话。这个村庄只有四户人家，其中两家是客栈。最简朴的那家我觉得有意思，便迈进了门槛，因为我口挺渴。一个女佣把我领进一个石灰粉刷的房间，端杯苹果酒往我面前一放就不管我了。房间里家具少又没有墙饰，所以能清楚地看见地上面墙放有相当多的画布和画框。等到房间里只剩下我一个人，我立刻向那些画跑过去，将它们一幅幅翻转过来仔细端详，越端详越惊愕。我觉得这都是一些幼稚的、涂得五颜六色的画，但色调是那样鲜明，那样特别，那样欢快，我都不想走了，而想认识画这些有趣而异想天开的画的艺术家。我放弃了当天黄昏赶到阿旺桥的计划，在客栈里订了个房间，问了用晚餐的时间。

“您愿意单独用餐还是与这几位先生在同一个餐厅用餐？”女佣问道。

“这几位先生”是那些画的作者，一共三位，是带着颜料和画架刚到达的。不消说，我请女佣侍候我与他们一块儿用餐，当然如果这种安排不妨碍他们的话。他们表示我不妨碍他们，就是说他们都是无拘无束的。他们三个都打赤脚，光膀子，说话粗声粗气。整个晚餐时间，我都紧张、贪婪地听他们谈话，惴惴不安地想认识他们，也让他们认识我，想对那个目光明亮的大个子说，他扯着嗓门议论、其他两位附和的那幅画，并非他们以为的那样是出自马斯内之手，而是出自比泽之手……

后来我在马拉美家再见到过他们之中的一位，即高更①。他们之中另一位叫塞吕西埃，第三位我没搞清叫什么名字（大概叫费里杰）。

这年秋冬所做的事情有：在迪埃茨先生指导下进行的无关紧要的工作，拜会亲友，与彼埃尔·路易对话，审查创作计划。我们在后一件事情上迫不及待地消耗着自己的热情。春天，我觉得该动笔写那本书了。这需要一个清静的环境。位于小小的彼埃尔封湖畔一家小小的旅店，为我提供了一个临时住所。过了两天，彼埃尔·路易又来鼓动我，说必须去更远处找个地方。我便动身去格勒诺布尔，从于利亚杰到圣彼得修道院，从阿勒瓦到不知名的什么地方，找遍了整个郊区。大部分旅店仍关门歇业，而山区小木屋专供家庭租用。我开始泄气了，这时在距昂内西不远，几乎在湖畔的芒松，发现了一座漂亮的农舍式小屋，四周环绕着果园。业主愿意租给我两个房间住一个月。我把最大的房间布置成工作间，并立即从昂内西运来一架钢琴，因为我感到没有音乐受不了。我搭伙在湖边一家夏季营业的餐馆用餐，由于节令尚早，整个月只有我一个客人。泰纳②先生住在不远的地方，我刚刚贪婪地读过他的《艺术哲学》、《智慧》和《英国文学》，但我没有去看望他，一方面因为腼腆，另一方面怕分心影响工作。我处在完全清静的环

① 高更（Gauguin，1848—1903），法国后期印象派画家，醉心于“原始主义”，用平淡表现带装饰性的真实场景和原始趣味。

② 泰纳（Hippolyte Taine，1828—1893），十九世纪法国实证主义代表人物，著名思想家、文艺评论家和历史学家。

境中，创作的激情充分释放出来了，始终处于热情奔放的冲动状态。我认为没有这种状态，就谈不上写作。

现在找出我那本《安德烈·瓦尔特手册》，里面那种急促的语调令我恼火。那时我喜欢使用能留下想象余地的字眼，如“不确知的”、“无穷无尽的”、“难以描述的”，等等。我求助于这些词语，恰恰像阿尔贝求助于雾，以掩饰模特儿身上他感到难以画出来的部位。这类词语德语里很丰富，使得德语在我眼里特别富有诗意。很久以后我才弄明白，法语固有的特点是力求确切。这本《手册》虽然是我青春时期躁动不安的神秘主义的证明，但整本书里极少有我愿意保存的段落。然而在写作的时候，我觉得这本书是世间最重要的作品之一；我在书中所描写的危机，具有最普遍、最紧迫的意义。那时我怎么知道它是我个人特有的情况？我的清教徒式的教育使肉体的需求变成了恶魔。那时我怎么知道，我的天性逃避的解决办法是最普遍接受的，只遭到我的清教主义的激烈反对。然而我不得不相信，贞洁状态是暗藏危险的，靠不住的。其他排遣对我来讲一概遭到拒绝，我便重新堕入少年时的那种恶习，而每次重新堕入那种恶习，就进一步陷入绝望。我大量描写了爱情、音乐、形而上学和诗歌，这是我这本书的主题。我前面说过，超过这本书的东西我就什么也看不见了。这不是我的一本书，这是我的全部，我觉得，我的一生应该在这本书里结束了，盖棺定论了。然而有时，当我的主人公陷入疯狂时，我的心灵跳到我的主人公之外，终于摆脱了它，摆脱了很长时间以来它拖在后面的这个死气沉沉的重负，而隐约看见了种种令人眩晕的可能性。我设想模仿格拉特利神甫[①]的《源泉》，写一部《世俗说教》的续篇，绕一个很大的弯子，锁住整个大地，把性格倔强的带回给福音上帝（正如我在第二部更不折不扣宗教性质的续篇中所论证的，福音上帝并不完全像人们平常想象的那样）。我从安娜之死获得灵感，打算写一个故事，题目大概可叫《论安然死去》，后来则成了《窄门》。我终于开始感到世界很大，而我对其一无所知。

记得有一次我在湖尽头那一边走了很远一段路。清静既使我振奋，也使我恼火。到黄昏时分，我内心的要求变得如此强烈，使我在大步行走（步子迈得那样大，仿佛在飞，就是说几乎在跑步）的同时，不断呼唤着那个同学。他那兄弟般的激情会唤起我同样的激情，我向他吐露心声，大声和他说话，因为感觉到他不在身边而哭泣。我决定这个同学就是保罗·洛朗（当时我刚认识，我说的有关于他的情况，以及我被领进他父亲的画室的情况，应该推迟到以后去说），而且异乎寻常地预感到，将来有一天，我们俩会一块儿出发，不要任何同伴，信步漫游。

仲夏回到巴黎，我的书已经完稿。我立刻读给阿尔贝听。他对我毫无节制的虔信和大量引用《圣经》的话感到懊丧。根据他的建议我删去了三分之二，从书里现在还保留的引语，读者可以判断当时有多大的量……随后我读给彼埃尔·路易听。照惯例，每个人的头一本书都要留一页空白，由朋友去补写。

---

① 格拉特利(Gratry，1805—1872)，法国神甫和哲学家，法兰西学院院士。

出于相同的礼貌，阿拉丁[①]把他的宫殿的一个阳台留给他岳父装修。故事告诉我们，他岳父没能做到使这个阳台与整个建筑的其他部分协调一致。同样，我们俩都感到——我感到没有什么能力写一首他那样的十四行诗；他感到没有什么能力写出我的手册中这样一页。为了不完全放弃，路易表示为我写一篇引言，使这本书表面上的确像一部“遗著”。

当时报章充斥着对年轻人恳切的呼吁。我觉得我这本书就是对保罗·德雅丹《当前的义务》的回答。梅尔肖·德·沃居埃《致二十岁的年轻人》一类文章，使我相信人们对我抱着期待。“是的，”我想，“我这本书满足了时代如此迫切的需要，回答了公众如此明确的要求，我甚至感到奇怪，居然没有另一个人考虑抢在我前面把这本书写出来出版。”我担心出版得太晚，大骂印刷商杜穆林。我早就把“付印清样”寄给了他，而他根本没有给我发书。实际情况正如我稍后了解到的，是我这本书使这位印刷商陷于非常尴尬的处境。人家向我介绍说，杜穆林是巴黎最好的出版商之一，但非常信奉天主教，具有正统观念，而又渴望表现出来。他接受了这个工作，但对稿子不了解，然而这时他获悉这部书稿有异端邪说之嫌。他大概犹豫了一段时间，由于担心损害他的声誉，便借用了一位同行的标记。

这个精美但印数很少的版本算是初版，我准备印制一种更普通的版本，以满足大众的需要，我想印数应该很可观。然而

① 阿拉丁(Aladin)，《一千零一夜》里《神灯》中的主角。

杜穆林一直犹豫不决，与那位殷勤的同行的谈判又拖拖拉拉，尽管我小心谨慎，也无法使普通版本起步印制。

书中错排颇多，令我大为沮丧，而另一方面我不得不信服，销售预计等于零，所以当小版本准备就绪时，我立即毁掉了另一个版本。是我自己扛去毁掉的，几乎全部是从装订商那里拿来的（我想大概不到七十本，都是用于赠送新闻单位的）。这些书居然还换回几个钱，令我十分高兴，是按纸的重量付的钱……所有这些书只有珍本收藏者感兴趣。

是的，成绩为零。我的性格天生是这样，从沮丧中得到乐趣。对于头脑清醒的人来讲，一切挫折中都蕴含着一句话："这会让你得到教训。"我听到了这句话，立即放弃了原来的希望，不再想取得自己无法取得的成功，或者至少我所希冀的已开始有所不同，相信掌声的质量比掌声的数量重要得多。

这时我与阿尔贝交谈了几次。这几次谈话使我更快地下了决心，以满足自己天生的兴趣；同时这几次谈话也对我所采取的态度起了决定作用，这种后来受到很多批评的态度，就是我应该避开人家的赞扬。关于这一点，现在大概该解释一下了。

我不想把自己描写得比实际上更具美德，因为我强烈渴求过荣誉，但很快发现，赞扬，一如人们平常所给予的，只不过是一种不真诚的造作。我希望获得有充分理由的爱，而赞扬，如果我感到它是不该给予而给予了我，会让我心里难受。装模作样的关照也不能使我满意。试问，按预订向你提供的东西，或者在利益、关系甚或友谊的考虑支配下向你提供的东西，能使你得到什么乐趣？一想到人家为了表示感激，或为了平息我的批评，抑或为了让我拿出诚意，而对我加以赞扬，这赞扬就立刻失去了任何价值，我就不领情了。对我来讲，首要的是知道我的作品的真正价值，我不需要做一个可能会立即枯萎的桂冠。

我态度的转变来得突然。这中间肯定有恼怒的因素，但这恼怒是短暂的，它能够使我最初采取某种态度，都无法使之保持下去。这种态度人家可能认为是装腔作势，但我自己立刻明白，它完全符合我的天性，我感到心安理得，不想再改变。

我的头一本书狠心印了一定数量。以后的书只印到刚好够就打住，甚至少印一点。我声称今后要选择读者，而且在阿尔贝的怂恿下，声称不要人家为我吹嘘，还声称……不过我想，我的情况主要还是寻开心和满足好奇心，所以声称自己正在冒其他任何人还没冒过的风险。谢天谢地，我生活有着落，可以不把利润放在眼里。我想："我的作品如果有某种价值，就能够存在下去。"我将等待。

一种天生的忧郁使我抱定决心让批评家甚至让读者反感。这种脾气的变化无常，使我刚从一本书里解脱出来，又跳到自己的另一极端（也是出于平衡的需要），写一些恰恰让我前一本书所获得的读者最不喜欢的东西。

"你真让我无法想象，"我的老堂姐弗歇尔男爵夫人（怎么搞的！我还没有介绍过她……）嚷道，"你真让我无法想象，你在一种体裁成功之后，居然不坚持下去。"

不错，我宁愿不取得成功，也不愿固定于一种体裁。即使它给我带来荣誉，我也不愿意走一条现成的路。我喜欢打赌，喜欢未知，喜欢冒险，喜欢不在人家以为我在的地方，也就是在我喜欢在的地方，不让人家来打搅我。对我来讲比一切都重要的，是能够自由地思考。

《手册》出版后不久的一天晚上，我受到阿多尔夫·列特笨拙的恭维，忍不住打断他（应该看到我所做的任何事情，都是决心远远少于本能，我不可能按另外的方式行事），突然不告而别。这事儿发生在瓦舍特咖啡馆或清泉咖啡馆，是路易拉我去的。

“你这样对待人家的恭维，以后人家可不会经常恭维你了。”路易再见到我时对我说道。

然而我喜欢听恭维话，只不过笨拙的恭维话令我气恼。拍马屁拍得不是地方让我反感。与其接受人家不痛不痒的恭维，宁愿不要恭维。我轻易地相信人家是夸大其词；不可救药的谦虚马上暴露出我的缺点。我知道该在什么地方止步，缺点始于何处。我所担心的莫过于听凭人家蒙骗，而且认为要阐述思想时自命不凡乃致命的错误，所以不断让自我评价不超过限度，以贬抑自己为自豪。但愿人们不把我所说的这些话过分地视为矫揉造作。我做这些剖析的行为是自发的。如果动机是复杂的，我有什么办法？并非我硬要搞得这么复杂；复杂存在于我心里。一举一动都会流露我的真情，但我从中根本看不出自己内心的种种矛盾。

我反复读自己，但甚少感到满意。我本来可以把对劳累的极度担心，作为自己不爱交际、深居简出的理由。任何交际，只要我不能充分表现自己的天性，都会使我感到疲惫不堪。

我前面刚提到的那位堂姐出身于纪德家族，是弗歇尔将军的遗孀，尼姆有条街是以这位将军的姓氏命名的。在我年轻的时候，这位堂姐住在拜尔夏斯街一座漂亮的私宅的三层。入口处有条走廊，你穿过院子向走廊走去时，门房按两下一个看不见的铃通报上面，所以你一上去就会见到半掩的门背后有一个高大的仆人，准备领你进去。这个铃发出的声音，完全与我家一个漂亮的干酪罩被轻撞时发出的声音一样清脆；那个干酪罩只在“有客人”来赴晚宴时，我父母才使用。这就是说，大凡与我这位堂姐有关的东西，让人只会想起豪华与排场。我年幼的时候，堂姐经常在一间窄小的房间里接待母亲和我。室内家具都是桃花心木做的。我特别记得一张宽大的写字台，我的目光无法离开它，因为我知道，到一定的时候，堂姐就会从抽屉里拿出一盒果脯来，就像在戏院里剧间休息时掏出糖块或橘子给我们一样。这会使我觉得没完没了的拜访，有一个令人愉快的间隙。堂姐总是利用母亲不知厌倦的耐心，向她倾诉对女儿、银行家、公证人或牧师一大堆令人厌烦的不满。她对所有人和每个人都不满。所以她总是谨慎地不过早把果脯拿出来招待客人，而要等到她觉得客人要丧失耐心的时候。于是她撩起长袍，从塔夫绸裙子里拿出一串钥匙，挑出一把，打开她身旁一张叠橱小写字台的抽屉，在里面找出另一把钥匙去开大写字台的抽屉，从里面拿出那盒果脯，还拿出一沓书信，准备念给我母亲听。那个果脯盒几乎总是空的，所以我只敢有节制地吃一点；母亲则根本不吃。一天我问她为什么？

“你看得很清楚，孩子，”母亲答道，“你堂姐并没有坚持请我吃啊！”

我拿了果脯之后，堂姐就把果脯放回写字台里。于是访问的第二幕开始了。她出示的那些书信，过了没几年，我的耳朵变得相当老成时，也不得不听她念了。那些书信不仅仅是她所收到的信和她的回信的复件，里面也有她与别人谈话的记录，但这些记录并非把别人的话和她的话一样记载下来，所记载的她自己的话都非常有贵族气质，语言简洁而意蕴无穷。我怀疑她像蒂托-李维[①]一样，所记载的并非她说过的话，而是她想说的话。甚至她就是为此而做记录的。

“听吧，我是这样回答他的。”她用夸张的口气说道，接着念信念了很长时间。

“啊！今天他总算懂道理了，长大了。”一天，当我们告辞时她这样说道，“他没有像过去一样问：‘咱们什么时候走？’他也开始对这一切有兴趣啦。”

我终于到了被认为不必再陪伴母亲的年龄。吃果脯那种事再也谈不上了。我已经成熟，人家可以对我说知心话了。当堂姐头一回为我掏出那些书信时，我感到相当得意。

那是在昂坦街一套豪华的住宅里（堂姐已搬家），但她基本只住一间，因为她吩咐将饭送到卧室里吃。去她的卧室途中，可瞥见两间陈设奢华、护窗板总关着的大客厅。一天，她陪我去客厅里，让我看一幅米尼亚尔[②]的著名画像，她想把这

---

① 蒂托-李维(Tite - Live，前59—17)，拉丁历史学家，著有罗马史。

② 米尼亚尔(Nicolas Mignard d’Avignon，1606—1668)，法国画家。

幅画遗赠给卢浮宫。她处心积虑要尽可能剥夺她女儿布朗泽伯爵夫人的继承权。我觉得某些人巴不得能从中推波助澜。她所讲述的事情并不乏味，可是造孽，全是胡言乱语。我特别记得她所讲述的与贝西埃牧师的一次会见，她向牧师讲述了一次企图毒死她的事件，指控是她女儿干的。

“这可是个悲剧事件。”牧师大声说。

“不，先生，这得上重罪法庭。”

她复述这两句话时用的是悲怆的语调，坐在她很少离开的扶手椅里，把腰也挺直了。我现在还看见她坐在那里的神情。苍白的面颊两边是乌黑发亮的鬈曲的假发，上面戴一顶有花边的软帽。身着一件棕褐色罗缎长袍，人一动就窸窣作响。一双修长的手戴着黑色露指手套，很少伸出打褶的宽袖口。她喜欢将两腿交叉，露出一只小脚，所穿的袜子与长袍颜色一样，几乎与长裤的花边贴在一起。她面前放着一个皮里暖脚套，另一只脚总是舒舒服服伸在里面。

她将近一百岁才去世，给我讲这些事情时已经九十岁出头了。

十

《手册》出版之后，我紧接着进入了一生中最捉摸不定、最沉闷阴暗的时期，直到我与保罗·洛朗一块儿出发去非洲，才得以摆脱。一个分心、不安的时期……如果这个时期的阴影之临近，能使后来的一切变得明朗，如果我为写《手册》一书而一直处于的紧张状态，能为这种分心找到某种解释和理由，那么我情愿并拢双脚跳过这个时期。如果我既已无法肯定我心里会产生相反的要求，那么对这样一本书的夸张渲染，什么样的反应不会引起呢？我在这本书里所描写的不安，似乎因为描写了也就消除了。在一段时期之内，我的思想不会再纠缠无聊的小事，而仅仅受最世俗、最荒唐的虚荣心引导。

我不知道爱玛妞对我这本书有什么想法。她让我知道的事情，就是她拒绝我随后提出的求婚。我宣称我并不认为她的拒绝是最终的，我可以等待，无论如何我都不会放弃。不过，有一段时间我不再给她写信，就是写她也不回信。这种沉默令我心里空落落的，感到不知所措。但在这期间，友谊填补了爱情让出的时间和位置。

我几乎每天仍去看望彼埃尔·路易。那时他与他的兄弟住在维洛兹街尽头一座矮房子的三层；那座房子位于街道拐角处，俯瞰着小小的富兰克林广场。站在他工作室的窗口，可以望见特罗卡德罗广场，甚至广场那边。但我们很少想到去望外边，而是专心致志于我们自己、我们的计划和幻想。彼埃尔·路易在阳松修哲学课那一年期间，与同班的三个同学结下了友情，其中两个即德鲁安和齐约很快成了我们的密友（与第三位法兰·诺安我只有一些愉快的、但不经常的接触）。

各种友谊在我的生活中占有重要地位，可是在这本回忆录里我却没有任何欲望谈一谈，关于这一点我力图加以解释。简单讲，可能是担心不由自主扯得太远。通过我的朋友们，我感受到了尼采这句俏皮话所包含的真理："任何艺术家可以利用的不光是他自己的智慧，还有他的朋友们的智慧。"我的朋友们能更加深入了解思想的某个特殊领域，而这是我无法做到的，所以他们经常代替探索者的角色。我出于好感有时陪他们一些时间，那是出于一种本能的考虑，使自己免得进行专门研究。因此，在这个特殊领域，我承认没有一位朋友不高我一筹，不过他们的智慧也许更加局限。我知道对于别人理解最深刻的东西，我比他们之中单个的每个人理解都更肤浅，这样我觉得我就同时理解了他们所有人；在我所处的十字路口，我的目光环视四周，得以透过他们，洞察他们的言论所揭示的各种观点。

如果我不庆幸自己成了这些朋友中每个人最好的朋友，那么我说的这些话就太没意思了。因为每个人都把自己的思想当成中心，认为世界是排列在自己周围。认为还有更亲密的知己，在我是不能接受的。我向别人敞开心扉，像我要求别人向我敞开心扉一样彻底。些许的保留在我看来都是可耻的，大逆不道的。几年后我继承了母亲的遗产，齐约的工业企业濒临破产，请我帮助解救，我没有丝毫犹豫，没有进行权衡，就向他提供了他要求提供的一切，而且认为自己所做的完全是理所当然的。就是他要求再多我也会提供，而不考虑这样做是否真的帮助了他。以致如今我都弄不明白，当时我也许并没把自己的行为特别放在心上，甚至是否我所珍视的是朋友而并非友谊？我信奉的这一套带有狂热的特色，彼埃尔·路易一清二楚，以此嘲笑我。一天下午，他躲在圣絮彼斯一家店铺里，开心地观察了我一个钟头，而我冒着雨，在井边即正好在他这个爱胡闹的家伙约定的地方踱来踱去，其实我已预感到他是不会来的。总之，我对朋友们的欣赏甚于自我欣赏，想象不出还有更好的朋友。我对自己充满诗意的命运所抱的这种信念，使我对一切都抱欢迎态度，看到一切都迎着我而来，相信一切都是天意经过精心选择，指派来帮助我，得到我，使我变得完美。就是在最严重的逆境中，我也多少保持着这种性情，本能地寻求能让自己开心，或者能让自己学到知识的事情。我对命定的友谊如此看重，不屑于考虑也许另外某种变故或办法对我更可取。我不仅喜欢既有的东西，而且认为它是最好的。

然而在对已逝去的岁月进行反思的同时，现在我估量一位博物学家的友谊究竟对我有多少好处。假如那时我遇到一位这样的博物学家，而我对博物学的兴趣那样强烈，肯定会抛弃文学，迫不及待地去追随他……或者追随一位音乐家：路易不久就把我领进了马拉美周围的圈子里，这个圈子里的每个人都自炫热爱音乐，可是我觉得，马拉美本人以及与他过往的所有人，从音乐里探索的还是文学。他们都把瓦格纳[1]奉为神明，对他进行阐释和评论。路易经常在我欣赏时发出这样那样的叫声和感叹，使我对“表现”音乐产生反感。这样我就特别热烈地转向我所称的“纯”音乐，即不企图表现任何意义的音乐，反对瓦格纳的复调音乐，而更喜欢（现在仍喜欢）乐队四重奏、交响乐奏鸣曲。可是我已经过分专注于音乐，讲究自己的音乐风格。我所需要的朋友，也许是能叫我关心他人的某个人，是能让我摆脱自我的某个人，一位小说家。可是那时我只注意心灵，只对诗歌感兴趣。诚然，当我听到路易出于对《人间喜剧》作者的蔑视，把盖兹·德·巴尔扎克[2]称为巴尔扎克老大时，我就生气。然而，当他要我把形式问题置于我所关注的问题的前列时，他是对的，我感激他的这一忠告。

我想，没有彼埃尔·路易，我依然像野蛮人一样离群索居。并非我缺乏与文学界交往并寻求友谊的欲望，而是一种无形的畏惧心理令我却步。总是担心打扰、妨碍按天性我最想接触的那些人，这种心理至今还常常使我动弹不得。彼埃尔是一流运动员，更大胆，肯定也更灵活，具有已经成熟的才华，把

① 瓦格纳(Richard Wagner，1813—1883)，十九世纪后期德国著名作曲家、音乐戏剧家。

② 盖兹·德·巴尔扎克(Jean－Louis Guez de Balzac，1597—1654)，法国文学家、批评家，法兰西学院元老之一。对法国古典散文的发展有过重要影响。

他的头一本诗集奉献给了我们愿意仰慕的长辈。在他的催促下，我决定把我的书送给埃尔迪亚[①]。

“我对他谈到你，他等你去呢。”彼埃尔一再对我说。

埃尔迪亚还没有把他的十四行诗汇编成集，其中有一些已在《两个世界》杂志上发表，另一些被米尔·勒梅特引用，大部分还没发表，却被小心翼翼地保留在我们的记忆之中，而一般人都不知道，所以在我们的心目中显得格外光辉夺目。我头一回按响巴尔扎克街他家的门铃时，心怦怦直跳。

埃尔迪亚与我那时想象中的诗人没有多少相似之处，这是首先让我感到惊愕的。他没有沉默不语的时候，没有任何神秘感，他那像喇叭一样但有点结巴的嗓音没有任何抑扬顿挫的变化。这是一个矮子，体态相当匀称，略显得胖墩墩，但腿和腰板挺得笔直，走起路来鞋后跟噔噔响，蓄一部方形胡子，头发像刷子似的，阅读时戴副单片眼镜，从镜片上方，或者更经常是从镜片侧面，投射出特别混浊、无神、丝毫不显得狡黠的目光。思想是无所阻拦的，他头脑里闪过什么念头，就直截了当地讲出来，所以他与人交谈显得放肆而又特别风趣。他几乎唯一感兴趣的就是外部世界和艺术，我的意思是说，令人困惑不堪的是，他一直处在思辨的状态，对他人的了解仅限于行为。但他读书很多，只是不知道自己缺少什么，所以对什么都不感到需要。这多半是一位艺术家而不是诗人，更确切地讲是一位

---

① 埃尔迪亚(José - Maria de Herdia, 1842—1905)，出生于古巴的法国诗人，法兰西学院院士。

工匠。起初我感到非常失望，后来终于寻思，我之所以感到失望，是否因为我对艺术和诗歌所抱的观念是错误的；单纯职业上的完美，是否并不像我直到那时所想象的那样难能可贵。他总是张开双臂欢迎别人，他的欢迎是那样热烈，使你立刻觉察不到他的头脑的开放程度比双臂还差一点。但他酷爱文学，即使内容上不理解的东西，我想字面上他还是能够理解的，因此我不记得他在什么事情上说过蠢话。

埃尔迪亚每逢星期六接待客人，从下午四点钟开始，他的吸烟室里就挤满了人，有外交官、记者、诗人。如果彼埃尔·路易不在场，我在那里会拘束得要死。这一天也是他家的女士们接待客人的日子，有时一位献殷勤者从吸烟室过到客厅里，或者从客厅过到吸烟室里，门半敞开一会儿，就会听到一阵清脆的叽叽喳喳的交谈声和笑声。我怕被埃尔迪亚夫人或她的三个女儿之一中的一个看见。她那三个女儿，自从我被介绍给她们之后，我觉得稍许经常一点去向她们表示敬意，倒是适宜的。由于担心被她们看见，我不得不待在吸烟室的另一头，隐藏在香烟和雪茄的烟雾之中，就像隐藏在奥林匹斯山的云雾之中一样。

亨利·德·雷尼埃、费迪南·埃洛德、彼埃尔·齐亚尔、贝尔纳·拉扎尔、安德·封泰纳、彼埃尔·路易、罗贝尔·德·博尼埃尔、安德烈·德·盖纳，一个星期都不会缺席。每逢星期二晚上，我又能在马拉美家见到前六个人。在这些人之中，路易和我是最年轻的。

在马拉美家相聚的更清一色是诗人，有时也有几位画家

（我想起的有高更和惠斯勒[①]）。我在别的地方描写过罗马街那个既是客厅又是餐厅的小房间。我们的时代已变得太嘈杂，如今不容易想象得出这个地方那种清静和几乎宗教般的氛围了。马拉美的谈话肯定有所准备，与他精心写出的《杂谈》往往没有多大区别。他的谈话那样巧妙，绝少带说教口吻，仿佛每个新主张都是他即时想出来的，但他并不特别肯定，似乎几乎是以提问的方式向你提出来，竖起食指，神态像是说："诸位不是也可以说……或许……"他的每句话末尾几乎总是带"不是吗"三个字。可能正是通过这三个字，他最能左右某些人的思想。

常常会有某种趣闻打断"漫谈"，就是说他苦心孤诣要使自己的谈话显得风雅脱俗，常常无懈可击地说出一句妙趣横生的话。这使得他的艺术随意地脱离了生活。

有些晚上，围坐在小桌子旁的人不太多，马拉美夫人久久不愿离去，手里捧着刺绣，身旁坐着她女儿。但浓浓的烟很快就使她们逃跑了。我们围坐的小圆桌中央有一大罐烟草，每个人都到里面撮了卷纸烟。马拉美本人不停地抽烟，不过更喜欢用一个小陶瓷烟斗抽。将近十一点钟，热娜维耶芙·马拉美又进来了，送来掺热糖水的烈酒。这个简朴的家庭里没有用人，每次门铃响，总是大师自己去开门。

对于向这两位带夫人献殷勤并成了我的伙伴的这些人，我要描述其中几个。那时我们似乎或多或少都自觉地服从于某种

① 惠斯勒（Whistler，1834—1903），美国画家，长期侨居英国，主张"为艺术而艺术"，以夜景画、肖像画和版画闻名。

模糊的口号，而没有一个人听从自己的思想。运动显示出与现实主义对抗的态势，并且也激烈地反对巴纳斯派[①]。我坚信叔本华的主张（我不明白某些人居然更喜欢黑格尔而不喜欢他），认为一切非绝对的东西、生活整个多棱镜般的多样性都是“偶然性”（这正是当时人们使用的词）。我的每个伙伴也差不多一样。错误不在于从“现实主义”所展示的错综复杂的混乱中，引出一般性的美和真实，而是按既定的决心背离现实。我因讲究美食而获救……现在再来谈谈我的伙伴们吧。

在他们所有人之中，亨利·德·雷尼埃无疑最引人注目。他的外貌已经显示出这一点。他风度翩翩，真诚可爱，时时感到自己出类拔萃，但注意掩饰，不流露出来。他个子太高又瘦，显得笨手笨脚，但那副笨样子都挺讨人喜欢。头一眼看上去，他的长相给人强烈印象的，是高高的前额、长长的下巴和长长的脸，还有一双修长漂亮的手。他经常抬起手，捻那下垂的高卢式长胡子。一副单片眼镜使整个人物臻于完美。勒孔特·德·李勒曾经戴过诗社里风行的单片眼镜，这些先生之中好几位也戴。在埃尔迪亚和马拉美家，雷尼埃出于谦恭，差不多总是沉默不语。他机灵而又活泼，在谈话时（我指的是马拉美的谈话）只是谨慎地搭腔，使谈话变得更加活跃。但与人促膝交谈时，他的谈吐则变得优雅。我总是不出半个月就会收到他的一张便条：“如果没有更好的事情可做，明天晚上就过来吧。”我不能肯定如今去参加这样的晚会，我是否也会感到那

① 十九世纪下半叶法国的诗歌流派，又称高蹈派，强调韵律。技艺完美和描写准确。

样愉快，但那时我没有更多的企求。记得我们两个都话不多。那时我还不抽烟。他的声音显得有些懒洋洋的，但有着异乎寻常的魅力，也许不如马拉美的声音悦耳，却更加响亮，不压低一些就显得刺耳，但用以表达他那些极异想天开、极令人困惑的想法，就显得带某种艺术性了。我说他的想法，而没有敢说他的思想，因为人们对思想很不信任。我不知道面对人和事有什么调侃的乐趣。时间过得飞快，午夜十二点钟敲响时，我还不想离去。

读者想必可以理解吧，这些描写是我把散落各处的资料汇集起来的，有的已超过十来个春秋。因此，那是不久以后……记得是一个晚上，我觉得雷尼埃显得忧心忡忡，他摘掉单片眼镜，目光显得茫然。

“你怎么啦，朋友？”我终于问道。

“咳！”他整个上半身晃了晃，用严肃而又滑稽的口气答道，“我就要度过三十岁大关啦。”

他顿时在我眼里显得很老了。这已经是很久以前的事了！

那时，弗朗西斯·维耶雷-格里芬是他最亲密的朋友。人们常常把他们的名字连在一起，混淆他们俩写的诗。读者长期认为，只有格律诗才看得出差别，所有自由诗都是一样的。每当音乐、绘画、诗歌方面一种新技巧被普遍接受时，情形也是这样。然而这两个人分歧极大。他们之间的友谊，一如我与彼埃尔·路易之间的友谊，是建立在阴差阳错的基础之上。格里芬是最为襟怀坦白、正派老实、干脆爽快的人，不过我绝不是想说雷尼埃相反是个居心叵测、诡计多端、城府很深的人。当然不是这样！学识渊博的素养陶冶着他最敏感、最淳朴、最高尚的感情，使之变得优雅、光彩、温和，终于使他对任何事情都不会显得愕然，对任何激情都是事先控制住了并下决心体验的。有些人力图达到这种境界（这种人我认识一些），认为这是最高境界。在我看来，这种境界他们往往达到得太容易了点儿，太快了点儿，总是使自己受到损害。换句话说，我觉得，这种理想境界只适合于那些枉费心机力图达到的人。格里芬肯定不是会怎么力图达到的人。他是用俏皮话幽默地表现自己，尽管他非常真挚地热爱我们的国家，热爱美好的法兰西语言。他的言行之中，总是保持着一种难以形容的愣头愣脑、桀骜不驯，粗暴地让人感觉到他的"新世界"。他像勃艮第人一样，声音略显沉浊（我发现他那位风度翩翩的同乡斯图亚尔·梅利尔也一样），使他说的每句话都有一种奇特的味道；如果他不过分地喜爱反论，他的表达方式就再真诚不过了。他有着非常好斗的性格，为人慷慨，嫉恶如仇，骨子里有点像清教徒。对他经常接触的文学界往往矫揉造作的极端放荡不羁，他难以将就。他经常与亚历山大体的诗干仗，与孟戴斯[①]干仗，与习俗干仗，与时代干仗。他每讲述完一件事，总要说下面这样一句话，同时开怀大笑（他甚至生气时也寻开心）：

"可是纪德，我们究竟该说啥？"

他一张脸圆圆的，挺开朗，前额仿佛一直延伸到后颈，不

① 孟戴斯（Catulle Mendès，1841—1909），法国作家，其诗歌创作受巴纳斯派美学影响很深。

过他从一鬓将一大绺头发撩到另一鬓，盖住过早谢了的头顶。他虽然言谈举止放肆，但还是注重礼仪的。他脸色挺红润，眼睛是勿忘我草那种颜色（有些跟他很熟的人，对我说他的眼睛是灰黄色的，但现在浮现在我眼前的，仍是勿忘我草色）。他那被窄小的礼服紧裹的身躯显得很强壮，裤子总显得过窄，过分粗短的胳膊尽头一双手宽度超过长度。据说，一天晚餐后，他打赌双脚并拢从餐桌上跳过去，结果果然跳了过去而且什么也没摔碎。这是传说。实际上只要有人请他跳，他就会从客厅里所有桌子上跳过去。作为一位诗人，这已经足以令人吃惊了。

他是第一个就《手册》那本书给我写信的人。这一点我不会忘怀，而且想对他表示感谢。我很想与他深谈，可是他的谈吐那样不合常情，使我非常拘谨，不敢苟同他的说话方式，便只好装傻，不一会儿便只由他一个人说了。他呢是这样一个人，只要说得来劲，根本不需要听对方说什么。我常常带着很明确的想法去找他谈，总是直到告辞出来都插不上三句话。

思想的另一个小毛病有点妨碍我与他交往，这就是总处于警醒状态但并不总是很清醒的敏感。他时时担心人家不会想到他，弄得我也时时担心自己会显得没有想到他。他这种担心往往促使他最终干出某种大蠢事，弄得自己也挺尴尬，直到他最可贵的品质真诚占了上风，一阵开怀大笑，才把一切一扫而光。于是你看到面对你的，只有他明澈的目光。一个事例胜过所有议论（我说过在这里我超越了十多年的往事）。

我接替了莱昂·布劳姆在《白色杂志》文学批评栏的职

位，专门负责散文作品；和我共事的居斯塔夫·康负责诗歌。附带提一句，居斯塔夫·康在某些人之中以“自由诗的发明者”著称。那时这是一个争论很激烈的问题，激怒了不止一个人，其中就有格里芬。他声称，在必要的时候，自由诗完全可以不要康，它是独自产生的，或者它另外有一个父亲……格里芬出版了《维兰德带翅膀的传说》，像他出版的其他书一样，给我寄了一本。我不能对这本书进行评价不免感到遗憾，我在对他表示感谢的信中，并无恶意地写了这句不合时宜的亚历山大体诗：

在康的土地上我什么不能猎取！

格里芬大概火冒三丈。反正三天后我收到这封令我惊慌失措的回信：

亲爱的纪德：

四十八小时以来我一直在研究你的来信。

我决定给你复信，请你解释这句奇怪的话是何含义，是何意义：

“在康的土地上我什么不能猎取！”恭后复音以为你效劳为荣的

仆人

一九〇〇年二月二十日

我们俩都非常真诚，彼此都怀着强烈的好感，因此误会不可能不很快消除。

格里芬的暴躁虽然也显示出他慷慨大度的性格，却使我犯了一个错误，一个性质和后果都相当严重的错误，那就是贬低雷尼埃一本题为《双重情妇》的书。在这件事情上，我有点愚蠢地言听计从，亦步亦趋，而后立即又真诚地后悔。格里芬认为，雷尼埃写这本书是走错了路。不久前出版的《白三叶》那本书，披露了他的天性的某个方面，那是更纯真、更淳朴、与格里芬很相近的一面。格里芬完全不是只懂得啃书本，他所带来的更好的东西我也讲不清楚，也许除了这个领域的钥匙，还有某种尚显得不自然的自发性，某种清新的空气，而这，应当承认，当时我们的文学正是迫切需要的。在他看来，宽恕《双重情妇》就是开倒车。他认为这本佳作空话连篇，充斥着编造的道德败坏。他竭力让我相信，我如果能让雷尼埃幡然悔悟（这似乎是可能的！），直言不讳地揭露他的错误，无论对法国文学还是对雷尼埃本人，都会大有助益。请读者听清楚，我绝不是企图推卸或缩小我所写的那篇严厉甚至不公正的文章的责任。我只是难得地找到这个机会，表示悔恨，因为我没有按照自己本来的兴趣行事，而是听从了逆反和对抗的需要（这倒也是符合我的天性的），没有老老实实凭自己的爱好行事。不消说，雷尼埃依然我行我素，令读者非常高兴。我那篇文章唯一的效果，就是给我们之间一直非常好的关系，带来一片新气象。不过，即使没有那篇文章，不久我们也会因新的原因而闹得不和，我们的兴趣差异太大。

去马拉美家、埃尔迪亚家、博尼埃尔家、尤迪斯·戈迪埃家、勒孔特·德·李勒家去得最勤的人之一，无疑是埃洛德。我呢，最后两个人家里根本没去过，博尼埃尔家去得很少。我所说的只是传闻。不过我充分了解的，是我到处都遇到费迪南·埃洛德。他就是有新的约会，也不会离开你。令我赞叹的是，他居然还剩下时间写作和读书。事实上他写得很多，什么书都读过。凡是那时我们所热衷的问题，他都能提供取之不尽的资料。例如被称为“双角铁砧”的十四行诗或乐队使用萨克斯问题，他能谈论着这些问题陪你走几公里路。在马拉美家一次聚会或者一个节目不管什么时候结束出来，他都会陪你走，而且是步行。我母亲就因为这一点很喜欢他，因为她知道我一个人过了半夜还在街上走很担心，指望埃洛德会一直把我送到家门口。他靠一部大胡子，尽量使自己那张温厚的娃娃脸显示出阳刚之气。他是最好的同伴，最忠实的朋友。每回你需要他的时候，他就出现在你面前，甚至更经常。简直可以说他是专为等待别人而存在的。费迪南·埃洛德自从发表了一篇关于或者毋宁说反对尊重的文章，就将头往后多仰了几厘米，而将胡子往前多翘了几厘米。这篇文章论证，与所罗门所说的相反，《智慧书》起始之处，刚刚是上帝的担心终止之处。每种尊重，对父母，对习俗，对权威以及其他——我说每种尊重，都包含着一种盲目，人只有摆脱盲目，才有可能迈向光明。齐亚尔、拉扎尔、埃洛德和其他几个人的反军国主义，甚至到了厌恶军服的程度。他们认为军服令人联想到仆人的号衣，会伤害个人的尊严。我不想谈论他们的国际主义而开罪他们，因为回过头来揣度他们这方面的观点，可能对他们毕竟是一种侮辱。实际上这些观点我也有，我想我肯定是赞同他们的。甚至我无法想象，智慧和所受教育达到了一定程度的人，会持别的观点。大家想必可以理解，在这种条件下，我认为服兵役是一种不可忍受的灾难，如果可以逃避又不构成叛逆，就应该设法逃避。

埃洛德有时由他的表兄伴随身旁。那是一个五大三粗的比利时人，名叫封泰纳，也许是最好的一个人，非常温柔多情，而且从他的沉默寡言判断我想并不笨。他似乎发现，绝不说蠢话的最可靠的办法，就是根本不开口说话。

关于罗贝尔·德·博尼埃尔男爵我能说什么呢？他年轻的妻子以美貌著称，在他到处受到的欢迎中并非毫无作用的。我也相信他搞过新闻工作。他不久前出版了一本小说，题为《小马日蒙》，我没有读，但埃尔迪亚沙龙里那些常客从中看出法兰西传统的种种优点，都挺高兴。这时他又完成了一本八音部诗歌体的小小的童话集子，乐于朗诵给别人听。他相当善良，但我觉得（我说的是其人）性格易怒，当他在埃尔迪亚家朗诵完他最新写出的一篇故事时，我差点引起一场风暴。记得故事所写的是一位骄傲的美人儿掉了或扔掉了一只手套，献殷勤而遭到拒绝的骑士赶忙跑过去，尽管有危险（我不记得是什么危险），还是把手套捡了起来（席勒的作品中不是已有这类东西吗？）。而后，当终于被征服的美人儿俯下身子时，骑士却倨傲地说：

Passe aussi son chemin，ma chère.

故事就这样结束了。平时我像封泰纳一样沉默寡言的，这时不知怎么竟斗胆问道：

“你不担心这‘sse aussi son’吗？”①

大家面面相觑。救了我的是一开始大家都没反应过来。而后当每个人都情不自禁狂笑起来时，博尼埃尔又能怎样呢？我想这之后他修改了最后这行诗。

博尼埃尔以很有头脑著称。这种声誉使他非常自信，不管对什么事情，他的看法都是不可动摇的，一味地固执己见。天哪！他那不容置辩的口气真让我气恼，当我听见他断言：

“每个作家的作品都应该可以用一句格言加以概括。越是容易概括，作品流传下去的机会就越大。凡是概括不了的东西都是陈腐的。”

在他诚恳的一再邀请下，有一天我下决心去他家时，他问我是否找到了自己的格言，我何以对？他抓住我上衣的一粒纽扣，像他所习惯的那样，脸几乎贴近我的脸。我吓坏了。起初是往后退，现出莫名其妙的样子，而他紧紧抓住我不放：

“总之，”他接着说，“你愿不愿意事先把将来的作品概括为一句话，一个句子？这句话是什么？你自己知道吗？”

“当然！”我不耐烦地大声说。

“好啊，一句什么话？好！说出来。一切全在这句话。”

---

① 前面这行法语诗歌的意思是：“走你的路吧，亲爱的。”但诗句中 sse aussi son 读起来像绕口令，挺拗口。

最可笑的是，我这句格言我知道，只是出于害羞，犹豫着不愿告诉这个滑稽的家伙，仿佛这是我一生纯粹的秘密。最后实在顶不住了，我真的气得直发抖，用失真的声音一字一顿地说：

“我们每个人都要表演。”

他惊愕地看着我，终于松开了我的纽扣。

“好啊，成啦！孩子。”他嚷道（他比我大得多），“表演吧。”

我对这句“格言”如果不稍做解释，我的确就显得太蠢了。尤其当时它专横地支配着我的思想，简直成了新的主宰。直到这时我据以生活的道德观，近来让位给了我还没弄得太明白的某种更绚丽多彩的人生观。我开始觉得，义务对每个人来讲可能是不尽相同的，上帝本人很可能对这种千篇一律也感到厌恶；造化就反对千篇一律，但基督教的理想却似乎力求千篇一律而压抑天性。我现在只接受具体的道德，这种道德有时会提出相互对立的绝对必要的要求。我深信每个人，或者至少上帝的每个选民，都要在世间扮演某种角色，确切地讲就是他自己的角色，与其他任何人的角色是不相同的。因此任何让自己服从于某种共同准则的努力，在我看来都是叛逆，不错，是叛逆，我将之视为反对圣灵的这样一种“十恶不赦”的大逆不道，因而使个人丧失了自己确切的、不可代替的意义，丧失了他那不可复得的“味道”。我在我当时所记的那本日记的题词中，写了不知从哪儿拈来的这句拉丁话：

人类特有的使命，就是完全承诺始终给予可能的智力以充分的动力。

的确，我被开始呈现于我眼前的生活的多姿多彩陶醉了，也被自己的变化陶醉了……不过我决意在这一章只谈他人。现在再回头来谈吧。

贝尔纳·拉扎尔真名为拉扎尔·贝尔纳，是出生于尼姆的犹太人，个子倒不算矮小，但看起来又粗又短，其不讨人喜欢难以言喻，一张脸只看见腮帮子，整个上半身只看见肚子，两条腿只看见大腿；透过单片眼镜，他对人对事都投以尖酸刻薄的目光，仿佛他对所有人和事都不欣赏，都极端蔑视。他心里充满最高贵的情感，就是说，他无时无刻不对同时代人的粗俗野蛮和荒淫无耻感到义愤填膺。可是，他似乎又需要粗俗野蛮，只是通过强烈的反衬才意识到自我，义愤填膺一旦减弱，就只剩下反光了。他正在写《传说的殷鉴》。

拉扎尔和格里芬将他们好斗的性格结合在《政治和文学对话》之中。这本封面为深红色的小刊物，说真的编写得倒是挺不错的。我那篇《论纳喀索斯》发表在上面，令我欣喜异常。我总是令人难以想象地缺乏这种感觉，而这种感觉在许多情形下是胆大的基础，亦即是对自己在别人思想上的信誉的直觉。我所追求的总是低于我应得的份额，不仅什么也不懂得索取，而且对人家给予一点点东西感到荣幸，掩饰不住自己的惊喜。到了知天命之年，这无疑是个弱点，可是我才刚刚开始弃旧图新。

贝尔纳·拉扎尔令我感到担心。我本能地感到，他身上存在着可能误入歧途而又与艺术毫不相干的因素。这种感觉大概不止我一个人有吧。它不致使齐亚尔和埃洛德与拉扎尔保持距离，因为他们都持同类的意见，免不了要走到一起去，但至少使雷尼埃、路易和我与他保持距离。

“你注意到雷尼埃善于掌握分寸吗？”路易对我说，“那天他差点儿情不自禁把拉扎尔完全当作伙伴了。可是正要去拍拉扎尔的膝盖时，他控制住了。你没看见他的手停在空中？”

德雷福斯事件[①]发生时，拉扎尔准备投入战斗，担当了众所周知的重要角色。我们顿时明白了，他找到了自己的路线。而直到此时，在文学上他只是在候见室里等待接见，正如其他许多人终生所做的一样。

阿尔贝·莫凯尔我还没有提到过，他领导着一个小小的但重要的法语比利时语刊物《拉瓦洛尼》。在一个流派之中（我们的确形成了一个流派），由于相互切磋琢磨，每个人的审美观都有所克制，变得高雅，因此我们之中很难有一个人会犯判断错误，要么至少这个错误会是整个流派犯的。除了这种集体的审美观，莫凯尔还有着非常精辟的艺术见解，甚至精到纤毫必究。与他这种精细的思想比较起来，你的思想就未免显得鲁钝粗俗了[②]。他的谈吐之精妙十分罕见，而且充满精细的暗

① 德雷福斯(Dreyfus, 1859—1935)，法国军官，犹太人，被军事法庭以叛国罪判处终身监禁，引发要求释放他的政治风波，即著名的德雷福斯事件。后经重审，德雷福斯被平反昭雪。

② 马拉美谈到一位非常高雅的夫人时说：“我对她说‘你好’时，总感到是在对她说‘他妈的’。”

示，你非得踮起脚趾尖跑才能跟得上。交谈因为过分诚实，一丝不苟，所以通常是一种令人晕头转向的说明，谈到一刻钟，你就忍受不住了。他此时正在写他那本《略显天真的弹词[①]》。

以上这些人我每周要在埃尔迪亚家、马拉美家或别的地方会见好几次。除了他们之外，我经常交往的人之中，还有一个可怜的小伙子，我不敢明确地称为朋友，但对他充满一种特殊的情谊。这个小伙子就是安德烈·瓦克纳埃，一位博学的文人的孙子。多亏这位文人给我们留下了一本出色的《拉封丹传》。小伙子体弱多病，禀赋聪颖，当然了解他无法获得的东西之可贵，但造化只给了他一副悦耳的嗓子，即仅够他抱怨所必需的东西。他在巴黎文献学校毕业后，即在马扎利纳当图书馆助理管理员。他与我的德马勒斯特舅妈有相当近的亲戚关系。在舅妈的安排下，我在一次晚宴上遇见了他。那时我还没写完《安德烈·瓦尔特手册》，即还差一点才满二十岁。安德烈·瓦克纳埃大我几个月。他的殷勤和对我的关注立刻博得了我的喜欢。为了不欠情，我想象在他身上发现了与我模模糊糊计划写的一本书的主人公，有非常相似之处。那本书的题目拟为《情感教育》。不错，已经有一本福楼拜的《情感教育》。但我这本书更切近题旨。当然，瓦克纳埃很兴奋，爱上了我打算描绘他的这本书。我问他是否愿意来给我摆姿势，就像给画家摆姿势一样。我们约定了日期。这样三年间，凡是我在巴黎

① 弹词是中世纪一种半诗半散文体作品。

的时候，每周三下午两点到五点钟，安德烈·瓦克纳埃都来我家里给我当模特儿，除非我去他家。有时我们把时间延长到吃晚饭的时候。我们不知疲倦地、滔滔不绝地闲聊。普鲁斯特著作的文本最能使我想起我们山南海北的闲扯。我们无聊地议论一切，大钻世事的牛角尖。这不是浪费时间吗？我不这样想，因为从一定意义上可以说，精辟的思想和精妙的文笔，不经过吹毛求疵是不可能得到的。我说了可怜的小伙子身体很不好，他脆弱的体质不患哮喘，就会全身生满湿疹。看见他那样形容憔悴或听见他喘息不止、哼哼唧唧，真叫人可怜。他也因为写作的欲望而悲叹，可是他什么也做不来，只有在思想上可怕地折磨自己。我听他倾诉自己所遭受的挫折和自己微弱的希望，显然没法安慰他，只不过表现出有兴趣听他诉说自己的痛苦，而让他感到有理由生活在这世界上。

他让我认识了一个比他自己还可怜的人。这个人的名字我不会说的，就叫他X吧。他那身体非常单薄，只能在各家沙龙里展示他那身剪裁得无可挑剔的衣服。你与他一起去上流社会，会惊异没有看到他，连衣带人整个儿给挂到衣帽架上。在家家沙龙里，他那部琥珀色柔软光滑的长胡子后面，发出幽灵般的、非常悦耳的声音，柔声柔气地说一些乏味得不能再乏味的平凡琐事。他每天饮茶的时候才外出活动，奔走于上流社会，在那里充当小广播、传声筒、和事佬、旁听者。他不断把我带到瓦克纳埃也经常出入的这样一些地方。幸好，我身上没有任何特点，会使我在上流社会非常引人注目。我误入歧途地迈进一些沙龙，在那里显得像只夜鸟。不错，我所穿的剪裁相当好的礼服、我长长的头发、竖得高高的衣领、欠身的姿势，都引人注目，但我一说话就令人失望。我的头脑很迟钝，至少是根本不会推销自己，所以我不得不保持沉默。每当要开玩笑时，无论是在波雷夫人家、拜涅尔夫人家（这位夫人一点也不蠢），抑或在J子爵夫人家（——啊，X先生，她大声说，给我们朗诵苏利·普吕多姆的《摔碎的花盆》吧。她经常说错别人的称谓和姓名，例如谈到她对英国大画家约翰·伯恩斯的仰慕时，可能说成伯恩·约翰斯。）总之每当要开玩笑时，我总是显出惊慌失措的样子。

在乌卢索夫王妃府上，大家兴致更高，至少都挺开心，谈话无拘无束，最疯狂的人受到最热情的接待。王妃有着丰满的美，一身东方式的打扮，态度和蔼可亲，说话滔滔不绝，看上去对一切都感到开心，能立即使每个人都不感到拘束。交谈疯疯癫癫，有时显得荒诞不经，人们不免怀疑，某些非常粗鲁的话，女主人是否真的听不明白而上当。不过，她总是保持着一种天真、真诚的态度，使人家不好意思一味地冷嘲热讽。在一次盛大的晚宴上，当穿号衣的仆人端上美味佳肴时，大家突然听见她用次女低音冲他喊道：

“你那个肿块怎么样啦，卡西米尔？”

不知什么鬼促使我，有时我单独与她待在一块，会突然揭开她的钢琴，开始弹奏舒曼E调《新事曲》。这时我无法弹出应该弹的节奏。令我大为惊讶的是，她对动作的批评非常准确，和颜悦色地排出几个错误，显示出她对这首曲子完全熟悉和理解。而后她说：

"你觉得我这架钢琴好，就来这里练吧。你会使我感到愉快，又不会打扰任何人。"

那时王妃刚认识我，这个建议令我感到窘迫，而不是让我感到适意。因此我没有接受。我作为例子提及这件事，是为了说明王妃不假思索的可爱的处事方式。但大家经常悄悄议论要把她送进精神病院，所以我在她身边待的时间长点儿，就担心她的异想天开会变成真正的精神错乱。

有天晚上我带王尔德[①]去她家，出席亨利·德·雷尼埃在什么地方描述过的那次晚宴。席间，王妃突然大叫一声，宣称她刚才看到这个爱尔兰人的脸四周有一个光环。

也是在她家的另一次晚宴上，我认识了雅克-艾弥尔·布朗什——在这一章里我唯一点出姓名的仍在交往的人。但关于他有那么多事情要说……关于梅特林克[②]、马塞尔·施沃布和巴雷斯[③]，我也留到后面去描述。我一脱离童年，就迷失在这片黝黯的热带雨林里。也许我已经使它的氛围，也使我游移不决的憧憬和我对热忱的寻觅，太过沉重了吧。

我将这本回忆录给罗杰·马丁·杜·加尔[④]看，他责备作

---

① 王尔德(Oscar Wilde，1854—1900)，爱尔兰作家、诗人、戏剧家，十九世纪末英国唯美主义运动的主要代表，"为艺术而艺术"的倡导者。

② 梅特林克(Maurice Maeterlinck，1862—1949)，比利时象征主义诗人和剧作家，一九一一年获诺贝尔和平奖。

③ 巴雷斯(Maurice Barrès，1862—1923)，法国作家、政治家，以其狂热的民族主义倾向给同时代人很大影响。

④ 马丁·杜·加尔(Roger Martin du Gard，1881—1958)，法国小说家、剧作家，一九三七年获诺贝尔文学奖，代表作为长篇小说《蒂博一家》。

品总是说得不够，让读者无法感到满足。然而我的意愿一直是什么都说。不过，吐露隐情要有个限度，超过这个限度就显得做作、勉强了。我追求的主要是自然。我思想上大概希望使整个描述更加清纯，所以写得过分简洁。描述不能不有所选择，最棘手的是，乱糟糟同时发生的情况，却要写得似乎是相继发生的。我是一个爱自言自语的人。我内心的一切都在相互争吵，相互辩论。回忆录永远只能做到半真诚，不管你多么关心真实，因为一切总是比你说出来的更复杂。也许在小说里更接近真实。

下　卷

一

我据以写出现在这些记述文字的事实，以及我的心灵和思想的活动，在最初的启示下是怎样的，我就想怎样写，而不要过分地显示我随后对它们所做的评价。尤其这种评价已不止一次改变过，而我对自己一生的看法，根据它在我内心里显得清晰还是不那么清晰，也是时而宽容，时而严厉。如果我最近看到一个重要角色即魔鬼参与演出这出戏，那么我在叙述这出戏时，也不会一开始就让我很久以后才辨认出来的这个角色介入。无论要绕多大弯子，无论会被引向怎样盲目的幸福，这都是我打算要叙述的。我满二十岁的时候，开始相信我无论遇到什么情况，都会是幸福的；直到前几个月，我还保持着这种信心。使我对此突然产生怀疑的那件事，我视为自己一生中最重大的变故之一。怀疑过后我依然镇定自若，可见我的快乐多么强烈。我心中怀着如此强烈的自信，因此最初发生的最不幸的变故，仔细考虑起来，可能也最能让我们获得教益，使我们懂得，坏事可变成好事。祸兮福所倚，我们之所以经常不知福，是因为幸福到来之时，不是我们所预期的那副面孔。我无疑太性急，会把整个叙述弄糟，如果我把这快乐的状态视为已经是确定无疑，而其实我刚刚想象这是可能的，尤其我刚刚敢于想象这是允许的。后来我阅历更丰富了，这一切在我看来自然更容易了，我可以笑对小小的困难给我造成的巨大痛苦，连那些还模糊不清、我还辨认不出轮廓因而感到害怕的微弱愿望，我也能清楚地一一说出来。这时我什么都要去发现，同时发明痛苦和医治的良药，我不知道这二者哪一个在我心目中最可怕。我所受的教育就是这样培养了我，赋予某些事情如此的重要性，以致我根本想象不到，那些使我心神不安的问题，根本不令整个人类尤其不令单独的个人感兴趣。我像普罗米修斯一样觉得奇怪，人居然能够没有鹰而活着又不被吃掉。我毕竟喜欢这只鹰，开始与它妥协。是的，对我而言，问题依然如故，不过在人生路上越往前走，我已经不再把问题看得那么可怕，也不再从那么尖锐的角度去看待它。什么问题呢？我很难用几句话确切地讲出来。不过，有问题这不是已经不寻常了么？用最简单的话来讲，这就是：

你以什么神的名义，以什么理想的名义，禁止我按自己的天性生活？但这种天性会把我带到何处，如果我只按天性行事？迄今为止，我奉行的是基督的伦理道德，或者至少是人们作为基督的伦理道德而教给我的某种清教主义。为了竭力遵循这种主义，弄得我整个人深深地陷入了惶恐之中。我不赞成生活可以没有准则，我的肉体的要求不可能不需要得到我的思想的同意。这类要求如果更为一般，那么我怀疑我的惶恐是否会小一些。因为问题根本不在于我的欲望要求什么，尽管这么长时期我以为应该拒绝它的一切。不过我终于开始怀疑，上帝本人是要求如此的克制，如果不断反抗并非大逆不道，又不是针对上帝的，而且在这场自我闹别扭的斗争中，我可以合情合理地把错误归咎于另一半。最后我隐约看到，这种不协调的二重性也许很可能转化为和谐。我立刻觉得，这种和谐可能就是我的最高目标，就是寻求活在世上的明显理由。当九三年十月我乘船去阿尔及利亚时，我的热情驱使我奔向的并不仅仅是一片新的土地，而是奔向“这个”，奔向那金羊毛[1]。我决意出去走走，但犹豫了很长时间，委决不下是否跟我表哥乔治·普舍走，他邀请我去冰岛进行一次科学考察旅行。当保罗·洛朗在一次什么竞赛中得奖，获得一笔旅行费，不得不远走他乡一年时，我还在犹豫。他选择我作为他的旅伴，这才决定了我的命运。于是我与这位朋友一块儿出发了。在阿尔戈号船上，这位希腊的优秀分子并没因庄严的热情而激动得发抖。

我想我说过，我们两个刚好同岁。我们有一样的身高，一样的外貌，一样的思想方法，一样的兴趣爱好。他从与美术专业的学生们交往中，获得了一种爱嘲讽的自信，掩盖了他非常谨慎的天性。他爱开稀奇古怪的玩笑的习惯，也令我欣赏和开心，但将之与自己迟钝的思想比较时，又令我感到失望。

我与保罗的过往也许不如与彼埃尔·路易的过往频繁。但是，我觉得我对前者怀有更真挚、更有可能发展的情谊。彼埃尔的性格中，有着我难以说清的咄咄逼人、罗曼蒂克、喜爱对抗的一面，使我们之间的关系过分波动。相反保罗性格柔

---

① 金羊毛，典出关于阿尔戈号船英雄们的神话，金羊毛是人人都想得到的珍贵财宝。

婉，和我的性格一样随和。在巴黎，我每次看见他多半都是与他弟弟在一起。他弟弟性情不那么好通融，虽然年轻点儿，但总是催促我们，所以与他交谈总很简短。我每周上他们家两次学习击剑，都晚上去，其实那只不过是借口，到了那儿就是看书和长时间交谈。保罗和我都感到我们之间的友谊与日俱增，而且欣喜地发现，彼此身上都有建立兄弟情谊的种种可能性。我们处在人生的同一点上。然而我们之间有这样一个不同点，就是他的心是自由的，我的心则被爱情占住了。但我下了决心不受爱情羁绊。在出版了《手册》一书之后，表姐的拒绝也许丝毫没有使我气馁，但至少迫使我把希望寄托于更远的将来。因此，正如我前面所说，我的爱情几乎依然是神秘的。魔鬼是否愚弄我，让我认为爱情中可以掺杂任何肉欲的念头都是有害的，这正是我还无法弄明白的事情，尽管我拿定了主意要将爱情的快乐分解，甚至觉得这种分解是可取的。这样快乐会更纯洁，爱情会更完美，如果心灵和肉体压根儿不相互搅在一起的话。是的，保罗和我，我们在出发的时候都下了决心……保罗在伦理道德方面大概是有教养的，但接受的是天主教的教养，而不是清教徒式的教养，又是在艺术家的环境下，经常受到恶劣的画家和模特儿的挑逗。也许会有人问我，那么，他怎么已经过了二十三岁还是童男呢？我会回答说，我这里叙述的是我的生平，而不是他的生平；再说，这种情况比人们想象的要常见得多，因为凡是这种情况都不愿意让别人知道。胆怯、害羞、反感、矜持、不为人理解的多愁善感、在一次笨拙的尝试之后动不动就紧张（我想保罗属于这种情况），这一切都使人在门槛边止步。于是，接着产生的便是怀疑、茫然、浪漫和忧伤。这一切我们都厌倦了，这一切我们都想摆脱。但是，主宰着我们的主要是对特殊、离奇、病态和不正常的厌恶。记得在出发之前的交谈中，我们都憧憬一种平衡、完满和健康的理想。我想，这就是我对人们如今所称的“古典主义”的最初向往；而这古典主义与我最初的基督教理想对立到何种程度，这我永远都无法讲清楚。但这一点我很快就明白了，所以出发时连《圣经》都不肯带。这件事看起来好像没什么，其实有着极为重要的意义。直到那时，没有一天我不从这本圣书里吸取道德的营养和教益。可是，恰恰因为这种营养对我来讲已变得必不可少，所以我感到需要断了它。我不可能与基督诀别而不感到某种痛苦，故直到现在我还怀疑自己是否真正脱离了基督。

洛朗的朋友拉蒂尔兄弟留我们在土伦住了几天。我受了凉，在离开法国之前就开始感到不舒服了，但丝毫没有流露出来。身体问题在我一生中如果不如此重要，我不会在这次旅行一开始就谈到的。我一直体质娇弱，征兵体格检查委员会连续让我推迟两年入伍，第三年就最终免除了我服兵役，体检表上填了“结核病”。我真说不清是免服兵役令我高兴呢，还是这个检查结果使我害怕。再说，我知道家父就是……总之，在土伦染上的这种尚不明显的伤风，立刻令我很是不安，我几乎犹豫起来，是否让保罗一个人上船，我过些天才去与他会合。不过我还是决定听天由命，这几乎总是最明智的做法。况且，我想阿尔及利亚炎热的气候，比任何地方的气候对我都更有利，定会使我康复。

当时土伦正欢迎俄国舰队到访。港口悬挂着彩旗，一入夜，灯火辉煌的城市直到最窄的巷子，洋溢着不寻常的欢乐气氛。就是这样，我们整个旅行过程中，从第一站开始，以后每到一处，我们都觉得那个地方和当地居民都沉浸在欢乐之中，连大自然在我们走近时也显得兴奋不已。不记得我当时为什么让保罗一个人去参加在舰队的一艘装甲舰上举行的晚会，大概因为我感到太疲劳，也许因为小巷里那种纵情陶醉的场面更吸引我吧。

第二天我们是在海边拉蒂尔兄弟漂亮的别墅拉西米亚纳度过的。保罗记得，在那里我对他讲述了我后来所写的《田园交响曲》那本书的题材。我还对他谈了另一个更加雄心勃勃的计划，这个计划我本来应该在各种顾虑将它吞噬之前就付诸实现的。一个题材的困难最好在写作过程中逐步发现，一下子看清楚了就使你丧失了写作的勇气。我当时打算写一个民族、一个国家一部虚构的历史，其中包括一些战争、革命、政权更替和种种重大事件。每个国家的历史与任何另一个国家的历史都不相同，我却自鸣得意地要描绘出为所有国家的历史所共同的轮廓。我要创造出一个个英雄，一个个君主，一个个政治家和艺术家，杜撰出一种艺术，一种文学，介绍其种种倾向和种类，叙述每个种类的演变和杰作，披露一些片断……这一切是要证明什么呢？人类的历史可能各不相同，我们的风俗习惯、我们的兴趣爱好、我们的法律和美的标准也各不相同，但不管怎样依然是人类的。我投身于这样一个计划之中，可能会晕头转向，但也许会很开心。

我们从马赛渡海到突尼斯，海上基本上风平浪静。我们所在的船舱空气闷热，头天夜里我出了很多汗，连床单都粘到了身上，第二夜便跑到甲板上去睡。巨大而灼热的闪电在遥远的非洲方向闪烁。非洲！我一遍又一遍念着这个神秘的名词，心里充满了恐惧——诱人的恐惧，也充满了期待，我狂热地将目光投向炎热的黑暗，投向那令人透不过气来、被闪电重重包围的希望。

啊！我知道去突尼斯旅行并没有什么不同寻常，不同寻常的是我们去那里。当然，如今珊瑚岛上的椰子树再也不会使我感到惊奇，骆驼也不再像当年站在船甲板上最初望见时那样令我惊叹了。在环抱我们所驶进的入口那个狭长低矮的半岛上，一头头骆驼的侧影宛似天上的剪影。我预料到在突尼斯会见到骆驼，但压根儿没想到它们如此奇特，还有船靠码头时从水里弹飞出来的那群金色的鱼，争先恐后你推我攘抢着为我们拎行李的那批一千零一夜的人。我们正处在人生的这种时刻，任何新奇事物所带来的惊喜都会令我们陶醉，令我们同时品尝到干渴和解渴的滋味。这里的一切都令我们惊奇，超乎一切预料。我们会多么天真地落入商贩们的圈套！可是，那些白罩袍和呢斗篷的布料多么漂亮！商贩给我们端上的咖啡喝起来多么香！请我们喝咖啡的商贩多么慷慨！我们在市场上出现的第一天起，一个十四岁的小向导看准了我们的外表，就陪同我们逛店铺（说他如果收佣金就愧对我们）。他法语说得勉强还可以，人又可爱，所以我们约他第二天到我们下榻的旅馆来找我们。他名叫塞西，原籍吉尔巴岛，据说即古代的洛托法日岛。记得到约定的时间他没来，令我们挺不安。几天后，他来到我的卧室里（我们离开了旅馆，在杰兹拉街租了一套三间的住房），送来我们刚买的东西，随即半脱掉衣服，给我表演怎样穿裹袍，记得我当时真有些不知所措。

我们在洛克勒克将军家遇到的朱利安上尉，牵来几匹军马让我们骑，并且表示愿陪我们去城外。到此时为止，我只在骑术训练场见过骑马，学生们在教练挑剔的目光下，骑着马枯燥乏味地列队而行，教练纠正他们的姿势。那是在一间暗淡、封闭的大厅里，沉闷地来回绕一个钟头圈子。那匹阿拉伯栗色矮马，在我看来可能性子太烈了点，但当我决意让它冲出去，尽情地奔跑起来时，那真是其乐无穷。不一会儿，就只剩下我一个人，与同伴们走散了，又迷了路，不过并没怎么担心能否在天黑之前找到同伴和路。突尼斯城和扎关山之间辽阔的平原，沉浸在夕阳金黄和绛紫色的光辉里，每相隔很长一段距离，耸立着已倒塌的旧引水槽一个巨大的桥拱。我想象这就是把山林水泽仙女神堂喷泉洞窟清澈的泉水，引到迦太基的那条引水槽。一池咸水宛似一片血湖，我策马沿着荒凉的湖岸走去，惊飞了几只火烈鸟。

我们打算在冬季没来临之前不离开突尼斯城，计划从南边抵达比斯克拉。鉴于恶劣的季节就要到来，朱利安上尉权威的忠告打消了我们推迟出发的念头。他审查了我们旅行的路线，计划好经过哪些驿站，反复介绍我们沿途的宿营地。如果我没记错的话，经过吉利德盐湖地带的行程，应该是有一队军人保护我们的。我们幼稚地、毫无预见地驰向沙漠深处，相信我们吉星高照，肯定干什么都会成功。我们每天花二十五法郎雇了一名向导和一名车夫。车夫赶着一辆挺大的双篷四轮马车，即一种由四匹马拉的豪华马车，应在四天之内把我们载到苏斯。到了那里再考虑是否放弃这辆双篷四轮马车，改乘去斯法克斯和加释斯的公共马车。向导和车夫都是马耳他人，都挺年轻，背阔腰圆，孔武有如强盗，令我们喜出望外。我现在还赞叹不已，花那么一点钱，竟雇了这样两个随从。不过不消说，回程也照样每天付钱的。驿站都安全可靠。我们的行李和食物都绑在马车后面。保罗和我钻在一堆阿拉伯呢斗篷和毯子里，活像两个沙俄贵族。

“和他们在一起令人吃惊的是，小费要得这样少。”保罗说道，他总是善于用一句话概括整个情况。

我们要在扎关过夜，整个一天我们都看见前面的扎关山在慢慢靠近，一小时比一小时更呈玫瑰色。渐渐地我们爱上了这个单调而辽阔的地方，爱上了它色彩斑斓的空旷和它的寂静。可是这风！风一停，就热得不堪忍受；风一刮，就冻得浑身发抖。风像滔滔的河水一样刮着，不间断地猛烈地刮着，穿透毛毯，穿透衣服，甚至透彻肌肤，我觉得连骨头都给冻僵了。在土伦的不适好了之后，疲劳（我坚持不让疲劳压垮）仍然使我感到不舒服。不跟着保罗走我难以做到，所以他走到哪儿我跟到哪儿。我相信，没有我他走的地方肯定更多。他出于友谊，经常体贴地停下来。而一停下来，我就扛不住了。我要时刻小心在意，担心自己穿得太多或穿得太少。在这样的条件下向沙漠里驰去是发疯。但是我不愿意半途而废，完全被南方的吸引力迷住了，被海市蜃楼迷住了；海市蜃楼使我们觉得南方温暖。

扎关镇以及它可爱的果园和流水，隐蔽在大山的一个皱褶里，显示出许多优越的条件。如果在这里停下来，我也许很快就会痊愈。可是怎能不想象更远处……呢？我们饥肠辘辘、精疲力竭地赶到旅店。刚用完晚餐，我们就准备去卧室，已经一心一意想睡觉了。正在这时一个骑兵（我对军服一窍不通，可能把步兵与骑兵搞混）来对我们说，要塞司令（我对军阶同样一窍不通，从来不会识别肩章的杠杠）得到报告说我们到了，很高兴接待我们，不会同意我们不住在兵营而住到别的地方去。他还补充说，村子里已经发现几例霍乱，待在村子里是不谨慎的。对我们来讲，这不合时宜，因为我们已经在卧室里摊开行装。第二天必须一大早就离开扎关，我们已经瞌睡得不行，可是怎么拒绝呢？我们不得不重新收拾行李，让一匹等在门外的骡子驮上，然后跟在骡子后面。去兵营有一公里多路程，好几位无所事事的军官在等着我们。他们的意图是想拉我们去一家摩尔人咖啡馆跳舞唱歌，这是当地唯一的娱乐。我推辞说自己累了，保罗一个人跟了去。一位军官主动表示带我去宿舍，但其他人还没走远，他就让我在他对面一张桌子前坐下来，在桌面上摊开一篇介绍各种阿拉伯方言的文章，我不得不阅读了一个多小时。

在兵营里过的这一夜倒不算白过，我在这里认识了臭虫。那军官觉得我已经很困顿，才把我昏头昏脑地领进一间宽大的厂棚，里面只点了一支蜡烛，黑乎乎的照得不太亮，一个角落里摆了两张行军床。蜡烛一吹灭，臭虫们便蜂拥出来参加盛筵了。我并没立刻意识到是臭虫，还以为是谁恶作剧在毯子上撒满了令人发痒的毛。痒和瞌睡斗争了一段时间，但痒占了上风，瞌睡被打败了，退走了。我想重新点亮蜡烛，但找不到火柴。我记得曾瞥见床头一条小圆凳上有一把凉水壶，便趁着从墙缝里透进来的月光，拿起水壶来猛喝了几口，并且把手帕打湿。贴在发烫的头上，又把衬衫领子和袖口打湿。再睡是不用想了，我便摸索着把衣服穿上。

在门口我碰上了回来的保罗。

“我受不了啦，”我对他说，“出去走走。”

“注意我们是在兵营里，你不知道口令，走远了会引起向你开枪的。”

兵营静静地沉浸在月光里。我在厂棚门口来回踱了一会儿。我仿佛死了，不再有重量，不再是物质，像一个梦、一个回忆飘浮在空中，如果我看见的那边那个哨兵向我迫近一点，我就会消失在夜间的空气中。

我不得不返回厂棚，丝毫没有觉察到自己和衣躺到床上，只是被起床号唤醒时发现自己躺在床上。

有人来通知，马车在旅店门口等待我们。早晨的空气从来没像在这个狂躁的夜晚之后这样令人惬意。扎关一幢幢房屋的白墙，昨天黄昏被玫瑰色的天空衬托得呈蓝色，眼前在清晨柔媚的碧空下，呈绣球花的色彩。我们离开扎关而没有看到它的山林水泽仙女神童的喷泉洞窟，这使我把它想象成世间最美丽的地方之一。

第二天，道路变成了往往无法辨认的小路，但它一离开山区，就进入了比昨天那个地区还干旱的一个地区。

将近中午，我们走近一面有洞的悬崖，上面有一群蜜蜂飞来绕去，只只蜜蜂的身体上淌着蜜汁——至少按向导的说法是这样。傍晚我们到达昂飞达的样板农场，在那里过夜，第三天到了凯峦。

圣城没有任何预示就出现在沙漠中间。它的近郊非常荒凉，没有任何植物，只有仙人掌，那种奇形怪状的绿色掌状物，上面布满毒刺。据说一丛丛仙人掌里面藏着眼镜蛇。城门旁边的城根，一个魔术师让一条这种可怕的蛇在随着笛声跳舞。城里的所有房屋，仿佛是为了欢迎我们到来，都刚刚用石灰水粉刷一新。这些光影憧憧而显得神秘的白墙，只有南方沙漠绿洲的泥墙我更喜欢。我饶有兴致地想，戈蒂埃肯定不喜欢这些墙壁。

我们凭着介绍信被引领到圣城的权势者们身边。使用这些介绍信其实很不谨慎，我们的自由会因此受到很大限制。在哈里发[①]府上举行晚宴，有一些军官出席。晚宴排场很大，很愉快。饭后，有人请我在一架低劣的钢琴前坐下，我搜索枯肠，想弹奏一首伴客人们跳舞的曲子……我为什么要讲述这一切？啊！只不过是想推迟后面要讲述的事情。我知道这些情形没有什么意思。

我们在凯峦度过整个第二天。在一座小清真寺里正在举

① 哈里发为穆罕默德的继承者，伊斯兰国家的领袖。

行阿伊萨吾阿的祈祷仪式。这种仪式从狂热、奇特、优美、庄严、可怖等方面讲，都胜过我后来所看到的一切，甚至在阿尔及利亚的另外六次旅行中，我也没遇到过任何类似的仪式。

我们又上了路。我的身体状况一天不如一天。风不停地刮，一天比一天寒冷。在沙漠里又走了一天之后，我们抵达了苏斯，我呼吸非常困难，感到非常不舒服，保罗只好去找医生。没想到医生认为我的情况相当严重，不记得他开了一种什么诱导剂，以减轻肺部的壅塞，并答应第二天再来。

不消说，旅行是继续进行不下去了。不过，在我们放弃通过最冒险、最漫长的路线抵达比斯克拉之时，我们倒觉得比斯克拉不是过冬的坏地方了。返回突尼斯城吧，火车差不多用两天时间，就能乏味地把我们送回去。眼下我首先需要休息，因为我的身体状况不允许我立刻出发。

现在我该来写一写我是以怎样的心情听医生宣布我的病情，我给大家造成了怎样的惊慌。不记得我当时有多么不安，大概因为那时我对死亡并不非常害怕，或许因为对死亡降临的想法既不紧迫也不明确，抑或因为我昏昏沉沉不可能有激烈的反应。总之，我并没怎么准备唱哀歌。我只是听天由命，心里也没有别的遗憾，只是悔不该拖累了保罗。我叫他留下我一个人，他独自继续旅行，但他听都不愿意听。因此我这场病的头一个效果——如果可以说的话，这场病得到的补偿，就是让我衡量一种如此珍贵的友谊。

我们在苏斯仅待了六天，单调乏味的六天。然而那闷闷不乐地等待的背景，倒是衬托出一个小小的插曲，在我心里引起很大的震动。这件事讲嘛不太恰当，不讲嘛更是自欺欺人。

保罗有时离开我去画画，我呢不舒服但没有那么厉害，免不了有时去找他。再说，我这次生病期间，没有一天卧床不起，甚至没有一天待在房间里的。我每次出去一定会带上大衣和披肩，刚到外面，就会有个小孩子主动上前来帮我拿。这天来陪我的孩子，是一个年纪很小褐色皮肤的阿拉伯人，前几天我就注意到他混在旅店附近那帮闲逛的淘气鬼之中。他像其他小孩子一样戴顶伊斯兰小圆帽，身上贴肉直接穿件粗布褂子、一条突尼斯灯笼短裤，这条短裤使他那两条光腿显得更细。他表现得比他的同伴们更谨慎，或者说更胆小，所以平常他的同伴们事事都抢在他前头。但这天我出门时，不知怎么没被那帮孩子看见，而在旅馆拐角的地方，这个孩子突然追上了我。

旅馆位于城外，这一侧附近多沙。看到在乡村生长得那样茂盛的橄榄树，在这里被流动的沙丘掩埋了一半，心里真难受。令人意外的是，稍远处居然遇到一条河。那是一条涓涓细流，刚刚从沙子底下钻出来，倒映一下天空，就汇入了大海。一群黑人洗衣妇蹲在那一点点淡水边，这就是保罗驻足这里的理由。我说好要去找他的，可是在沙子里行走那样累人，我只好听任阿里——这是帮我拿大衣和披肩的那个孩子的名字——在沙丘上拖着我走。不一会儿我们到了一个沙坑或者一个像火山口的地方，坑的边缘几乎俯瞰着整个地方，可以看见向沙丘走来的人。到了沙坡上，阿里立刻扔掉披肩和大衣，自己也扑倒在沙坡上，仰卧着，双臂伸开，笑嘻嘻地看着我。我不致蠢到这种地步，连他的挑逗也不明白。不过，我并没有马上做出回应，坐在他不远的地方，但也离得不太近，也定定地看着他，非常好奇地等待着，看他要干什么。

我等待着，今天我很欣赏自己当时那种顽强精神。不过真是好奇心使我等待着吗？这我闹不清了。我们的行为神秘的动机，我想说的是最具决定性的动机，我们往往搞不清，不仅在我们所保留的记忆里是这样，而且当时就是这样。在人们所称的罪孽的门槛边，我还犹豫不决吗？不，这次奇遇如果以我的操守的胜利结束，就太让我失望了。我对自己的操守已经抱了蔑视和厌恶态度。不，的确是好奇心使我等着……我看见阿里的笑容渐渐消失了，他那露出雪白牙齿的嘴唇闭上了。沮丧、忧伤的表情使他那张迷人的脸笼罩了阴云。最后他站起来：

“那么，再见。”他说。

我一把抓住他伸过来的手，把他放倒在地上打滚。他脸上立刻重新露了笑容。他没有耐心花很多时间去解代替腰带的绳子复杂的结，从衣兜里掏出一把小匕首，一刀拉断已弄乱的结，衣服落在地上，将褂子扔得远远的，挺起赤条条的身子，像一尊神。他伸开细瘦的双臂，向苍天举了一会儿，一边哈哈大笑，然后紧贴住我倒在地上。他的躯体可能是滚烫的，但我的手抚摩上去觉得像阴影一样清凉。这沙地多么美好！在傍晚辉煌迷人的夕照中，我的快乐可谓光芒四射……

这时天色向晚，该去找保罗了。我的样子也许流露出了我的极度兴奋，我想保罗觉察到了什么，但也许是出于谨慎，他什么也没问，我什么也没敢说。

我已多次描写过比斯克拉，不想再来描写。我在《背德者》里描写过的那个被阳台包围的套间，即绿洲旅店提供给我们的那个套间，正是当年准备给拉维日里[1]枢机主教住的那套，可是他正准备下榻这里，死亡就把他掳去完成白色神甫们的使命了。我睡的是枢机主教专用的那张床，在最大的房间里，我们也把这个房间当客厅用，旁边一间更小的做餐厅；我们不愿意与在旅店里包饭的人一块用餐。饭菜由一个阿拉伯少年用托盘送来。少年名叫阿特曼，是我们雇来使唤的。他不超过十四岁，但与放学以后到我们阳台上来玩弹子和陀螺的其他孩子比较起来，个子很高，很魁梧，如果不说很强壮的话，阿特曼比他们整整高出一个头，所以他在他们身边几乎自然现出保护者的样子。他那副保护者的样子显得天真纯朴，甚至十分滑稽，非常令人开心。这表明，他那副样子也许有点可笑，但并非是不情愿的。总之，他是我所见到的最好心、最老实的孩子，不会挤对别人，像诗人一样天生不会赚钱，相反随时准备花钱和施舍。他向我们讲述他的梦想时，我们明白那是约瑟[2]的梦想。他很喜爱故事，知道许多故事，讲起来笨嘴拙舌，慢吞吞的，保罗和我开玩笑说那是东方式的。他懒散、清闲，具有这样一种可爱的才华，并且达到了很高的程度，即过高地估计自己的幸福，而在梦中、希望中和醉意中，把现实的操心事抛到九霄云外。他费了很多心思帮助我明白，阿拉伯人民虽然

---

① 拉维日里(Lavigerie, Charles, 1825—1892)，法国人。天主教枢机主教兼阿尔及尔与迦太基城（即突尼斯城）大主教。

② 约瑟(Joseph)，基督教《圣经》故事人物，一指圣母马利亚之夫，耶稣的养父；一指雅各的第十一子，遭兄长忌妒，被卖往埃及为奴，后做宰相。

多才多艺，所创造的艺术作品却甚少，之所以这样，是因为他们不想把自己的快乐积攒起来。这方面有许多话可说，但我不允许自己离题。

阿特曼住紧挨餐厅的第三个房间。那是一间小小的斗室，朝向整套房子尽头一个很小的阳台。早晨阿特曼总在那阳台上为我们擦皮鞋。一天早晨，保罗和我发现他在那里，正做土耳其式的打坐，穿着他最漂亮的衣服，打扮得像过节似的，他四周放了十二支蜡烛，全都点燃了，尽管是大白天。每两支蜡烛之间，有一小束插在小花瓶里的鲜花。阿特曼打坐在这不算华丽的装饰中间，正挥动刷子一下一下有节奏地擦皮鞋，一边扯开嗓门唱一首什么歌——听起来像是感恩歌。

当他背着画架、颜料盒、马扎和阳伞，跟着保罗踏遍整个沙漠绿洲时，就不那么兴高采烈了。他汗流浃背，气喘吁吁，突然神气活现地摆出一副折服的样子，嚷道："啊！多美的景致！"试图让主人放弃到处走的兴致停下来。这是保罗回来后非常开心地向我讲述的。

我觉得自己的身体状况很难跟他们一块儿去，每次总是有点忧伤地看着他们出发。最初那段时间，我只能在门口的公园里走走。的确，我总很担心，心脏的这把扇子——阿特曼这样称肺部——不肯效力，我呼吸很困难。我们一到比斯克拉，保罗就去找过大夫D。大夫D带来了烧灼器，马上派上了用场，此后每两天来一回。按照这种火针疗法，交替在胸脯上和背上洒上松节油，经过半个月，肺充血便局部化了，可是却突然从右肺转移到了左肺，使大夫D惊慌失措。我的体温没有问题，记得最突出的症状，就是每天傍晚和早晨都发烧。我从阿尔及尔运来了一架相当好的钢琴，可是稍许调一下音阶都会累得喘不过气来。我不能干任何活儿，不能长时间集中注意力，可怜地挨着漫长的日子，所能得到的消遣或快乐，就是在我们的阳台上或公园里看孩子们游戏，如果天气允许我下楼去公园里的话，因为当时正逢雨季。我并没有喜欢上他们之中任何人，而是不加区别地喜欢他们的青春年少。看到他们个个身体健康，我找到了精神支柱，除了他们，我不希望与其他任何人交往。他们纯朴的动作和天真的谈话，也许无异于默默的忠告，促使我更加尽情地生活。我觉得在气候和生病的双重掩护下，我的苦行僧般的生活瓦解了，我的眉头舒展开了。我终于明白了，骄傲地不受诱惑的背后所隐藏的是什么东西；再说我已不再把那称之为诱惑，因为我已不再防范诱惑。西尼奥雷写到我时评价说："固执甚于忠实。"我为自己的忠实得意，固执嘛，从今以后我就是要死抱住我以前说过的那个决定不放：使保罗和我，使我们两个恢复正常。生病并没有使我罢休。我希望读者明白决心在随之发生的事情中所占的全部分量。如果有人坚持要让我这种倾向继续下去，那么这是我的思想倾向，而绝非我的肉体倾向。我的天赋倾向在我的抵制中渐渐显示出来，我终于不得不予以承认，但还不相信自己会赞同。我迫使天赋的倾向进行斗争，可是无望战而胜之，我觉得倒有望使其转向。出于对保罗的好感，我甚至想象出一些欲望，就是说感受他的欲望。我们俩相互鼓励。像比斯克拉这样的一个冬季站，为我们提供种种特殊的方便：那里住着一群出卖肉体的妇女。如果法国政府对她们与普通妓院的妓女一视同仁，强迫她们进行登记，就能更好地监视她们（由于强迫她们进行登记，大夫D就能提供我们所需的关于她们每个人的情况）。她们的行为和习惯不同于有牌照的妓女。一个古老的传统让乌拉·纳伊尔部落输出刚到结婚年龄的姑娘，几年以后这些姑娘带着嫁资返回部落，她们可以用嫁资买一个丈夫。这些丈夫根本不觉得这有什么不光彩，而在我们这里，这一切肯定会使他们蒙受耻辱，变成笑柄。真正的乌拉·纳伊尔部落的人都以美貌非凡著称，故凡是干这种营生的女孩子全都被叫做乌拉·纳伊尔族人。并不是所有女孩子都返回本部落，所以在外头可以看到各种年龄的乌拉·纳伊尔女子。但有时可以碰到非常年轻的，这些姑娘等待着满结婚年龄，在此期间与一个年龄较大的女人一块儿住，由后者保护她，向她传授奥秘。她们牺牲童贞之夜，要举行欢庆活动，全城一半人都来参加。

乌拉·纳伊尔部落的女人集中住在一两条街。这一两条街当地人叫圣街。是说反话吗？我不这样认为，因为人们看到乌拉·纳伊尔族人出现在许多半世俗、半宗教的仪式上。一些德高望重的伊斯兰教隐士和他们一起露面。我不想太过深入，但并不觉得伊斯兰教以毒眼看待乌拉·纳伊尔族人。那几条圣街也是咖啡馆街，晚上很热闹，整个绿洲的人都在这里熙来攘往。三三两两的乌拉姑娘，坐在通向她们的卧室又正对大街的窄小梯子脚下，迎合着过路人的欲望。她们穿戴奢华，珠光宝气，金子的颈饰，高高的发饰，一动不动坐在那里，像壁龛中的一尊尊偶像。

记得几年以后，我与洛桑的布尔热博士在这些街上散过步。

“我真想把年轻人带到这里来，让他们对色情产生憎恶。”这个杰出的人心里面充满了反感（所有瑞士人心里都像一个冰窖），突然这样对我说道。唉！他对人心的了解，至少对我的心的了解，确乎太美了……这种异国情调，我只能将之比作示巴[①]女王来到所罗门身边，“出谜语让他猜”。这是毫无办法的事情。世间有些人爱与自己相似的人，另外一些人则爱与自己不同的人。我属于后一类人。特殊的东西吸引我，正如一般的东西令我兴味索然。进一步更确切地说吧，阳光映照在褐色皮肤上使我受到吸引。维吉尔正是为我写了下面这句话：

阿敏塔斯[②]为什么那样黑不溜秋？

有一天，保罗回来时很兴奋，因为他在散步归来途中，遇到乌拉族那群姑娘去温泉沐浴。他把她们描写得个个楚楚动人，其中一个看到他做的手势，脱离了那一群。他们定好了约会。我身体状态不太好，不能去这姑娘那里，已约定让她过来。尽管这些姑娘并没有集中居住，她们的住所丝毫不会令人想起窑子，但她们每个人都得遵守某些规矩，例如过了一定的钟点，她们就不允许外出了。所以要及时溜出来，保罗半隐藏

① 示巴王国（Saba），《圣经》中译作 Sheba，为古代经营黄金、香料和宝石的王国。

② 阿敏塔斯三世或二世（Amyntas Ⅲ ou Ⅱ，？—前 370），马其顿国王。

在公共花园的一棵树后面，等待梅莉姆沐浴归来。他要把她带到我这儿来。我们把房间装饰了一番，支起了餐桌，做了饭，准备她与我们一块用餐，给阿特曼放了假，不让他来伺候我们。可是时间已经过了很久，我等待着，说不出有多焦急。保罗一个人返回来了。

我陷入了更加恶劣的情绪，任何现实的欲望都无法使我坚定起来了。我感到失望，就像该隐[1]看到燔祭的烟被刮回地面，燔祭没有被接受时一样。我们马上觉得，再也不可能得到这样好的机会了，我觉得自己永远不可能处于这种充分准备的状态了。刹那间被希望打开了一条缝的太过沉重的盖子又盖上了，情况大概永远都是这样了，我被剥夺了权利。在无限美好的解脱面前，我看见习惯和惰性的墙壁不断重逢……对这件事，应该死了心，我一再对自己说，最好的办法无疑是付之一笑；再说，在命运的粗暴对待下，我们该拿出一定的勇气重新振作起来。我们的情绪变化挺快，这餐饭开始的时候吃得闷闷不乐，结束时却说说笑笑了。

突然传来一个声音，仿佛翅膀拍打在墙壁上，外面的门半推开了。

我对整个晚上的这一刻保留着最激动人心的回忆：我仿佛仍看见梅莉姆出现在黑夜边上，还有些犹豫，但认出了保罗，便露出了微笑，可是在进来之前又后退一步，转身俯在阳台的栏杆上，在黑暗中摆动白色裹毯。这是约定的信号，示意

---

① 该隐(Cain)，亚当与夏娃之长子，杀其弟亚伯。见《圣经·创世记》。

一直把她送到楼梯脚下的女仆回去。

梅莉姆略懂法语，足以向我们解释，为什么她起初没能赶上保罗，接着阿特曼怎样告诉她我的住所在什么地方。她身上裹着两层裹毯，都搁在门口。我不记得她的长袍是什么样，只记得她很快就脱掉了，但保留了手镯和脚链。我也不记得保罗是否先把她带到了他的卧室。那间卧室在阳台的另一端自成一间独立的小屋。是的，我想她是拂晓时分才过到我这边来的。不过，我记得早晨阿特曼经过主教床前时低垂着眼睛，说了句："早上好，梅莉姆。"声音那样愉快，那样羞涩，那样诙谐。

梅莉姆皮肤呈琥珀色，肌肉结实，体态丰满，但几乎还像个孩子，因为她才十六岁多一点。我只能把她比作一个女祭司，像加埃塔盆饰上的女祭司一样；这样比也是因为她那对手镯，她不停地摇动得像响板一样响。记得曾见到她在圣街的一家咖啡馆跳舞。一天晚上保罗拉我去那里。她的表姐昂·巴尔卡也在那里跳舞。她们按乌拉族人古代的方式跳，头挺得直直的，上半身纹丝不动，双手极灵活，整个身体随着一双赤脚的踢踏而抖动。我真喜欢那"伊斯兰音乐"，音势平稳，绵绵不绝，余音绕梁。它令我陶醉，很快使我变得晕晕乎乎，像一种麻醉的气体，使我的思想处于舒适麻木状态。台子上在单簧管演奏者旁边，一个年老的黑人敲着金属响板，那个小伊斯兰教徒情绪激昂、欣喜若狂地擂着巴斯克鼓。这小伊斯兰教徒多漂亮！衣衫褴褛的身体半裸露着，又黑又瘦像个魔鬼，张着嘴，目光疯狂……这天晚上，保罗向我侧过身子（不知他是否还记得），低声说道：

“你不相信他比梅莉姆还使我兴奋？”

他对我这样说是为了逗笑，并没有什么坏想法，因为他只是受到女人的吸引。那么，需要对我这样说吗？我没有答话，但他这种坦白从此留在我心里，我立即把它变成了自己的想法，或者更确切地讲，在保罗对我说这话之前，它就已经是我的想法了。那天夜里在梅莉姆身边我显得强壮有力，因为闭上眼睛我想象自己搂抱的是那个小伊斯兰教徒。

这一夜之后，我感到平静，非常怡然。快感过后获得的这种休息就无须说了。可以肯定，梅莉姆仅仅一次给我带来的良好效果，就超过大夫所开的所有诱导剂。我不大敢推荐这种疗法。但我的情况是隐性的神经质那么严重，因此这种彻底的放松，会使我的肺部充血消退，恢复某种平衡，这就不足为怪了。

梅莉姆又来了，她是为保罗而来的，应该也是为我而来的，会面已经约定。恰在这时，我们突然收到我母亲的电报，通知她即将到达。梅莉姆第一回来访的前几天，我吐了一回血，自己倒是没怎么在意，保罗却十分焦急不安。他告诉了他父母，而他父母觉得应该通知我母亲。他们大概也希望能让我母亲取代保罗来照料我，这样保罗这个享受补贴旅行的学生，就比充当护理病人的角色能更充分地利用时间。不过我母亲说到就到了。

再见到母亲并让她看看这个国家，我当然很高兴。然而我们感到沮丧，因为我们的共同生活刚开始安排得这么好。这种本能的再教育才开始进行就不得不中断？我断言不会发生这种情况，母亲的到来丝毫不会改变我们的习惯。为了有个开端，我们不取消与梅莉姆的约会。

后来，我向阿尔贝讲述我们这段爱情生活时，却天真地吃了一惊，因为我原以为思想挺自由的阿尔贝，都对两个人分享一个女人表示很气愤。而在保罗和我看来这是挺自然的事情。甚至我们的友谊也因此变得更加称心，更加牢固，就像新做的一件针线活儿。对于所有不认识的人，梅莉姆把自己的宠爱给予他们也好，出卖给他们也好，我们都不再妒忌。这是因为我们俩都是以犬儒主义的态度看待肉体行为，其中至少没有掺杂任何感情的因素。阿尔贝则与我们相反，倒不是作为伦理学家和浪漫派艺术家，而是属于这样一代人，他们承认自己像罗拉，认为快感只有作为爱情的一种报偿才值得看重，蔑视单纯的快感。我嘛，已经说过，这次事件和我天生的倾向，都极大地促使我把爱情和肉欲分开。认为二者可以混为一谈的想法，甚至会令我生气。不过，我并非力求使我的伦理观占上风，因为我现在写的不是我的辩护词，而是我的历史。

我母亲是一个晚上到的，陪她一起来的是年迈的玛丽。玛丽从未做过这么远的旅行。预备给她们住的房间，也是旅店里唯一两个空房间，位于院子的另一边，正对着我们的阳台。如果我没记错的话，梅莉姆也正是这天晚上要来与我们过夜的。妈妈和玛丽刚去房间歇息，她就来了。起初一切相安无事，可是到了清晨……

由于尚存的一点羞耻感，或者不如说尚存的一点对母亲感情上的尊重，这天晚上我闭门谢客。这样梅莉姆就直接去了保罗房里。要去他那间独立的小屋，必须从这头到那头经过整个阳台。清晨，梅莉姆离去时顺便敲了敲我的卧室的窗子，我慌忙爬起来，向她挥挥手表示再见。她蹑手蹑脚地走了，融进了晨空的红霞之中，幽灵似的被晨鸡的啼声吓得消失了。可是恰好这时，就是说恰好在她消失之前，我看见母亲卧室的护窗板推开了，母亲探头窗外，目送离去的梅莉姆一会儿，就关上了窗户。大祸临头。

这个女人显然是从保罗房间里出来的，母亲毫无疑问看见了她，明白了一切……我除了等待还能做什么呢？我只好等待。

母亲在自己房间里用早餐。保罗出去了。母亲于是过来在我身旁坐下。我不确切记得她说的话了，只记得我不希望她的责备落到保罗一个人头上，同时企图保护我们的未来，所以横下心毫不留情地说道：

“再说，你知道，她不仅仅是为保罗而来的。她还要再来的。”

记得母亲黯然落泪。甚至我想她什么话也没说，找不到任何话对我说，只有落泪。但是，这些眼泪比她可能对我的任何责备，都更使我感动和懊悔。我觉得她心里充满难以抚慰的极大忧伤。因此，我虽然能厚着脸皮对她说梅莉姆还会再来，向她表明了我的决心，但事后我再也没有勇气对自己信守所说过的话。在比斯克拉我尝试的唯一的另一次经验，是与昂·巴尔卡，在她那离旅馆很远的房间里。当时保罗和我一起去的。但无论对他来讲还是对我来讲，这次新的尝试都可怜地失败了。昂·巴尔卡太漂亮了（我还应该补充：她年龄明显比梅莉姆大），她的美貌本身就使我不知所措，我对她只有一种欣赏的感觉，而没有丝毫欲念。我像一个没带祭品的朝拜者来到她身边。与皮格马利翁①相反，我觉得这个女人躺到我怀里就变成了雕像，或者更确切地说，是我感到自己像大理石。抚摩、挑逗，统统无济于事。我默默无言，只好把钱给了她就离开了。

这时春天走近了绿洲。一种还不甚明显的生机开始在棕榈树下跃动。我身体好些了。一天早晨，我试着进行了一次比平时长得多的散步。这个景色单调的地方对我有无穷无尽的吸引力。我像这个地方一样，感到自己复苏了。甚至我头一回觉得自己生活在这世上，走出了死亡的阴影笼罩的峡谷，获得了真正的新生。是的，我跨进了崭新的生活，彻底欢迎和彻底抛弃的生活。一层蓝色的薄雾，使近旁的景物也仿佛隔了相当距离，每个景物变得飘忽不定，有如幻境。我自己失去了一切重量，慢步向前走着，像雷诺在阿尔米德②的花园里，由于难以描述的惊愕和赞叹而浑身瑟瑟发抖。似乎迄今为止，我从来没有这样谛听、观看和呼吸过。而各种声音、芬芳和色彩，纷纷涌进我的心间，我感到我的心变得闲散，因为感激而啜泣，化

① 皮格马利翁(Pygmalion)，据希腊神话，他是钟情于阿佛洛狄忒女神的一座雕像的塞浦路斯国王。而罗马诗人奥维德在《变形记》里说，雕刻家皮格马利翁创造出一座表现他的理想女性的象牙雕像，然后爱上了自己的作品，维纳斯女神应他的请求赐予雕像生命。

② 雷诺(Renaud)和阿尔米德(Armide)都是塔索所著的《被解放的耶路撒冷》中的人物。

成对陌生的阿波罗的崇敬。

“接受我吧！将我整个儿接受下来吧。”我大声说道，“我属于你，服从你，整个儿献给你。让我身上的一切都变成光。是的，变得光明和轻盈。直到今天，我徒劳地与你抗争。不过现在我认准你了。但愿你的意愿得以实现。我不再抗拒，我顺从你。接受我吧。”

就这样，我泪流满面地走进了一个充满欢笑和奇异事物的迷人的世界。

我们在比斯克拉的逗留快结束了。母亲是来让保罗解脱的，表示愿意代替保罗待在我身边，因为我的身体状况还需要很多照顾。这样保罗可以放心地继续旅行。但保罗申明他不想离开我，因而为他对我的友谊提供了一个新的证据，而我并没有告诉他，他离去会使我感到难过。结果离开的是母亲和玛丽，她们直接回法国去了，保罗和我则离开突尼斯乘船去西西里和意大利。

我们只是穿越了锡拉库萨。在恰诺的陵墓和石牢小径上，我什么也没看见。我太疲劳，什么也没看，什么也没看见。只是几年之后，我才得以在阿瑞托萨泉水里浸湿双手。再说，我们急于赶到罗马和佛罗伦萨，途中在墨西拿勾留了几天，那仅仅是为了喘口气，因为这第一阶段的行程走下来，我已经精疲力竭了。天哪！对我们来讲，这身体问题真是个麻烦问题！它妨碍我们种种最精彩的活动，做什么事情都得考虑健康问题，它无疑比金钱问题更难应付。幸好金钱方面我们挺宽裕，母亲为了使我得到更充分的照顾，又为我贷了款。我时时怕冷，怕热，怕不舒适，所以总是拉着保罗去住最好的旅馆。旅馆里的奇闻趣事、艳遇约会，这些对我来讲旅途中最具吸引力的事情，我要等以后才能领略。不过，至少两个人面对面晚餐，可以引起无穷无尽的话题。我们斟酌我们的每个观点，反复切磋琢磨，彼此欣赏这些观点怎样在对方思想上显露、发展和完善，感受着它们枝条末梢的弹性。这些交谈如果现在能重新听到，我相信会和当时一样觉得妙趣横生。总之我知道，自那之后我再也没有能够那样开心地倾谈过。

那不勒斯郊区我什么也没看到。身体问题已成为阻碍一切的不堪忍受的原因，甚至乘马车兜风都不行。我又像在比斯克拉那些最凄凉的日子一样，可怜兮兮，步履蹒跚，在阳光下汗流浃背，到了阴凉地方就冷得发抖，只有在绝对平坦的地方才能勉强走走。你想吧，在这种情况下，那有七座山的罗马会使我心旷神怡！头一回在这座永恒之城里逗留，除了潘西奥，我几乎没去过别的地方；在这个公园里也只是坐在长凳上度过一天最好的时光，而且每次走到公园里时都是气喘吁吁，精疲力竭，尽管我设法租了个房间的格勒戈里亚纳别墅就在公园旁边。那个房间位于一层，在那条街从潘西奥回来的方向左手边。尽管这个房间很大，但保罗为了更自由，在街的尽头租了另一个房间，前面有个小阳台。他希望能够工作。可是，他是在我的房间里接待我们称为“夫人”的那个女人，那是美第奇馆一个学生给我们介绍的一名训练有素的妓女。我只记得，她那故作高雅的举止、打扮和矫揉造作令我反感。我开始明白了，我之所以能忍受梅莉姆，是因为她的无耻和野性，和她厮混至少知道自己要的是什么，她的言行丝毫不会假装有爱情；与这一位呢，我会亵渎自己心中最圣洁的东西。

在佛罗伦萨，我无法参观很多博物馆和教堂。再说，我还不成熟，不能从大师们的训诲中汲取教益，就像在罗马不懂得聆听拉斐尔[①]的教诲一样。在我看来，他们的作品属于过去。然而，除了紧迫感我并没有受到任何刺激。只是在几年后，我变得专心致志且知识更丰富时，才开始研究他们，才善于使他们的影响现实化。我觉得保罗同样没有足够认真，也没有抱足够的好感对他们进行研究。他在美术馆所度过的时间，是在乔尔乔涅[②]雕塑的马耳他骑士像前面，无疑出色地临摹了那座雕像，但并没获得多少充实，仅仅多学到几个技巧而已。

我们在佛罗伦萨分手，准备夏末在库外维尔会合。我从佛罗伦萨直接取道日内瓦，去那儿找安德烈大夫看病。他是特隆山家族[③]的新秀，夏尔·纪德的挚友，一个出色的人，不仅是最机灵的那类人，而且是最明智的那类人。多亏他救了我。他很快让我相信，我只是神经有毛病，先去尚佩尔接受水疗，然后去山区度过一个冬天，肯定比护理吃药要强。

---

① 拉斐尔（Raphaël，1483—1520），意大利文艺复兴盛期画家、建筑师，主要作品有梵蒂冈宫中的壁画《圣礼的辩论》和《雅典学院》以及《西斯廷圣母》等。

② 乔尔乔涅（Giorgione，1478—1511），意大利文艺复兴时期威尼斯画派主要画家，代表作有《暴风雨》、《入睡的维纳斯》等，

③ 瑞士日内瓦一个大家族，出有政治家让·罗贝尔·特隆山（Jean Robert Tronchin，1710—1793），日内瓦大议会成员。

彼埃尔·路易到尚佩尔来看我。他是去拜罗伊特，因为他在那里订了本季演出的几张票。但这么长时间没见到我难以忍受，而且想听我亲口谈谈我这趟旅行的情况。还有一个理由促使他绕道来这里，就是希望在途中把费迪南·埃洛德甩掉；埃洛德听说他的朋友彼埃尔要去拜罗伊特，赶紧也去订了几张票，成了彼埃尔的旅伴，寸步不离跟着他。我看见他们两个来到温泉旅馆，我在那里接受水疗。我兴致勃勃地对路易讲述我们的艳遇，刚提到梅莉姆，他心里就计划去找她，把埃洛德一个人撂在拜罗伊特。但埃洛德听到朋友的新计划，立刻表示不愿意，大声说道：

“我跟你一块儿去。”

彼埃尔·路易性格上可能有许多缺点，例如任性、狷急、乖戾、专横。他总是力图让别人顺从他的兴趣，企图让朋友立身处世依附于他，但是他为人非常慷慨，而且有一种难以形容的激情和冲动，抵消了所有细小的缺点。他相信凭着我们的友谊，他可以使梅莉姆成为自己的情妇。于是，他在七月中旬与埃洛德一块儿出发了，带了梅莉姆送给我的一条丝巾。那是我作为一种担保物交给他的，以便他能够找到梅莉姆并引荐到她身边。他还带了一架手摇风琴，预备送给阿特曼。阿特曼收到后以几法郎把它卖了，因为他更喜欢笛子。

不久后我获悉，埃洛德和路易旅途顺利，他们在比斯克拉勾留期间，患了热病（因为天气热得要命），便带走了梅莉姆，与她一块在君士坦丁城郊住了下来。正是在那里，彼埃尔·路易写完了他那本脍炙人口的《比莉蒂之歌》，作为对梅莉姆·本·阿塔拉的纪念题献给我。这就是书的第一页紧接我的名字之后那三个神秘字母的含义。[1]严格地讲，梅莉姆并非比莉蒂，因为如果我没记错的话，这些诗歌中有许多是在路易出发去阿尔及利亚之前写的，然而她在整本书里畅行无阻，我突然认出了她。

我是否应该讲述路易和我在梅莉姆帮助下玩的一场恶作剧呢？——一天，路易写信对我说：

“梅莉姆问她能寄给你什么。”

我毫不犹豫地回答：

“埃洛德的胡子。”

应该说（或者应该提醒注意，因为这一点我已经说过了），这部胡子是埃洛德的仪表最气派的部分，如果不说最重要的部分的话。人们不敢想象埃洛德没有胡子，正如不敢想象一位殉道者没有光环。我说要埃洛德的胡子纯属开玩笑，就像别人说要月亮一样。可是，令人惊愕不已的是，这部胡子有一天我居然收到了。不错，是邮寄来的。路易要求兑现我那句话。梅莉姆趁埃洛德睡得又甜又香之时，把他的胡子剪了下来，而彼埃尔·路易往信封里一装，就给我寄了来，随信还附了模仿布伊埃[2]的《鸽子》写的两行诗：

伟大的巴纳斯派诗人们那样可怜，

---

① 该书只有初版本印有这个献辞。——原注

② 布伊埃(Bouilhet，1821—1869)，法国诗人。他的《鸽子》中的两行诗是：

伟大的奥林匹斯诸神那样可怜，

小孩子们都扯他们金色的胡子。

乌拉·纳伊尔人都剪他们金色的胡子。

那是在尚佩尔，我对这两个巴纳斯派诗人朗诵了我这期间写的《石榴轮舞》。这首诗不记得是在什么地方写的了，写的时候没有任何先入之见，也没有什么奢望，只是想更灵活地遵循内在的节奏。这时我已经有了创作《食粮》的想法，但这是一本应该让它单独去写的书。我能够对他们说的一切，不值得他们给予我很大鼓励。巴纳斯理想并不是我的理想；路易和埃洛德一样，对巴纳斯理想仅仅有一些想法。两年后，我的《食粮》出版了，几乎完全不被理解，直到二十年后才引起注意。

自从我复原之后，一种强烈的欲望，一种要活下去的疯狂欲望，便攫取了我。助长这种欲望的，不仅是尚佩尔的浴疗，还有安德烈绝好的建议。

“每当你看见有你可以跳进去的水，”他对我说，“不要犹豫。”

我照这样做了。啊！波浪翻滚的激流！飞瀑，冰湖，绿树荫翳的小溪，清澈的山泉，透明的海中龙宫，你们的清凉吸引着我。而后躺在金色的沙滩上，傍着正在退潮的波涛休息。我喜欢的不仅仅是海水浴，还有神话般的期待，神毫无遮拦的注视；在我被阳光晒透的身体里，我尝到了难以言状的化学反应般的舒适感觉。我把苦恼、压抑、操心和衣服一块儿忘到了九霄云外。当一切愿望消失殆尽，我任凭感觉从我多毛孔的、蜂箱般的身体里，悄悄地分泌出蜜，流进我的

《食粮》。

回法国时，我带回一个复原者的秘密，一开始却感受到那种令人烦恼的极度不安，拉撒路[1]逃出坟墓后大概也感受过吧。起初，自己所做的任何事情，我都不觉得还有什么重要。过去在沙龙和社团那种沉闷的空气中，我怎么居然能够呼吸，那里每个人的躁动都搅起一股死亡的气息。事物的日常运转对于我的离去甚少在意，现在每个人都像我还没有回来一样忙碌着，看到这种情形，大概我的自尊也受到了伤害。我的秘密在我心里占有这么重要的位置，而我本人却没在这个世界上占有更重要的位置，这不免令我感到愕然。我充其量只能原谅别人没有看出我变了；至少和他们比较起来，我觉得自己不再是原来的我；我有种种新事物要说，但我无法对他们说了。我本来想说服他们，把我的信息告诉他们，但他们没有任何人愿意俯首倾听。他们照旧生活，满不在乎。但他们感到满足的东西，在我看来是那样可怜，我没能说服他们，真个是徒唤奈何。

这种世态炎凉（尤其在亲人们身边这使我感到痛苦）真让我想去自杀。这只是我在《帕吕德》里嘲讽地加以描写的一种逃避方式。然而，现在我觉得奇怪的是，这本书并非产生于要把那种极度不安从我心里发泄出来的需要，不过后来它还是从中吸取了养分，但我在回来之前就已经在酝酿了，这也是事实。我的《乌有国游记》第二部分已经显示出某种荒唐感。在这种荒唐感支配下，我写了开头几句话，而整本书仿佛无视我

---

① 圣拉撒路(Saint Lazare)，玛特和玛丽的兄弟，被耶稣复活，相传为马赛第一任主教。

的意志，始终围绕这几句话展开。我在尚佩尔小住之前，在米兰停留过。在那里一个公园里散步时，我写下了这几句话：

道路两旁生长着马兜铃，
“为什么在这总是反复无常的天气，
仅仅带把小阳伞？”
“这是无论如何都要带的。”她对我说。

诸位很清楚，凭我所说的这种精神状态，我一心一意所想的是再次离去。但还不到去汝拉山住进冬季宿营地的时候。那是安德烈大夫嘱咐的（我严格按他的嘱咐行事，感觉良好）。暂时嘛我住在诺夏特尔。

我在湖畔一个小广场边一家“节欲所”的三层租了一个房间。位于二层的餐厅，中午时分都接待大批满足于粗茶淡饭或时运不济的老小姐，她们在一块大牌子前面吃素餐，牌子上写着《圣经》里的一句经文。斗胆说，这句经文选得真妙，它颂扬和升华了我的倒胃口：

上帝是我的牧师；我不会短缺什么。

下面一块更小的牌子上写着：

覆盆子柠檬汽水

这就是说，应该料到这里只有粗茶淡饭好用。不过无论怎样节食我也能够忍受，因为窗外的景色那样令我喜欢。后来，就在湖边，在我的目光久久徘徊的地方，耸立起一座大宾馆傲岸巨大的身影，而当时秋风把古老的椴树和古老的榆树染得金黄，透过它们金黄的浓叶，这里那里，会意想不到地闪现一汪碧蓝的湖水。

几个月来，我让自己的思想自行舒缓化解。我终于恢复了镇定，为感到自己的思想依然活跃而高兴，又很喜欢这个宁静的地方，因为它能让我的思想沉静下来。这不起眼的湖畔，卢梭的回忆还在游荡着的湖畔，毫无壮丽景色，没有多少瑞士特色，但非常温馨，非常有人情味。周围没有任何雄踞的山峰使人的力量显得逊色，使人的力量显得不相称，把人的目光从亲切迷人的近景吸引开。古树低垂的枝叶拂近水面，朦胧的湖岸在芦苇和灯芯草丛间难以分辨。

在诺夏特尔度过的这段时光，是我记忆中最惬意的日子。我对生活又充满了希望，现在生活在我眼里变得异常丰富，异常充实，这是在我胆小怯懦的童年不曾想象到的。我对生活抱着期待，充满信心，毫不着急。那个躁动不安的恶魔还没有来折磨我，它是由好奇心、欲望等构成的，自从……在花园静悄悄的小径上，在漫长的湖岸边，在路上，在城外秋意正浓的林子边缘，我漫步，正如现在我也可能做的一样，只不过心境会是宁静的。我并不追求我的思想捕捉不到的任何东西。我研究莱布尼茨的《神正论》，一边走一边读，从中获得极大乐趣，而如今也许得不到了。一种与我自己的思想如此不同的思想，要跟上并适应它，其困难本身，以及对它进行研究要求付出的努力本身，使我愉快地预感到，一旦我任凭自己的思想自由发展，它会取得何等的进步。回到住所，我看见桌子上放着克劳斯编的那本厚厚的动物学教程，那是我刚刚买的，它撩起了神秘的帷幕，让我惊叹不已地看到了一个比思想的世界更丰富多彩、没有那么多阴影的世界。

我按照安德烈的建议，在拉布雷维纳过冬。拉布雷维纳是个小村庄，位于边界附近汝拉山最冰冻的峰顶。温度表好几个星期保持在零度以下，有些夜里一直下降到零下三十度。我是很怕冷的，然而却没有一天感到冷得难受。我下榻在村子尽头一幢像农舍的房子里，离一家旅店不远，每餐去旅店吃饭。那房子旁边有一个牲口饮水槽，每天早晨，我听见有人把奶牛赶到槽边。一架单独的楼梯通向三个房间，我用最大的房间做工作室，一张斜面桌（我喜欢站着写作）对面，放着从诺夏特尔搬来的一架钢琴；一个安在墙壁里的炉子，既为这工作间也为我的卧室供暖。我睡觉的时候脚朝炉子，身体直到脖子用毛毯裹住，头上戴着风帽。一位丰满的瑞士女人给我帮佣。她名叫奥古斯塔，经常对我谈起她的未婚夫。但一天早晨，当她让我欣赏她未婚夫的照片时，我未经考虑只为了好玩，用羽笔搔她的脖子，她立刻倒在我怀里，令我不胜尴尬。我费了好大力气才把她扶到一张无靠背长沙发上。她紧紧搂住我不放，使我重重地落在她的胸脯上和张开的双腿之间。我反感至极，突然大声说："我听见有人说话！"假装害怕，像约瑟一样摆脱她的怀抱，跑去洗手。

我在拉布雷维纳待了将近三个月，没有与任何人过往。并非我的性情使自己禁锢起来，而是我觉得这个地方的居民是世间最不好客的人。我拿了安德烈大夫的介绍信，去拜访村里的神甫和医生，他们没有促使我产生再去看他们的丝毫欲望，更没有促使我产生陪同他们去看望穷人和病人的欲望，就像我起初所希望的那样。只有在这个地方生活过，才能透彻理解卢梭的《忏悔录》中的这一部分，以及他的《遐想》中与他在特拉维尔谷小住相关的部分。毫无诚意，说话刻薄，目露仇视，讽刺挖苦，是的，卢梭没有编造任何东西。这一切我都领教过，还有村里成群结伙的孩子甚至向陌生人扔石头。因此人们可以想见，他的亚美尼亚服装会不会引起仇外情绪。但如果把这种敌视视为阴谋，那未免荒唐，那就错了。

尽管这地方可恶，我每天还是强制自己大量散步。我说“可恶”，是否有失公正？也许吧。我厌恶起了瑞士，但也许并不厌恶高原的瑞士，而只厌恶这森林地区。这里的冷杉似乎要把加尔文教派的忧郁和严厉，引进整个大自然。说真的，我怀念比斯克拉。对那个辽阔平坦的地方，对那里穿白斗篷的人们的怀念，在保罗和我漫游意大利的过程中，一直伴随着我们。还有那歌、舞、香料以及那里的孩子们留下的回忆，还有那销魂的交易，以及温柔纯朴的爱情悄悄地带来了那么多快感。而这里没有任何东西让我分心不专注于工作。尽管瑞士令我反感，我还是尽量在这里勾留足够长的时间，以便写完《帕吕德》，同时心里也有着挥之不去的想法：这本书一完成就立刻再去阿尔及利亚。

二

直到一月份，在蒙彼利埃夏尔·纪德夫妇家短暂逗留之后，我才登船出发。我的意图是在我还不熟悉的阿尔及尔定居下来。一想到那里已经是春天我就兴奋不已。可是天空阴沉沉的，下着雨，冷飕飕的风，从阿特拉斯山顶或沙漠深处，怒号着刮来了失望。我遭到朱庇特的背叛。我的情绪低落至极，不管这座城市里怎样好玩，阿尔及尔并非我想象的样子。令我气恼的是，到别的地方都找不到住房，只能住在欧洲人区。如今我更机灵，也更能吃苦耐劳了。那时，习惯了过分的舒适，加上不久前的病还记忆犹新，这使得我怯懦而挑剔。穆斯塔法可能不令我喜欢，它提供的旅店都过于豪华，我想去布里达赫能找到更适合的。于是我读书。记得费希特[①]的《科学论》除了使我集中了思想之外，没有给我带来任何乐趣；过去《实现幸福生活的方法》和《科学家与文学家的命运》两本书里曾令我着迷的东西，在这本书里根本找不到。不过我也厌恶自我放任，对一切要求自己在一定程度上集中思想的东西向来看好。在一本接一本狼吞虎咽地读完《小杜丽》、《艰难时世》、《老古玩店》和《董贝父子》之后，《巴纳比·鲁奇》[②]则使我得到了休息。

出发之前，我突发奇想，给爱玛妞和母亲写信，劝她们来和我一起走。不消说我的建议没有结果。但令我相当意外的是，母亲并没像我担心的那样不屑一顾地予以回绝。我舅父头年痛苦地拖了几天之后去世了，我和爱玛妞一块儿守护过他。这次丧事使我几个表妹失去了保护，可以指望的只还有几个舅妈，特别是我母亲，这样我们之间的关系反而更密切了。我知道，自从家里对我的人生道路所选择的方向非常不安以来，让我和爱玛妞结婚的想法不仅不再不被看好，而且被认为可能是驯服我的性情的最佳途径。总之，家里人对我的忠贞不渝还是动了心的。

“不能断定这桩婚事就会幸福，”叔叔夏尔·纪德在给我母亲的一封信中写道，这封信后来给我看了。“促成这桩婚事，意味着承担很大的责任。不过，如果这桩婚事不成，双方很可能无疑（我是按原信给照抄）会不幸。因此，除了在一桩肯定的坏事和一桩可能的坏事之间作出选择之外，几乎别无办法。”对于我来讲，我确信这桩婚事一定能成。我等待中表现出的耐心，是出于绝对的自信。我对自己决定要娶的女人的爱情使我深信这样一点：即使我不需要她，她也需要我，她特别需要我使她幸福。她难道不是指望我带给她全部幸福吗？她不是告诉过我，她之所以拒绝我，仅仅是因为她觉得自己不应该

---

① 费希特(Fichte，1762—1814)，德国唯心主义哲学家，认为真正的知识只能是“自我”的创造活动，主要著作有《知识学基础》、《人的使命》等。

② 这里所列举的几本书都是狄更斯的作品。

抛弃几个妹妹，自己应该比她们后结婚吗？我一直等待着。我的顽强和自信肯定能克服我的道路上，我们的道路上的一切障碍。尽管我没把表姐的拒绝看成是最终的拒绝，但她的拒绝还是给我造成了极大的痛苦。我必须坚强起来。然而，我这种可贵的热情，过分仰仗于乌云密布的上天露出微笑，已经渐渐地减退。

我春天旧地重游布里达赫。那明媚芬芳的布里达赫，这回却显得阴沉沉的毫无吸引力。我在全城转来转去想找个住处，硬是找不到合适的。我怀念起比斯克拉，对一切都兴味索然了。我感到非常苦恼，特别因为我正带着这种苦恼，踯躅在我怀着希望想象得十分美好的地方。是冬天使这地方满目凄凉，也使我和这地方一样悲凉。低垂的天空使我的思想感到压抑，风雨熄灭了我心中的全部热情。我想写作，但没有灵感，只感到无以名状的无聊。和这种无聊掺和在一起的，是我对上天和对自己的愤愤不平。我蔑视自己，憎恨自己，直想戕害自己，寻思如何使自己的麻木不仁达到极致。

这样过了三天。

我准备离去，公共马车已经载走我的手提箱和行李。现在我还看见我在旅馆大堂等待账单的情形。我的视线偶然落在一块石板上，那上面写着旅客的姓名，我不自觉地开始看起来。首先是我的姓名，然后是一些陌生的姓名，蓦地我心里咯噔一下子：名单上最后两个姓名是奥斯卡·王尔德和阿尔弗雷德·道格拉斯勋爵。

我在别的地方已经叙述过：我的第一个动作就是拿起一

块抹布，抹掉我的姓名，然后付了账，步行前往火车站。

我不太记得当时我为什么要抹掉自己的姓名。在第一次叙述中，我提出的理由是羞怯。说到底，自己也许仅仅是受了孤僻性情的支配。在我经常忍受的抑郁症发作期间，正如当时所经历的这种情形，我会感到羞愧，否定自己，自暴自弃，像条受伤的狗，贴着墙根走路，跑去躲起来。但在去火车站的路上，我一边走一边想，王尔德也许已经看见我的姓名，我的做法真乃懦夫所为……总之，我将手提箱、行李重新装上车，回到了旅店。

我在巴黎与王尔德过往甚密，在佛罗伦萨也遇到过他。这一切我已有详细记述。后面发生的情形也将详细记述，但不包括在这里提供的这个细节。①阿尔弗雷德·道格拉斯勋爵那本卑鄙的书《奥斯卡·王尔德和我》，太过厚颜无耻地歪曲了事实真相，致使我如今对于是不是说真话都有了顾虑。不过，既

---

① 他的遗嘱执行人和忠实朋友罗伯特·罗斯 1910 年 3 月 21 日致我的信中写道："我很高兴你重印了你的佳作《回忆奥斯卡·王尔德》。自从你的大作在《隐修所》第一期上发表以来，我对许多朋友讲过，这不仅是对王尔德一生中不同时期最出色的描述，而且是我所读过的王尔德印象记之中唯一真实准确的。因此我只能对你重复我经常对其他人所说的话。

"也许有一天，我会发表王尔德致我本人的书信，以便证实你所说的每件事情，如果有人对你如此生动地描述的情况存有任何怀疑的话。也许有一天，在驳斥阿尔弗雷德·道格拉斯的谎言方面，这些信会变得必不可少。你想必听到了传闻，他在新近的一次背叛行动中，在证人席上发誓他不知道王尔德有罪，他是与王尔德保持友谊的唯一正派的朋友。你完全清楚，道格拉斯是王尔德坐监前和坐监后两次闯祸的起因。我宁愿声称不是这种情况，而将道格拉斯视为老朋友。而事实上，我与他本人发生争吵，并没有影响我的决心，让每件事情保持真实，让他永远是高贵的朋友。可是，他把自己打扮成具有特殊个性的社会和道德改革者，而列举王尔德的'罪行'（其中大部分他都是参与者），而彻底背叛了老朋友，我就再也没有理由长期保持沉默了……"

罗伯特·罗斯

然命运注定在这一点上我的道路与他的道路相互交叉，我便把在这里作证视为自己的责任。

直到这时，王尔德对我始终保持着非常谨慎的态度。他的个人生活习惯。我除了听到一些传闻，实际上毫不了解。但在我们两人都交往的文学界，人们开始说长道短。说实话，人们并没怎么认真看待王尔德。那些开始流露出他的真实本质的东西。似乎又是做作的。人们有点感到气愤，但主要是大家都不把他当回事而公开嘲笑。法国人——我说的是他们中的大多数——对自己感受不到的感情，就难以认为它是真诚的。这一点倒令我赞赏。这期间，彼埃尔·路易于头年夏天去伦敦度过了几天。我一回来就看出他有些激动，尽管他的兴趣在别处。

“根本不像这里的人所想象的那样，”他对我说，“那些年轻人都非常可爱（他所说的是王尔德的朋友们和接近他的人，这批人很快就变得颇令人疑心了）。你想象不到他们的举止多么优雅。啊，是这样，为了给你一个概念：头一天我被引见给他们，刚被介绍给 X，他就递给我一支香烟，不过他并不简单地递给我，就像我们所做的那样，而是自己把烟点燃了，抽了头一口才递给我。这不是很有意思吗？其他一切也一样。他们善于使一切笼罩上一层诗意。他们告诉我，几天以前他们举行了一次订婚仪式，他们之中两个人的真正的订婚仪式，双方交换戒指。不，告诉你吧，这是我们无法想象的，那是怎么回事，我们一点概念都没有。”

尽管这样，不久之后，当王尔德的声誉蒙上阴影时，路易宣称自己希望心中有底，便去了巴登——我想王尔德在那里疗养——借口是要求王尔德作出解释，同时抱着与他断绝关系的欲望，果真是与王尔德断绝了关系才返回来。

他向我介绍过那次会见。

“你以为我有朋友，”王尔德好像对他说，“我只有情人。再见。”

显然，我想他从廉耻进入了令我擦掉石板上自己姓名的那种感情。与王尔德交往已经变得会受连累，当不得不再次面对他时，我并不感到自豪。

王尔德变化极大，不是外貌，而是举止。他似乎决心抛弃谨慎。我想阿尔弗雷德·道格拉斯经常与他做伴，助长了这一点。

道格拉斯我根本不了解，但王尔德立刻开始向我介绍他，异乎寻常地大加赞扬。他叫道格拉斯·博西，弄得我起初都没闹明白他在赞扬谁，尤其他装作只夸他人长得漂亮。

“你去看看他吧，”他一再对我说，“然后告诉我，你是否能找到一个更可爱的神。我崇拜他，是的，我真的崇拜他。”

王尔德用造作的外衣掩盖着他最真诚的感情。这使他令许多人无法忍受。他不愿意停止做戏，大概也做不到。不过他演的正是他自己这个人物，角色本身是真诚的，一个魔鬼不停地给他提词。

“你在读什么？”他指着我的书问道。

我知道王尔德不喜欢狄更斯，至少是装作不喜欢。我感到很不服，很高兴地递给他《巴纳比·鲁奇》的译本（当时我一个英文单词都不认识）。王尔德做出一副怪相，声称“不应该阅读狄更斯”。由于我开心地大谈自己对狄更斯无比景仰——再说这完全是真诚的，我始终保持了这种景仰——他似乎铁了心，开始谈论“神圣波阿斯①”，其雄辩显示出在这种强装谴责之下隐藏着许多敬意。但王尔德从来没有忘记自己是艺术家，而不能原谅狄更斯的人道。

当天晚上，厚颜无耻的检察官带领我们在全城闲逛，王尔德不满足于向他表示希望会见一些阿拉伯年轻人，还补充说希望会见一些“像青铜雕像一样美丽”的年轻人，这句话仅仅因为显得热烈而诙谐，而且略带点他很愿意保持的英国或爱尔兰口音，才不令人觉得滑稽可笑。至于阿尔弗雷德勋爵，我想如果我没记错的话，仅仅是在晚餐时我才见到他露面。王尔德和他都吩咐把他们的饭送到房间里吃。王尔德大概邀请过我把我的饭也送到那里和他们一块吃。我大概拒绝了，因为那时一切邀请首先都会使我退避三舍……我记不清了。我要求自己答应不给记忆中的空房间配制家具。不过，晚餐后我同意与他们一块儿外出。我记得很清楚的是，我还没走到街上，阿尔弗雷德勋爵就亲切地挽起我的胳膊，说道：

“这些向导都是笨蛋，怎么向他们说明都白搭，他们总是把你带进挤满女人的咖啡馆。我希望你和我一样厌恶女人。我只喜欢小伙子。既然你今晚来陪我们，我想还是立刻把这一点告诉你为好……”

---

① 波阿斯(Boaz)，《圣经》中人物，伯利恒的大财主，撒门和合的儿子，以利米的亲戚，名字意为“活泼”，曾按犹太教规娶远亲玛伦的寡妇路得为妻，得子俄备得，即大卫的祖父。

这番无耻的话令我愕然，但我尽量不露声色，只跟着他们走。我并不觉得博西像王尔德所认为的那样优秀，不过他那些像宠坏的孩子般的专横举止显得那么优雅，我开始明白为什么王尔德不断迁就他，听从他摆布。

向导把我们带进一家咖啡馆，这虽说是一个暧昧的地方，却并没有向我两位伙伴提供他们所寻找的任何东西。我们刚坐下一会儿，就听见厅里面爆发了一阵打骂声，接着进来几个西班牙人和几个阿拉伯人。西班牙人立刻掏出了刀子。大家看到斗殴有扩大的危险，每个人都选择站在哪一边，或者急于把斗殴者分开。我们见到开始流血，认为还是避开为妙。关于这个晚上，除此我没有其他东西可以讲述，总之这是一个相当沮丧的夜晚。第二天我回到阿尔及尔，王尔德几天后才去找我。

给大人物画像有某种方式，那就是画家似乎处心积虑想抓住模特的某个优点。我倒是力戒溜须拍马的画法。透过王尔德一切明显的缺点，我感觉到的主要是他的伟大。最令人感到恼怒的，也许莫过于他渴望不断表现自己的才智的种种乖戾言行。他常常站在做帷幔的布前大声说："我要做一件坎肩。"或者站在做坎肩的布前嚷嚷："我要装饰我的客厅墙壁。"这类话某些人听了之后，根本就忘了去琢磨，在他那奇思妙想的伪装之下，隐藏着什么真理、智慧，更微妙点说，隐藏着什么内心的秘密。然而，我说过，现在王尔德和我在一起，却扔掉了面具。我所看到的终于是他本人了，也许他明白再也没有必要伪装，那些使其他人背弃他的东西，并没有使我背离他。道格拉斯与他一块儿回到了阿尔及尔，但王尔德似乎有点尽量躲开他。

我特别记得清楚的，一天黄昏，我去一家酒吧找他。我找到他时，他坐在餐桌边，面前一杯雪利酒。他两肘支在桌面上，桌面上铺满了纸。

“请原谅，”他说，“这是我刚收到的信。”

他又拆开几封信，迅速溜一眼每封信的内容，面露微笑，然后神气活现地咯咯笑道：

“有意思！啊，实在有意思！”说着他抬起眼睛望着我，“我得告诉你，我在伦敦有个朋友替我收所有邮件，凡是令人厌烦的信件，如商业信函、供货账单等，他都留下来，只把要紧的信、情书寄给我……啊！这封是一个年轻人的……你怎么说？……一个老手？是的，一个老手。绝对妙不可言（他特别强调这个词的第二个音节，我现在还音犹在耳）。”他哈哈笑着，神气得很，仿佛对自己感到非常开心。“这是他头一回给我写信，所以还不敢写连笔字哩。真遗憾，你不懂英语！不然你会看到这……”

他还在笑，还在调侃，道格拉斯突然进来了，身上裹件皮毛领子大衣，领子里只露出鼻子和两只眼睛。他从我身旁过去，仿佛没认出我，摆出不可一世的架势往王尔德面前一站，用尖啸、蔑视、仇视的声音，一口气抛出好几句话，可惜我一个字也没听懂。说罢，他猛地转过身，出去了。王尔德忍受了这阵狂风暴雨的袭击，一声没哼，但脸色变得十分苍白。博西出去后，我们俩沉默了好一会儿。

“他经常对我大吵大闹，”王尔德终于说道，“这个人挺可怕。他不是挺可怕吗？在伦敦，我们在萨沃伊生活过一段时间，在那里吃饭，并且在那里租住一小套出色的房间，凭窗可眺望泰晤士河……你知道，萨沃伊是家很豪华的宾馆，出入的尽是伦敦最上流社会的人士。我们挥金如土，大家都对我们愤愤不平，因为大家都以为我们恣意寻欢作乐。伦敦厌恶寻欢作乐的人。我为什么对你讲这些呢，原因是这样的：我们经常在宾馆的餐厅用餐，那是一个很大的餐厅，我的许多熟人常常来光顾，但更多是认识我而我不认识的人，因为当时正在上演我创作的一出戏，取得了很大成功，各报都刊载了一些有关我的文章和我的照片。我为了和博西一块儿安静地用餐，便在餐厅里端挑选了一张餐桌，距离餐厅大门远远的，但旁边有一道通向宾馆内部的便门。可是，在那里等我的博西看见我从便门进来，立刻对我大吵大闹，啊！吵得挺可怕，挺吓人。‘我不愿意，’他对我说，‘我不能容忍你从这道便门进来。我要求你和我一起从大门进来，我要让餐厅里所有人看见咱俩经过，让每个人都说：这是王尔德和他的小兄弟。’唉！这不是挺可怕吗？”

可是，他的整个讲述，甚至最后这几句话，无不显示出他对道格拉斯的欣赏，显示出难以言状的爱慕的乐趣，那就是任凭道格拉斯主宰。道格拉斯的个性显得比王尔德的个性强烈得多，突出得多。是的，道格拉斯的确更有个性（甚至从这个字眼最坏的意义上讲），某种命定性支配着他，有时几乎到了不负责任的地步。他从不自我抗拒，因此也不容许任何事物、任何人抗拒他。说实话，博西令我非常感兴趣，不过他的确“可怕”，我想王尔德一生中种种倒霉遭遇，其责任都应归咎于他。在他身边，王尔德显得温顺，没有主见，优柔寡断。道格拉斯身上有着作恶的本能，那是促使一个孩子砸碎自己最漂亮的玩具的本能。他对什么都不满足，渴望不断地追求。下面这件事可以看出他多么无耻：一天，我向他询问关于王尔德两个儿子的情况，他强调当时才小小年纪的西里尔（我想是西里尔吧？）人长得漂亮，接着得意地莞尔一笑，悄声说道：“对我来讲吗他……除此之外，还有一种最最罕见的充满诗意的天赋，从他那唱歌般的声音，从他的动作、目光和面部表情都可以感觉得到，从中也可以感觉到生理学家所称的‘丰富的遗传特性’。”

道格拉斯第二天或第三天去了布里达赫，想办法弄到一个卡瓦基年轻人，打算带往比斯克拉，因为他听到过我对这片绿洲的描述，加之我自己也打算重返那里，这对他产生了诱惑。但是，弄到一个阿拉伯年轻人，并不像他最初想象的那么容易。需要取得其父母的同意，还要去阿拉伯人办公室和警察局签署文件。光这些事就够他在布里达赫忙几天的了。而在此期间，王尔德感到更自由了，可以更亲密地和我倾谈，此前他还从来没有这么做过。我已经介绍过我们最重要的一次交谈，描述过他过分的自信、粗野的笑声和疯狂的乐趣，也提到过这种夸张的表现有时透露出怎样的越来越严重的不安。他的一些朋友坚持说，在这段时间，王尔德根本没有想到在他不久就要返回的伦敦等待着他的局面；他们说，直到那场官司发生不可避免的逆转，他始终保持着坚定不移的信心。我据以反对这种说法的，根本不是个人的印象，而是王尔德本人的话。我在转述这些话时唯一关注的是要做到忠实。这些话流露出一种隐约的忧虑，一种他说不清为何带有的悲剧色彩，但他几乎既害怕又希望地期待着。

“我尽可能凭自己的感觉走，走得够远的了，”他一再对我说，“我不可能走得更远。现在该发生某种事情了。”

王尔德对彼埃尔·路易抛弃他表现得非常敏感。他对路易一直表现出特殊的情谊。他问我是否又见到过路易，坚持要了解对于他们的关系的破裂，路易是怎样对我说的。我告诉了他，重复了我在前面转述过的那句话。

“他真的对你这样说的吗？”王尔德大声问道，“你肯定没转述错？”我保证转述是准确的，并补充说他的话令我难过。王尔德沉默了片刻，然后说：

“你想必注意过，不是吗？最拙劣的谎言，是最接近事实真相的谎言。不过，路易肯定没想要说谎，也不认为自己在说谎。只不过他根本没有理解那天我对他说的话。我不希望他说谎，但他误解了，严重误解了我的话的含义。你想知道我对他说过什么话吗？在我们所住的那个宾馆房间里，他开始对我说一些可怕的事情，对我进行指责，因为我不愿意对自己的所作所为向他做任何解释。我对他说，我不承认他有权评价我，但如果他愿意，他所听到人家对我的议论，他统统可以相信，我一概无所谓。于是路易说，既然这样，他就只好离开我了。我黯然神伤地打量着他，因为我很爱路易，正因为如此，仅仅因为如此，他的责备使我感到非常难过。但我感到，我们之间一切都完了，便对他说：‘再见，彼埃尔·路易。我想有一个朋友，但只剩下情人了。’听到这句话路易就走了，而我也不想再见到他。”

同一天晚上他告诉我，他把他的天才都倾注在生活里，在他的作品里只倾注了才华。我在别的地方记述了这句披露性的话，此后这句话经常被引用。

另一天晚上，道格拉斯刚离开去布里达赫，王尔德马上问我愿不愿意陪他去一家演奏音乐的摩尔人咖啡馆。我答应去，晚饭后去他的宾馆叫他。咖啡馆离得不远，但王尔德行走困难，我们叫了一辆马车，把我们送到蒙庞西埃街康贝塔大道第四大台阶，王尔德请车夫在那里等我们。车夫旁边坐了一位向导，他领我们走进一个迷宫般、马车无法通行的地方，直到那家咖啡馆所在的一条斜坡巷子里，即右手边的第一条，与康贝塔大道大台阶平行的那条巷子。由此可以想象这条巷子坡度有多大。王尔德一边走，一边低声对我讲他关于向导的理论：按照他的理论，重要的是要去最下流无耻的人中间挑选向导，挑到的准是最好的。布里达赫那个向导表现得不如人意，那是因为他不觉得自己很丑陋。今晚我们这个向导样子吓人。

咖啡馆没有任何标志，门与其他所有门一样，半掩着，我们用不着敲。王尔德是这里的常客，我在《阿敏塔斯》中描写过这地方，因为后来我经常去。有几个阿拉伯老头儿蹲在席子上抽大麻。我们在他们身边蹲下来时，他们也没有动窝儿。起初我不明白这家咖啡馆有什么吸引王尔德的东西，但不一会儿，我就注意到，黑暗中柴灰已满的炉灶旁边，一个还相当年轻的卡瓦基人正在为我们泡两杯薄荷茶；王尔德喜欢薄荷茶甚于咖啡。这个地方特别令人昏昏欲睡的气氛，使我开始有点迷迷糊糊，这时半掩的门口出现了一位翩翩少年。他在门口停了一会儿，抬起胳膊肘支住门框，在黑暗衬托下格外引人注目。他仿佛在犹豫是否进来，我呢已经担心他扭头走掉，但看见王尔德示意，他微微一笑，过来在我们对面的一条矮凳上坐下。我们按阿拉伯方式，蹲在一个铺席子的平台上，那矮凳比我们这平台还略低一点。少年从突尼斯坎肩里掏出一支芦笛，开始优美地吹奏起来。过后不久王尔德告诉我，他叫穆罕默德，就是博西的那一位，他开始之所以犹豫是否进来，是因为他没有看见道格拉斯勋爵在这里。他两只大眼睛因为抽大麻而目光无神，他的皮肤呈黄褐色。我欣赏他放在笛子上修长的手指，他那还没长成的细长的身体，以及他那两条纤细的光腿，从宽大的白短裤里伸出来，一条屈起架在另一条的膝头。那个卡瓦基青年过来坐在他身旁，与他一块儿吹奏一首达布卡舞曲。笛子吹奏的舞曲像一泓清澈的水，在万籁俱寂中流淌，听得人忘记了时间，忘记了地点，忘记了自己是何人，忘记了人世间一切忧烦。我们这样听着，一动不动，仿佛听了天长地久，但我愿意听更长时间，如果不是王尔德突然抓住我的胳膊，打破了这神奇的魔力。

“来。”他对我说。

我们出了咖啡馆，跟着丑陋的向导，在巷子里走了几步。我想这个晚上的活动结束了，但拐了头一个弯，王尔德停住了，将他的大手放在我肩上，俯身（他比我高得多）低声问我：

“亲爱的，你想要那个吹笛子的小伙子吗？”

啊！这巷子里真黑！我以为自己的心脏停止了跳动，需要努力鼓起勇气才回答了一声“好”嗓子都像给勒住了。

王尔德立即转向跟着我们的向导，对他耳语几句什么话，我一点也没听见。向导离我们而去，我们则走到停放马车的地方。

我们在车上刚落座，王尔德就笑起来，笑得很响。那不是高兴的笑，而是得意的笑，是没完没了、情不自禁、肆无忌惮的笑，而且他越看见我不知所措，就越笑得厉害。我应该说明的是，王尔德在我面前暴露了他的生活，相反对于我的生活他还根本不了解。我小心在意，不让他从我的言行之中揣想出任何情况。他刚才向我提出的建议是一个大胆的建议，使他如此开心的，是这个建议这么快被接受了。他开心得像个孩子，像个魔鬼。放荡者最大的快乐，莫过于引诱别人放荡。自从我在苏斯那次艳遇之后，对魔鬼而言，大概就再也谈不上取得对我的重大胜利了。但这一点王尔德压根儿不知道，也不知道我注定要失败，或者毋宁说（既然头昂得那么高，谈论失败合适吗？），他不知道我在想象中和思想上，早就战胜了我的一切顾忌。老实讲，这一点连我自己也不知道，我想仅仅是在对他回答“好”时，才猛地意识到。王尔德不时停止笑，表示歉意道：

“请原谅我这样笑，我是控制不住，忍不住。”说罢，又更厉害地笑起来。

我们在剧院广场一家咖啡馆前面停下来时，他还在笑。我们打发走马车。

“还太早。”王尔德对我说。我不敢问他与向导是怎么商定的：吹笛子的小伙子在什么地方、什么时候、怎样来找我。我甚至怀疑他向我建议的这件事是否会有结果，又担心问他吧，会过分暴露我的欲望之强烈。

我们在那家毫无特色的咖啡馆只停留了一会儿。我想王尔德是否本来是叫人把我们直接送到绿洲宾馆的小酒吧的。我们离开这家咖啡馆就到了那里。在摩尔人咖啡馆人人认得王尔德，所以他宁愿避开那里。他故意安排这个中途停留点，是有点想增加公开与秘密之间的反差。

王尔德让我喝了一杯鸡尾酒，自己喝了好几杯。我们耐心地等了半个小时左右。我觉得时间过得好慢！王尔德还在笑，但不再是那样捧腹大笑。偶尔我们说两句话，也是东拉西扯。终于我看见他掏出了怀表。

“时间到啦。”他说着站起来。

我们向一个更平民化的小区走去。那小区是在一座大清真寺那边的坡下，清真寺的名字我不记得了，只记得要去坡下的港口需经过它前面。港口区即全城最破败的小区，过去也许曾经是全城最漂亮的小区。王尔德领着我进了一座有两道大门的房子。我们还没有迈过门槛，就有两个彪形大汉的警察出现在我们面前，他们是从另一道门进来的，把我吓了一跳。王尔德见我惊恐万状，非常开心。

“啊！亲爱的，正相反，这表明这家宾馆很安全。他们是来保护外国人的，我认识他们，是两个出色的小伙子，很喜欢抽我的香烟。他们心里很明白。”

我们让两个警察在前面领路。他们上了三层，我们在那里停下来。王尔德从口袋里掏出钥匙，带我进到一个两室的小套间。过了一会儿，丑陋的向导来了，后面跟着两位少年，都裹着阿拉伯呢斗篷，遮住脸。向导退了出去。王尔德叫我和小穆罕默德进里面的房间，他则与吹奏达布卡舞曲的小伙子反锁在第一个房间里。

自此之后，每次我寻找欢乐，都追忆这天夜里的情景。苏斯那次艳遇之后，我再次可耻地堕落了。快乐，我偶尔顺便得手一次，那都是偷偷地进行的。然而一天晚上（那是在抵达拉布雷维纳之前不久），在船上与科姆湖一个年轻船员，却是妙不可言：湖面奇幻的轻雾和岸边潮润的芳香融于月光里，我在月光笼罩下，心醉神迷。过后呢，什么也没留下，只是一片可怕的荒漠，充斥着没有应和的呼唤，没有目标的冲动，不安，争斗，令人疲乏不堪的梦，想象的激奋，恼人的颓丧。离开拉洛克前两年的夏天，我觉得自己变疯了，在那里度过的所有时间，都是关在房间里。本来只有工作能把我留在房间里，可是强迫自己工作也白搭（我正在写作《乌有国游记》），我像着了魔，像魔鬼附身，大概希望从毫无节制之中寻求排遣，从另一面登上蓝天，让纠缠我的魔鬼精疲力竭（我承认正是我的魔鬼给我出的主意），结果被搞得精疲力竭的是我自己，我狂躁地消耗着自己，直到彻底衰竭，直到自己面前只剩下痴愚和疯狂。

啊！我脱离的是多么可怕的地狱！没有一个朋友可以诉说，没有任何人出出主意；我相信一切调和都是不可能，起初死活都不肯退一步，所以只有沉沦……可是，有什么必要重提那些凄惨的日子？难道对它们的回忆能够解释我这天夜里的疯狂？在梅莉姆身边的尝试、“正常化”的努力，都没有结果，因为在我的感觉中这行不通。现在我终于找到了自己的正常状态。这里不再有任何压抑、匆忙、暧昧，我所保留的回忆中没有丝毫灰色。我的快乐是巨大的，假如掺和了爱情，我都无法想象它会有多圆满。怎么会有爱情问题呢？我怎么会让爱情支配我的心呢？我的快乐没有不可告人的想法，不会产生任何后悔。可是，把那个美好、野性、热烈、淫荡、神秘的小小肉体搂在自己赤裸的怀里时，那种冲动叫作什么？

穆罕默德离开我之后，我久久地沉迷在激动不已的狂喜状态。在他身边我已经五次达到高潮，但还是一次又一次设法重现那种销魂的快感。回到宾馆的房间，直到清晨，意犹未尽。

我知道，这里叙述的某些细节会引人发笑，其实我很容易略而不提，或者以情理上逼真为准加以修饰。但是，我追求的不是逼真，而是真实；真实，难道不是恰恰在它最不逼真的时候，最值得讲出来吗？你想吧，我除了实话实说还能做什么？

由于我在这里仅仅是发挥了自己的能力，此外我刚刚读完薄伽丘的《夜莺》，所以我想没有什么东西值得大惊小怪，倒是穆罕默德的惊讶首先引起了我的注意。我在什么地方超过了这种限度？那是在随后发生的事情之中；正是随后发生的事情中，开始了对我来讲不可理喻的情形：尽管我已经那样心醉神迷，那样精疲力竭，但我还是不知道停止和休息，而是把自己搞得更加精疲力竭。随后我常常感觉到，试图节制也做不到，尽管理智告诉我要节制，要谨慎。每次我试图这样，随后就不得不孤独地把自己搞得彻底精疲力竭；不彻底精疲力竭，我就得不到任何休息，而休息，想少付出代价是得不到的。总之，我根本不负责解释，我知道我一定会什么也没明白，或者对人体的机能知之甚少，就抛弃生命。

天刚蒙蒙亮，我就起了床，穿着便鞋，远远地跑到——是的，的确是跑到穆斯塔法城外。刚过去的一夜丝毫不感到疲倦，相反感到非常快活，灵魂和肉体都感到轻松，而且整个一天都是这样。

两年后我重新见到穆罕默德。他的面部没有多大变化，只稍稍显得不那么年轻了，身材还是那么富有魅力，但目光中再也没有那种忧郁的神色，我从中觉察到一种难以言状的冷漠、不安和下流。

“你不再抽大麻了？”我明知故问。

“不抽啦，”他答道，“现在我喝苦艾酒。”

他仍然富有吸引力——我说什么？比任何时候都更富有吸引力，但看上去厚颜无耻多于淫荡好色。

达尼埃尔 · B和我在一起。穆罕默德把我们领到一家不三不四的旅馆的五层；底层有一家酒吧，一些海员在喝酒。老板问我们姓名，我在簿子上登记了凯撒 · 布洛克。达尼埃尔要了啤酒和汽水，“为了装得像那么回事。”他说。我们进入的房间只靠刚才上楼时所拿的那支蜡烛照亮。一个侍者送来啤酒、汽水和玻璃杯，放在蜡烛旁边的一张桌子上。只有两张椅子，达尼埃尔和我坐下，穆罕默德则坐在我俩之间的桌子上。他现在穿了件白罩袍，代替了过去那套突尼斯服装，向我们伸出两条裸腿。

“每个人一条。”他笑着对我们说。

我坐在饮了一半的玻璃杯旁边没动，达尼埃尔抓住穆罕默德，搂在怀里，抱到房间里端的床上，让他仰着横卧在床边上。不一会儿，我只看见垂在大动的达尼埃尔身体两边的两条细腿了。达尼埃尔甚至没有脱大衣。他个子很高，靠床站着，只模糊地看见背部，脸被黝黑的长鬈发遮住。达尼埃尔穿着那件长及脚跟的大衣，显得非常魁梧，俯在那个小小的身体之上，盖住了它，像一个高大的鬼在吸一具尸体的血。我差点恐惧地叫喊起来……

人们总是很难理解别人的爱情和别人做爱的方式。甚至包括动物的做爱方式（我似乎应该把这个“甚至”留给人类）。人们可能羡慕鸟的歌唱和飞翔，写道：

> 啊！你知道鱼在海底是什么样吗？
> 它们那么舒适！

甚至啃着骨头的狗，也从我身上看到某种与禽兽相通的东西。最令人困惑的，莫过于每种动物获得快感的姿势，尽管不同种类之间千差万别。关于这一点，古尔蒙先生竭力看到人与各种动物之间存在难以置信的相似之处。但不管他怎么说，我认为这种相似之处只存在欲望领域，而在古尔蒙先生所称的“爱情物理学”方面，也许正好相反，不仅在人与动物之间，而且往往在人与人之间，不同最为明显，以致如果允许我们进行观察，我们身旁人的做法，在我们看来像两栖类和昆虫以及狗和猫的交配一样，往往显得稀奇古怪、荒唐可笑，干脆说吧：显得极为可怕。可是为什么扯得这样远？

大概也因为这样，在这一点上，不理解非常深，不妥协非常剧烈。

我呢，只理解面对面的、相互的、不带强暴的快乐，像惠特曼[①]一样，在偷偷的接触满足之后，常常感到恐惧，因为一方面看到达尼埃尔那种搞法，另一方面看到穆罕默德那样心甘情愿地顺从。

这个难忘的晚上之后不久，王尔德和我就离开了阿尔及尔。他赶回英国，需要去了结博西的父亲肯斯贝利侯爵对他的指控。我呢，则希望赶在博西前头到达比斯克拉。博西已决定把他爱上的布里达赫阿拉伯青年阿里带到比斯克拉。他的一封信通知我他即将返回，希望我同意等他，以便与他、与他们进行一次为期两天的长途旅行，因为他与阿里单独去，可能会有性命危险。他披露，阿里不会讲法语，也不会讲英语，而博西自己不会讲阿拉伯语。我天生性格不好，这封信反而促使我赶

① 惠特曼（Whitman，1819—1892），美国诗人，《草叶集》作者，早期作品宣扬肉体和性爱的美妙。

快离开。或许因为我不乐意促成这次冒险，帮助一个认为一切都该着他的人，或许因为沉睡在我心灵里的道学家认为拔掉玫瑰的刺不合适，或者更简单，是因为我阴郁的心情占了上风，抑或是各种因素加在一起，我离开了。但在我停留过夜的塞蒂夫，一封加急电报送到了我手里。

我以反常的热情，欢迎行将摧毁我的道路的一切东西；我不力求解释，这正是我天性的一个特点，因为我无法理解……总之，我立刻中止旅行，开始在塞蒂夫等待道格拉斯，像先前逃避时一样心甘情愿。尽管这样，从阿尔及尔到塞蒂夫的旅程我觉得非常漫长，可是很快我就觉得这种等待更加漫长。真是没完没了的一天！“明天那一天又会怎么样呢？中间隔着一个比斯克拉呢。”我想道，在这座丑陋的军事和殖民山城一条条规则而枯燥乏味的街道上大步走着。在这里碰到的几个阿拉伯人看上去都是流亡者，可怜兮兮，我无法想象人们会到这里来做生意或奉命住在这里。

我迫不及待地想认识阿里，估计他是一个很朴素的卡瓦基人，穿着大概与穆罕默德差不多。但是我看见从火车上下来的是一个年轻贵族，穿着非常讲究，系一条丝质腰带，缠着缀满金饰的头巾。他还不到十六岁，但举手投足显得多么高贵！目光眼神显得多么高傲！对旅馆里向他鞠躬的侍应生，他带着多么不可一世的笑容扫视他们！他很快就明白，尽管昨天他还是那样卑贱，现在该他头一个进来，头一个坐下……道格拉斯找到了自己的主人，他本人也算穿得考究，但看上去像一个听从阔绰的仆人吩咐的随从。任何阿拉伯人，不管他多穷，都心怀一个即将诞生的阿拉丁，只要经命运点化，他就会成为国王。

阿里无疑很帅，肤色白皙，前额清纯，下巴匀称，小嘴可人，面颊丰满，眼若仙子，但他的美貌对我丝毫没产生支配的效果。他的鼻翼显示出某种凶悍，太过匀称的眉毛弧线显示出某种冷漠，嘴唇轻蔑地噘起时则流露出残忍，这使我一切欲望全部消失。他整个人最令我产生排斥感的，是他那女性的外表，而恰恰这一点也许会使其他人神魂颠倒。我说这些话无非是想让读者明白，我在他身边生活了相当长时间而方寸未乱。甚至像经常发生的情况一样，道格拉斯那副如痴似醉的样子，反而促使我情绪更加恬淡，他走后我在比斯克拉逗留期间，一直保持着这种情绪。

绿洲宾馆，头年我们在这里租住过主教套房，已经拥有这类房间。但刚刚开张的皇家宾馆，所拥有的设备，从情趣和方便上讲，仅略逊于绿洲宾馆。一层三个房间，其中有两间紧挨着，位于一条走廊尽头，那里有一道门通到外边。走廊那道门只供我们出入，我们有钥匙，这样到自己房间就不必穿过宾馆。不过，我通常是从窗户进出房间。我的房间与道格拉斯和阿里的房间隔着走廊，我吩咐搬来一架钢琴放在里面。他们那两个房间朝向新开的娱乐场，中间隔了一块相当宽阔的空地，上面有一些停课的孩子在嬉戏，就是头年到我们的阳台上来玩的那些孩子。

我说过阿里不懂法语，我推荐阿特曼给他们两个当翻译，因为阿特曼听说我要来，放弃了自己的工作，希望到我身边来帮忙，我正不知道如何用他。但随后我就责备自己，竟然想到给他安排这样一个位置。除了道格拉斯和阿里的关系对一个阿拉伯人来讲，没有任何稀奇之处，我当时对阿特曼也没有那么深厚的友谊，后来要那样为他操心——不过不久他就值得我操心了。起初我一提出那个建议他就连忙接受了，我很快明白，他是为了有更多时间待在我身边。可怜的小伙子看到我决心不陪道格拉斯外出溜达，总之明白他很少有机会见到我，感到十分难为情。道格拉斯每天带他和阿里乘马车去附近某个绿洲，如舍特马、德洛赫、西迪·奥克巴等，在宾馆的阳台上，可以望见这些深绿或翠绿的绿洲，镶嵌在沙漠赤黄色的外衣上。道格拉斯硬想拉我去也不成。他与那两个年轻随从在一起肯定会感到无聊，因为在我看来，那两个人像是快乐的赎金，但我对他没有丝毫同情感。“这是你心甘情愿的！”我想道。对于按天性自己多半会倾向于接受的事，我摆出铁面无情的架势稳住自己。关于赎金的想法也是这样，我更加埋头工作，自鸣得意地觉得正在赎回某种东西。如今岁月使我变得更加循规蹈矩了，一种旧的伦理竟有如此多迟疑和残余，真是令我吃惊。这种旧伦理我根本不再赞同，但人们仍然依据它作出道德上的反应。我试图弄清楚，是什么动力使我的机体情不自禁地如此反抗。应该老老实实承认，我弄明白了主要是反感和没有诚意。不过博西也很不令我喜欢，或者更确切地说，他令我感兴趣远远甚于令我喜欢。尽管他殷勤、体贴，甚或也许正因为这些，我总是严阵以待。与他交谈我很快就会厌倦。我宁愿相信，与一个英国人，或者仅仅与一个比当时的我稍许更精通英国情况的人交谈，这种交谈也许会更丰富多彩。可是道格拉斯呢，一般的话题谈完了，就总是以一种令人讨厌的固执，一次又一次谈那些我一谈就感到非常尴尬的话题，他一点也不尴尬就使我愈加尴尬。只要在那没休没止的客饭席上再见到他，就够我受的了。他会多么可爱、风趣、优雅地突然嚷道："我绝对要喝香槟！"我为什么一定要不快地拒绝他递来的那杯香槟呢？有时，在与阿特曼和阿里一块儿饮茶时，我听见他上十次重复——他得意的不是这句话本身，而是他这样重复："阿特曼，告诉阿里，他有一双羚羊一样的眼睛[①]。"他每天使他无聊的极限后退一点儿。

这种温柔的调情突然结束了。博西以相当强烈的兴趣，看到阿里与温泉的一个年轻牧羊人之间开始产生一种暧昧的关系，但当他终于明白，阿里对乌拉族人的魅力，特别是对梅莉姆的魅力也会大动感情，不禁怒不可遏。一想到阿里会和梅莉姆那个女人睡觉就无法忍受。他怀疑他们已经睡过觉（我可不相信），越发恼火，要求阿里供认，悔恨，保证，发誓说如果阿里违背诺言，就立即打发他走。我觉得道格拉斯并不真的那么嫉妒，而是恼怒。"男孩子嘛，"他辩驳道，"是的，男孩子嘛，他要多少由他，我让他自由，但是他去与女人搞，我不能容忍。"尽管如此，我压根儿不相信阿里真的对梅莉姆怀有欲望，我想他多半是经不住她那迎合的诱惑，而且觉得这也驳斥了他听到的说他阳痿的议论。我相信阿里是装模作样，模仿大人，表示自己长大了。他装出顺从的样子，但道格拉斯已失去

① 法语里羚羊一样的眼睛，意即温柔的大眼睛。

对他的信任，疑窦丛生，一天竟毫无顾忌地翻阿里的箱子，在衣服底下发现一张梅莉姆的照片，立刻撕得粉碎……这一下非同小可，阿里像猛挨了一顿鞭子，大喊大叫，把宾馆里所有人都引来了。我听到叫喊，但把自己反锁在房间里，觉得不介入更明智。傍晚，道格拉斯出现在晚餐席上时，脸色苍白，目光冷酷，宣布让阿里乘头一趟火车，即翌日早晨那趟回布里达赫。他自己也在两天后离开了比斯克拉。

这时我才意识到，出于反抗而去散心观景，会使我产生多么高的工作热情。现在我再也不需要顶住乘马车出去兜风的诱惑，每天往往一大早就动身穿越沙漠，进行令人精疲力竭的远足，时而顺着干涸的河床走，时而登上高高的沙丘，有时就待在沙丘上等待夜幕降临，陶醉于眼前的广袤、奇特和静谧，心比鸟儿更轻盈。

傍晚时分，阿特曼结束了一天的工作，经常来找我。自从道格拉斯和阿里走后，他重新捡起了向导的行当。这是一个可怜的行当，但非常适合他柔顺的性格。他天真无邪，不自觉地但也不那么难为情地同意把外国人带到乌拉族人家里，同意向阿里转达道格拉斯的甜言蜜语。他向我讲述他的每一天是怎样安排的，我对他的友爱与日俱增，他的这种殷勤也与时俱增，而随着他的信任的增加，他向我讲述的事情也就越多。

一天傍晚，他兴高采烈地跑来。

“嘿！今儿这一天真不错！”他大声说，随即向我介绍他怎样赚了三十法郎：他同意把一个英国人带给一个乌拉族女人，收取手续费十法郎，加上乌拉族女人付的工钱十法郎，又得到英国人付的小费十法郎。我生气了：他当了拉皮条的，我不反对，可是他不诚实，这我绝不能容忍。他吃了一惊，起初以为我是突然发脾气。我让他承认错误，他仅仅表示后悔对我说得太坦率。我感到庆幸的是，在每个阿拉伯人身上都能发现一种贵族式的感情，于是我想唤起他这种感情。他似乎理解了。

"好吧，"他咕哝道，"我把这钱还回去。"

"我并不是叫你还回去，"我驳斥道，"只是你如果想做我的朋友，就不要再干这种不光彩的勾当。"

"那么，"他微笑着说道，我立刻又见到了我喜欢的那个听话的孩子，"我想我最好再也不带外国人去女人家了；跟女人吗，赚的机会太多啦。"

"你知道，"我以鼓励的方式补充道，"我之所以这样要求你，是为了你无愧于我的朋友们，当你将来在巴黎遇到他们的时候。"

把阿特曼带回巴黎的想法，在我心里慢慢变得强烈，我开始在信里对母亲提这件事，起初是怯生生地，后来当母亲表示反对时，才变得更坚定。对母亲的申斥，我一向过分倾向于采取反抗态度，但应该说母亲的申斥也有点太过随意。她的信通常都是一连串的责备，而她的责备有时可能掩盖在这样亲切的客套话里："我不是对你提出忠告，而仅仅是引起你注意……"但这类话最令我恼火。事实上我知道，如果这样提醒我注意而毫无效果，她会不厌其烦地一次又一次再提醒，因为我们两个人的意图，谁也不会向谁让步。在这件事情上，我尽力说服她也白搭。我终于说服了自己，现在牵涉到一次道德的救助，阿特曼的得救，取决于他移居巴黎，就好像我收养了他……我前面那些信那么激烈，已使母亲感到不安，她相信寂寞和沙漠扰乱了我的大脑。一封信使她的担心达到了极点。在这封信里我突然告诉她，我用从祖母那里继承的一点钱，在比斯克拉买了一块地（我现在仍然拥有）。为了赋予这种异想天开的做法某种明智的外表，我是这样陈述理由的：如果比斯克拉成为一个时髦的冬季度假站，我因此而不再对它感兴趣，而地价升了，那么我就把它转手出去，赚一大笔钱；如果比斯克拉保持目前的样子，要知道这是世界上我最喜欢生活的地方，那么我就在这块地皮上盖座房子，每年冬天都来居住。我幻想在我这座房子的一层开家摩尔人咖啡馆，让阿特曼经营；我已经邀请所有朋友……最后这项打算我没有对母亲讲，其余的已足够让她认为我疯了。

母亲千方百计加以阻止，把阿尔贝以及所能找到的我的朋友，都动员起来为她帮腔。我觉得她鼓动这帮人结成联盟来对付我，十分恼火。我收到的是一些什么信！恳求，斥责，威胁；我如果把阿特曼带回巴黎，定会招来奇耻大辱，我让他干什么呢？爱玛妞会怎样看我呢……我固执己见。最后，年迈的玛丽的一封发狂的信，才使我不得不放弃：玛丽发誓，等我那个“黑鬼”一进家门，她就离开我们家。唉！没有了玛丽，妈妈怎么办呢？我让步了，必须这样。

可怜的阿特曼！我无心一下子推倒一座想象中的建筑，它每天都因一分新的希望而在增高。我不是经常会放弃的，挫折从我这里所获得的，只不过是暂缓一段时间。我表面上顺从了，但这项美好的计划，我最终会把它变成现实，可是这回一直等到四年后。

这时阿特曼明白遇到了麻烦。我起初没有告诉他，因为我对自己坚定的决心仍充满信心。他呢，揣摩着我的沉默，观察着我阴沉的脸色。收到玛丽的信之后，我还等了两天，但终于不得不下决心把一切告诉他……

我们养成了习惯，每天傍晚在火车到达时溜达到火车站。现在他认识我所有的朋友，因为我不断向他谈起我的朋友们。在孤独中回忆自己的朋友，会使生活变得充实。因此溜达时，我们像做有点幼稚的游戏，假装是去迎接我的某个朋友。这位朋友大概在旅客们之中。我们会看见他从火车上下来，扑进我的怀抱，嚷道："啊！多么漫长的旅行！我以为永远到不了了呢。总算见到你啦……"但都是一些与我们无关的人从身边流动过去。我们孤独地待在那里，阿特曼和我。不过往回走时，我俩都觉得，这种孤独使我们变得更亲密无间了。

我说过我的卧室直接通到外面，无须上下楼。前面不远处是土古尔路，每天夜里阿拉伯人都走这条路回家。将近九点钟，我听见有人轻轻叩关上的护窗板。是阿特曼的大哥萨德克和另外几个人。他们跨过窗台。我这里有饮料和小吃。大家蹲成一圈，听萨德克吹笛子，听得忘记了时间。只有在那里我才有这种情形。

萨德克只知道几个法语单词，我只知道几个阿拉伯语单词。但是我们即使说同一种语言，我们所说的话也不可能超过我们的眼神和动作所表达的，尤其是他把我的手握在他的手里那种亲切的方式：他的右手握住我的右手，我们就这样向前走，胳膊挽着胳膊，静悄悄的像两个影子。最后那天晚上，我们就这样溜达着（啊！我真下不了决心离开，就仿佛是要告别了自己的青年时代）。我们久久地溜达着，萨德克和我，在咖啡馆街，在乌拉街，不时向昂·巴尔卡、向梅莉姆、向小小的摩尔人咖啡馆投去一个微笑。阿特曼把那家小摩尔人咖啡馆称为我的小赌场，因为去年，当保罗陪同大夫 D. 的太太去刚开张的、真正的赌场赌钱时，我则与巴希尔、穆罕默德和拉尔比，来这间又黑又脏的小厅里打牌。离开了乌拉街、灯光和嘈杂声，我们一直漫步到牲口饮水池边，我经常到这里来坐坐。

于是，为了不一下子抛弃一切，我建议阿特曼至少陪伴我到坎塔拉，我在那里再勾留两天。棕榈树下已透出春天，杏树开花了，蜜蜂嗡嗡飞舞，渠水灌溉着大麦田，棕榈树掩蔽下白色的杏花那样明丽，超乎人们的想象，而在它们的阴影遮蔽下，在它们的荫庇下，生长着嫩绿的庄稼。我们在这个天堂般的乐园里度过了两天，这两天的回忆极为愉快，极为单纯。及至第三天早晨，我到房间里找阿特曼向他告别，连人影都没找到，只好不见而别。我不知道他为什么不在，但当火车驶离坎塔拉已经很远，我从车窗里瞥见西面的天边他那件白色的阿拉伯长袍。他坐在那里，双手捧住头，在火车经过时也没抬起来，连我向他挥手也没抬头看一眼。列车载着我疾驰而去，许久我眼前还浮现着沙漠里那张呆滞、失神、憔悴的小脸——它是我的绝望的写照。

我回到了阿尔及尔，要在那里搭船返回法国，可是我任凭四五班客轮走了而没有搭乘，借口是海上风浪太大。其实是一想到要离开这个国家，我的心都碎了。彼埃尔·路易病体复原，从塞维尔来找我，他在那里过冬。我甚至记得，他过于殷勤和迫不及待地赶来和我会合，在阿尔及尔前几站，我就意外地看见他出现在我的车厢门口。咳！我们在一起还不到四个钟头（这我记得非常清楚），就争吵起来了。我承认这中间也有我的一点过错。根据我前面所讲的一切，读者想必明白，当时我的性格并不特别随和，也不像我现在这样好通融。不过我知道，只有跟路易我才会那样争吵，而我相信他则不仅仅是跟我争吵。无论遇到什么事或者什么事也没有，都会争吵起来。以后如有人出版他的书信，人们就会看到这方面的许多典型例子。他时刻关心的，就是让他的意见或兴趣压倒你的意见或兴趣。可是，我觉得他并不很希望你让步，或者至少不希望你让步太快，他并不那么在乎有理无理，而是与另一个个人较量，如果不说斗争的话。这种爱争吵的性格成天会以任何事情为借口表现出来。有人希望到阳光下走走，他立即会说他更喜欢待在阴凉地方。总得让着他。你对他说话，他不是一声不吭，就是哼唱带挑衅性的短短的副歌；当人家希望保持沉默时，他却提高嗓门。这一切都使我非常恼火。

尽管这样，他还拉我去逛窑子。从我说这话的方式，诸位可能以为我不肯去。不，我以什么也不拒绝而自鸣得意，就是说我不太勉强地跟随他去安达卢西亚之星，一家可以跳舞的咖啡馆，那里根本没有阿拉伯人，也没有西班牙人，其低级庸俗立即让我感到恶心。这时，彼埃尔·路易宣称，比其他一切更令他感兴趣的，就是这种低级庸俗。听到他的话，我心里的反感使我简直要把他和其他东西一块儿呕吐掉。然而，我并不凭一时之兴让反感左右自己，一种邪恶的需要促使我走到底，不知道是一种什么阴暗、肮脏的情感，大概其中什么都有一点吧，但肯定不包含欲望，使我再次进行这种尝试。头年与昂·巴尔卡已可悲地失败过一回了。不过这一回成功一些，以致厌恶之余，我立刻又添了一分担心，怕自己变得好淫。对这种担心，路易则开心地火上浇油，一方面暗示说，事实上，和我一起关在房间里的“安达卢西亚之星”，虽然算得上星座最美丽的一颗星（我应该说最不丑陋的一颗星），但也许是最不可靠的，只有这个才能解释她当时没人问津，只有我这样的傻瓜才会选择她。其实，她那尚存的一点青春和妩媚使她比较出众，但本应引起我的警惕，还有其他女人看见我选择她而发笑的情景，这一切我竟全然没有注意到。我嚷起来，说他应该在还来得及时提醒我的。他申辩说，另一方面，我很可能马上就要受到其后果影响的这件坏事，本身毫不可怕，不过必须接受它，将之视为快乐的一种代价；设法避免它，那就是试图逃避普遍的法则。为了使我放心，他接着列举了许多伟人，他们四分之三的天才无疑是多亏了梅毒。

这种煽情，现在想起我当时听了所露出的表情，尤其现在知道那时自己无缘无故地惊恐不安，觉得相当滑稽有趣，可是当时听了一点也不开心。除了反感和不安，很快又对路易产生了一种狂怒。显然，我们不可能再和睦相处，不可能再相互容忍。这种相互接近的努力，我相信是最后一次了。彼埃尔·路易离开我之后，我在阿尔及尔还生活了几天，那是我最渴望重新经历的几天。那几天并没有给我留下什么确切的回忆，只记得有一种异乎寻常的热情，一种快乐，一种狂热，使我每天天刚亮就醒来，使每个钟头的每一刻都长驻不逝，使一切贴近我的心的东西都变得像玻璃和空气一样透明。

母亲收到我当时写给她的信，开始感到非常不安。她从信中觉察到的那种兴奋，觉得不可能是无缘无故的，想象我肯定坠入了情网，交了女朋友，不过她还不敢点破。但是她的信里充满了暗示，让我窥见了幽灵。她恳求我回去，“一刀两断”。

事实真相，如果她知道了，更会把她吓坏，因为与女朋友一刀两断容易，要摆脱自我就难了，要想成功，要有这种愿望才成。然而，我并没有立刻开始自我暴露，不能立刻指望摆脱自我，也并非马上就能发现我心里的新十诫板。因为对我来讲，仅仅从戒律中解脱出来是不够的，我企图使我的狂热合法化，给我的疯狂找到理由。

上面这几行文字的语气，肯定会使人以为我在这里承认错误呢。其实，从中应该看到的，多半是谨慎，是对我所知道的人家可能对我提出非议的一切事情的回答，是让别人听到我已经自己对自己提出非议的一种方式。因为我不认为存在考虑道德和宗教问题的方式以及面对这一问题的行为方式，我在此生某个时刻可以认识到并变为自己的方式。其实，我愿意调和各种问题和五花八门的各种观点，但我什么也不能排除，只好准备交给基督去解决狄俄尼索斯和阿波罗[①]之间的争端。我的爱慕驱使着我，总是不断深入这片沙漠，不断向前走，去寻求我所渴求之物，那么我怎样在这沙漠的那边——怎样以什么样的爱的激情，重新找到福音书呢？现在还不到谈论这个的时候，也还不到谈论我从中汲取的教诲的时候。当我以新的眼光阅读它的时候，我会看到思想和文字突然被它照得通明透亮。对于教会对福音书的解释，对于经过教会的解释，福音书的神圣、教诲我几乎辨认不出来了这个事实，我既感到遗憾，又感到愤慨。我一遍又一遍对自己说：我们西方世界正因为根本看不到这一点，或者根本不愿意看到这一点，而正在消亡。这已成为我的深刻信念，揭露这种弊端的责任落到了我头上。因此我打算写一本书，题目想定为：《反对基督的基督教》。这本书已经写了许多页，在更平静的时期也许早就已经发表了，还有就是如果不使一些朋友难过，不严重损害思想自由的话。我把思想自由看得比其他一切都更可贵。

在所有问题之中，尤其是这些严肃的问题，本应立刻使我感到苦恼的，却只是后来才真正让我费脑筋。如果说当时我还没有明确提出来，但它们已萦回在我心里，使我无法从轻易得到、春风得意的享乐主义中去寻求安逸。关于这一点，现时我谈得够多的了。

我终于顺从了母亲的恳求，在她去拉洛克之前半个月，回到了巴黎她身边。我应该在七月份去拉洛克与母亲相聚，可是

① 阿波罗（Apollon），希腊罗马神话中的太阳神。

我到那里再见到她时，她已经气息奄奄。和母亲一起生活的这最后几天（我说的是在巴黎的那几天），是放松和暂息的几天。应该承认，与正在酝酿的争论和斗争相比较，回忆起这几天，回忆起我们最明朗的关系，我感到某种安慰。甚至在这里我之所以用了“暂息”一词，是因为在我们之间任何持久的平静都是不可能的；能使彼此稍微喘息的相互让步只可能是暂时的，无意中一个误解就又会争论起来。尽管如此，我并不完全把错归咎在母亲头上。我觉得她是在履行自己的职责，甚至在她折磨我最厉害的时候。我不能想象，任何意识到自己的职责的母亲，能不设法把自己的儿子管得服服帖帖，不过孩子不服管也挺自然。由于我觉得应该是这样，所以每当遇到父母与孩子之间能够完全和睦相处的例子，比如保罗·洛朗和他的母亲，就不免感到惊异。

帕斯卡尔不是说过吗，我们根本不是爱人，而是爱人的品质。我想对于我母亲，她所爱的品质根本不是她所爱的人事实上具有的品质，而是她希望看到他们具有的品质。至少，她对别人，尤其是对我所进行的不懈的工作，就是这样理解的。她这种工作搞得我烦透了，都不知道我的恼怒是否最终损害了我对她的全部爱。她爱我的方式有时令我恨她，使我老想发火。请想象一下吧，如果我总是惹你生气，请想象一下吧，如果通过不断监视你表示对你的关心，如果对你的行为、你的想法、你的开销、你选择一块什么布、你选择读什么书、你的一本书用什么题目，都要不停地叫你怎样做，不停地来烦你，那会出现什么局面呢……《人间食粮》这个题目母亲就不喜欢，由于要更改还来得及，所以她就不知疲倦地一次又一次要求我改。

几个月来，微不足道的金钱问题，又在我和母亲的关系中，增添新的生气的原因。母亲每个月给我一笔她认为够我花销的生活费，即三百法郎，如果我没记错的话。这笔钱我一般拿出三分之二购买乐谱和书籍。她认为把父亲留给我的那份财产让我自由支配是很不谨慎的。那份财产数额多少我不知道，而且母亲小心在意不让我知道我长大了有权利支配那笔钱。这里请大家不要误解，引导母亲这样做的不是任何私利，而仅仅是出于防止我自己乱来和把我置于监护之下（最令我生气的正是这一点）的愿望，是出于某种适当感，冒昧地说，即份额适当（这里涉及的是我的一份）。这种适当感使她按照她对我的需要的估计，来衡量她决定给我多少合适。当我意识到自己的权利时，她给我看的账目显示收支根本无平衡可言，我听到谈论的“数字胜于雄辩”。与母亲打交道，每份账单都能作为一篇辩护词，旨在向我证明：改变方式我捞不到任何好处；她每月付给我的钱，等于甚或超过我的财产的收益。我们共同生活的一切开销，在这里都是以扣除来计算的，所以我觉得调和一切的办法应该提出相反的建议，凡是我待在她身边的时候，都付给她膳宿费。正是这种折中办法，使我们的争论得以平息。

不过我说过，在长时间分别之后这半个月的共同生活犹如万里晴空。当然，我是很尽心的，仿佛我们双方都有点预感到，这些日子是我们在一起度过的最后日子了，因为在她那方面，妈妈显得我从未见过的随和。重新见到我的快乐，并没有像她根据我的信所想象的那样受到损害，大概也是使她心肠软下来的原因。我只感到她是一位母亲，我也很高兴地感到是她的儿子。

这种共同生活，我本来以为再也不可能了，这时又开始怀有希望，并且打算整个夏天留在拉洛克待在她身边。母亲先于我去了拉洛克，去打开房子的门窗，爱玛妞也可能去那里与我们相聚。仿佛是为了确保我们的和谐更加完美，母亲终于向我承认，她殷切盼望的，莫过于看到我与她早就视为自己儿媳的姑娘结婚。可能也因为她感到自己体力越来越不济，担心撂下我孤单一人吧。

我在圣隆-拉布雷太什我的朋友 E. R. 处逗留，准备离开这里再到母亲那里去，突然我们的老用人玛丽拍来一封电报叫我火速前往。我赶到那里。再见到母亲时，她躺在大房间里，这个房间我前几年夏天当作工作室。平常母亲来拉洛克住几天，并不把所有房间都打开，喜欢住在这个大房间里，而不睡在她自己的卧室里。我觉得她认出了我，但她似乎对时间、地点、她本人以及她周围的人，已经没有清醒的意识。她既没有见我来了表示惊喜，也没有再见到我表示高兴。她的面容没有很大变化，但目光无神，脸上毫无表情，以致让人觉得，她的生命尚存的这个肉体，已经不再属于她，不再听从她支配。这情景真不可思议，我的感觉更多的不是惊愕，而是怜悯。塞了好几个枕头，让她保持半坐的姿势，她的双手伸在床外面，在一本摊开的厚簿子里，吃力地写着什么。那种想要干预、建议、说服的躁动着的欲望，依然在劳累着她。她内心里似乎正经历着痛苦的骚动，手里的铅笔在白纸上滑动，但再也画不出任何记号。最大的痛苦，莫过于这最后的努力归于徒劳。我力图对她说话，但她已听不见我的声音；她也试图对我说话，但我已分辨不出她的话的意思。我希望让她休息，拿掉她面前的那个簿子，但她的手在被单上继续写。她终于入睡，面容渐渐放松，手停止了乱动……这双可怜的手，刚才我还看见它们在绝望地挣扎，现在打量着它们，我突然想象它们搁在钢琴上的样子，记起过去它们也曾笨拙地按动琴键，也努力想表达一点诗意，一点音乐，一点美……这回忆立刻使我心里充满无限的崇敬，我往床前一跪，将脸埋在被单里，不让自己哭出声来。

个人的悲伤不能令我落泪，我的脸依然干干的，虽然心里痛苦至极。因为我的一部分总是往后拽，瞪一眼另一部分，冷嘲热讽地说："得了吧！你不至于这么不幸！"另一方面，如果事关别人的悲伤，我的感受会比自己的悲伤强烈得多，就有流不完的眼泪。不过更多的情形是，每当遇到美、高贵情感、献身精神、忠诚、感激、勇气，或者某种非常天真、非常纯洁，甚或非常幼稚的感情，抑或任何十分强烈的艺术激情的流露，我都会立刻热泪盈眶，使得旁边的人目瞪口呆，如果我是在参观博物馆或者听音乐会的话。记得在佛罗伦萨的圣马可修道院，一些英国姑娘看见我站在安吉利科[①]的巨幅壁画前面泪流满面，都禁不住发疯似的笑起来。当时我的朋友杰翁陪同我参观，与我一块儿流泪。我承认，我们俩那样流泪的情景的确很可笑。同样有一段时间，只要听到阿伽门农的名字，暗地里我

---

① 安吉利科（Angelico，约1400—1455），文艺复兴前期佛罗伦萨画派著名画家，作品体现虔诚的宗教信仰和浓厚的古典主义特色。

的眼泪就像开了闸门似的，这说明我对神话里的万王之王陛下是多么深深地崇敬和理解。因此，现在使我的心灵难以平静的，在很大程度上并非丧母之情（为了真诚，我不得不承认，这件丧事并不怎么令我悲伤；或者可以说：我悲伤是因为看到母亲痛苦，在很大程度上不是因为她离我而去）。不，我哭泣，主要不是因为悲伤，而是因为赞赏这颗从未产生任何卑劣念头、只为别人而跳动、时时主动承担职责的心，主要不是因为敬仰而是出于天生的倾向。母亲可以谦卑地但非常真诚地和马雷伯说："我一直把自己受奴役的地位当成一件微薄的祭品，无论供奉给哪个祭坛，心里总充满了惭愧，双手瑟瑟发抖。"我尤其赞赏她一辈子坚持不懈地努力，使自己更接近她认为可爱或值得爱的一切。

我单独——单独和她待在大房间里，目睹着死亡肃穆的涌进，谛听着这颗不甘愿放弃的心脏不安的跳动在我心里的回声。它还在顽强地搏斗！我曾经目睹过其他一些人临终的情景，但都没有这样令我肝肠寸断，这或者是因为我觉得那些情景更带结局性，更自然地结束一个人的一生，或者仅仅是因为我没有这样全神贯注地看着他们。妈妈肯定不会再恢复知觉，所以我并不急于叫姨妈们来到她身边，很想一个人守着她。在她临终的时刻，只有玛丽和我陪伴她。当这颗心最终停止跳动时，我感到自己整个儿坠进了爱、悲痛和自由的深渊。

这时我感到奇怪的是自己的思想竟易于陶醉在崇高之中。丧母的最初时刻，我是在一种精神陶醉状态下度过的。这种精神状态使我在行为上不假思考，只要自己觉得崇高，理智和心灵就会马上赞同。我开始向一些亲戚甚至远亲，散发一些小首饰和物品，这些东西都是属于母亲的，对我而言都极为珍贵。出于亢奋，出于爱以及对赤贫莫名其妙的渴望，我就在要得到这些东西的时候，愿意把自己的全部财产送人，连自己也送掉。对自己内心财富的感觉使我充满自豪，产生了如痴似醉的牺牲精神。仅仅想保留一点东西的念头都会令我感到羞愧，我只接受能令我自我欣赏的东西。母亲在世时我大声疾呼的这种自由，现在都像大海上的风一样令我头晕、窒息，可能还感到害怕，像突然被释放的囚犯感到头昏眼花，像突然扯断了绳子的风筝，像断了缆绳的船只，像任凭风吹浪打的漂浮物。

我还可以抓住的唯一东西是我对表姐的爱情，唯一还能给我的生活指引方向的东西是我要娶她的意愿。我肯定爱她，只有这一点我坚信不疑，甚至感到爱她甚于爱自己。我在向她求婚时，所考虑的更多的是她，而不是自己。我尤其被那无限广阔的天地所吸引，想把她带进这无限广阔的天地，而不顾虑它充满了危险。因为我相信没有我的热忱战胜不了的危险，任何谨慎都是怯懦，对危险的任何重视也是怯懦。

我们最真诚的行为，也是最缺乏深思熟虑的行为，事后试图加以解释毫无意义。命运左右着我，可能也左右着我暗暗让自己的天性接受挑战的欲望。因为，在爱玛妞身上我所爱的不是美德本身吗？我这个欲壑难填的魔鬼所娶的却是苍天。不过这个魔鬼我立刻忘得一干二净。悲痛的眼泪彻底浇熄它的欲火。我仿佛被湛蓝的天空映得眼花缭乱，我不愿意看到的东西对我而言已不再存在。我想我可以把自己整个儿给予，没有丝毫保留。过了一段时间，我们订了婚。

附　录

这本回忆录的第一章在《新法兰西杂志》发表后，我表兄莫里斯·德马勒斯特比我更了解情况，想对我的记述做几处修改。现将表兄的信原文抄录于下，作为勘误：

罗伯蒂先生与安娜·夏克尔顿来到克罗斯纳街没有任何关系。安娜是一八五〇年、一八五一年或者一八五二年来的，而罗伯蒂先生是一八五九年才从南特来到鲁昂的。

（我在母亲的一封信里找到了确切日期。）

你以为夏克尔顿家的孩子们是在厄运的驱使下，从苏格兰来到大陆的吧。实际上，夏克尔顿先生是应罗克里夫先生的要求，到埃尔伯夫公路他的冶炼厂当工头。当时，英国人在冶金方面比法国人先进得多；在铁路建设和铁路器材方面也是这样。从巴黎到勒阿弗尔铁路的修筑和经营，引来了一批英国人侨居鲁昂。

另一个错误——这个错误是非常明显的：照你的说法，我母亲是在安娜来到家里之后甚至很久之后才结婚的。然而，我母亲结婚于一八四二年，我生于一八四四年。一八四二年你母亲已九岁。你看，我父亲绝少可能六十年代才当“新姑爷”。因此，谈论龙多家的小姐（复数）和她们的家庭女教师，同样不确切。

对于你所说的安娜·夏克尔顿的一切，我只能表示赞同。不过，如果让我说，我还是有东西要补充的，因为对于她内心压抑的憧憬和变态的柔情，我能够作出判断。随着年龄大起来，这方面我了解得更清楚，现在我还带着同样的忧伤常常想到这一点，仿佛是对命运不公的抗争。

最后一点。你大谈安娜——当时是密斯安娜——刚进入家里时的情况，那时她的地位是一种半女仆的地位。你没有说明她在你所称的等级中的逐步上升，没有说明她怎样渐渐成了家里的一分子，怎样最终获得了在我母亲、你母亲和你舅妈吕茜尔身边的位置。在你母亲结婚之前，大家就已经不加区别地谈论“这些小姐”。她们整体上构成独一无二的同一种道德品质。

又及：你肯定龙多·德·蒙布莱先生是一七八九年，而不是更晚的时候任鲁昂市市长吗？

另一个无关紧要的细节：你肯定女子学校在塞纳街，而不是更可能在沃吉拉尔街，位于卢森堡街和玛达姆街之间吗？

André Gide
SI LE GRAIN NE MEURT

图书在版编目(CIP)数据

如果种子不死 / (法) 纪德著;罗国林译. —上海:
上海译文出版社,2022.5 (2024.10重印)
(译文经典)
ISBN 978-7-5327-9009-8

Ⅰ.①如… Ⅱ.①纪… ②罗… Ⅲ.①纪德(Gide,
Andre 1869-1951)—自传 Ⅳ.①K835.655.6

中国版本图书馆 CIP 数据核字(2022)第 037562 号

如果种子不死
〔法〕纪　德　著　罗国林　译
责任编辑/黄雅琴　装帧设计/张志全工作室

上海译文出版社有限公司出版、发行
网址: www.yiwen.com.cn
201101　上海市闵行区号景路 159 弄 B 座
山东临沂新华印刷物流集团有限责任公司印刷

开本 787×1072　1/32　印张 10.5　插页 6　字数 186,000
2022 年 5 月第 1 版　2024 年 10 月第 2 次印刷
印数: 6,001—7,500 册

ISBN 978-7-5327-9009-8
定价: 68.00 元